Torsten Menkhaus
Eidos, Psyche und Unsterblichkeit
Ein Kommentar zu Platons *Phaidon*

Torsten Menkhaus

Eidos, Psyche und Unsterblichkeit

Ein Kommentar zu Platons *Phaidon*

ontos
verlag

Frankfurt · London

Bibliographic information published by Die Deutsche Bibliothek
Die Deutsche Bibliothek lists this publication in the Deutsche Nationalbibliographie;
detailed bibliographic data is available in the Internet at http://dnb.ddb.de

©2003 ontos verlag
Postfach 61 05 16, D-60347 Frankfurt a.M.
Tel. ++(49) 69 40 894 151 Fax ++(49) 69 40 894 169
www.ontos-verlag.de

ISBN 3-937202-33-1 (Germany)
ISBN 1-904632-21-1 (U.K.; U.S.A.)

2003

Alle Texte, etwaige Grafiken, Layouts und alle sonstigen schöpferischen
Teile dieses Buches sind u.a. urheberrechtlich geschützt. Nachdruck, Speicherung,
Sendung und Vervielfältigung in jeder Form, insbesondere Kopieren, Digitalisieren, Smoothing,
Komprimierung, Konvertierung in andere Formate, Farbverfremdung sowie Bearbeitung
und Übertragung des Werkes oder von Teilen desselben in andere Medien und Speicher
sind ohne vorherige schriftliche Zustimmung des Verlages unzulässig
und werden verfolgt.

Gedruckt auf säurefreiem, alterungsbeständigem Papier,
hergestellt aus chlorfrei gebleichtem Zellstoff (TcF-Norm).

Printed in Germany.

Inhaltsverzeichnis

Einleitung 7

I. Hinführung und wichtige Leitgedanken

1. Der „Phaidon" und seine Rahmenhandlung 13
2. Anmerkungen zu der Einleitung des Hauptgesprächs 16
3. „Einübung in den Tod" ist Befreiung der Seele 21
4. Die Apologie des Sokrates: Die philosophische Lebensform 25
5. Die Gegenstände des reinen Denkens 28

II. Exkurs: Todes- und Jenseitsauffassungen vor Platon

1. Anmerkungen zum Mythos 35
2. Schamanistische und Pythagoräisch-orphische Einflüsse 39
3. Tod und Seele bei Anaximandros und Herakleitos 42
4. Empedokles' Lehre von Leben und Tod 44
5. Die materialistischen Anschauungen des Demokritos 47

II. Die Dynamis des Werdens und das Entstehen der Dinge aus ihrem Gegenteil

1. Vorbemerkungen 51
2. Die Grundlagen der platonischen Seelenkonzeption 53
3. Sokratische Zuversicht und materialistische Skepsis 55
4. Die Beweiskraft der „Aufenthaltshypothese" und das Werden aus dem Entgegengesetzten 57

IV. Die Dynamis der Anamnesislehre

1. Der Kontext von Seelenexistenz und Wiedererinnerung 65
2. Nachvollzug und Kritik des Anamnesisarguments 75
3. Die Notwendigkeit der Annahme des Intelligiblen 77

V. Die Angleichung durch die Ähnlichkeit mit den Eide

1. Das Entstehen und Vergehen in der Natur als Zusammensetzung und Trennung 85
2. Rekurs: Die Eide als jeweilige Bestimmtheiten 89
3. Eine „Weltanschauung": Die zwei Arten des Seienden 91

4.	DER ONTOLOGISCHE STATUS DER SEELE ALS BESONDERE AUSZEICHNUNG GEGENÜBER DEM KÖRPERLICHEN	93
5.	DIE PHILOSOPHISCHE UND UNPHILOSOPHISCHE LEBENSFÜHRUNG	100

VI. DIE MITTE DES DIALOGS – DIE EINWÄNDE DES SIMMIAS UND KEBES, DIE WARNUNG VOR DER MISOLOGIE UND DIE WIDERLEGUNG DES SIMMIAS

1.	DIE MITTE DES DIALOGS	107
2.	DER „HARMONIE-EINWAND" DES SIMMIAS	110
3.	DER „WEBER-EINWAND" DES KEBES	115
4.	DIE WARNUNG VOR DER MISOLOGIE	119
5.	DIE DREI WIDERLEGUNGEN DES SOKRATES GEGEN DEN „HARMONIE-EINWAND" DES SIMMIAS	123

VII. DER PHILOSOPHIEHISTORISCHE EXKURS DES „PHAIDON" UND DAS HYPOTHESIS-VERFAHREN

1.	DIE KAUSALERKLÄRUNGEN EINIGER NATURPHILOSOPHEN	129
2.	DIE NOUS-LEHRE DES ANAXAGORAS UND DIE AUSWIRKUNGEN	136
3.	DIE „ZWEITBESTE FAHRT" ALS „FLUCHT IN DIE LOGOI"	143
4.	DAS HYPOTHESIS-VERFAHREN UND DIE HYPOTHESIS DES EIDOS	148

VIII. DER BEWEIS FÜR DIE UNSTERBLICHKEIT DER SEELE AUF DER GRUNDLAGE DER LEHRE VON DEN EIDE

1.	TEILHABE UND AUSSCHLIEßUNG GEGENSÄTZLICHER EIDE	169
2.	DIE ANNAHME VON „KOMPLEXIONEN"	176
3.	DIE ANWENDUNG AUF DIE SEELE: DER VERSUCH DES NACHWEISES IHRER UNVERGÄNGLICHKEIT UND UNSTERBLICHKEIT	184

EINFÜGUNG: KURZE DARSTELLUNG DES UNSTERBLICHKEITSMOTIVS IM „PHAIDROS" ALS ERWEITERUNG DER LETZTEN ARGUMENTATION IM „PHAIDON"   191

FINALE BEMERKUNGEN   195

LITERATURVERZEICHNIS   203

EINLEITUNG

Im platonischen Werk fällt der Psyche eine äußerst vielschichtige und vielfältige Wesenscharakterisierung zu. In seinem Alterswerk, den "Nomoi", beschreibt Platon die Unmöglichkeit der Faßbarkeit ihrer Realität und ihrer wesensmäßigen Eigenschaften durch den menschlichen Verstand.[1]

Im mittleren Dialog "Phaidon" verwendet Platon die Seele wohl erstmalig als grundlegenden metaphysischen Begriff. In diesem Dialog geht er gewissermaßen von einer Art "Seelensubstanz" aus, die sich dem Bereich der unsterblichen Wesenheiten annähert und zuordnet.[2] Es gibt von Platon keine spezielle Abhandlung zur Seele im Sinne einer "antiken Psychologie", dennoch wird die Stellung und Funktion der Seele in fast jedem Dialog thematisiert, zumal die sokratische Forderung und Bemühung der "Sorge um die Seele" ohnehin direkt auf einen strukturellen Zusammenhang von Psyche und rechter Lebensführung in der Konzeption der platonischen Ethik verweist.[3]

"Sorge um die Seele" als Sorge um Leben und Tod bedeutet aber auch den Gewinn an persönlicher Freiheit und Unabhängigkeit für den in die Wahrheit seines Wesens gekommenen Menschen. Platon denkt die Psyche vornehmlich als Vermittlungsinstanz von Gegensätzen, von Sein und Werden, von Eidos und Einzelding. Im Verlauf des Dialoges wird mit der Verfaßtheit der Psyche die Problematik der Methexis des "Einzel-

---

[1] Vgl. Nom. 892a. Ferner vgl. Tim. 34b.
[2] An zentraler Stelle der Erörterungen im Phaidon kennzeichnet Platon die Seele als "etwas Unsterbliches" (Phd. 100b).
Schleiermacher übersetzt die wichtige Stelle "...ὡς ἀθάνατον ἡ ψυχή" nicht ganz zutreffend mit "daß die Seele unsterblich ist.", besser wäre jedoch meines Erachtens hier die Übersetzung "daß die Seele etwas Unsterbliches ist.", verstanden als Hinweis auf den Bereich der Unsterblichkeit (=Ideenwelt), in den die Psyche prinzipiell gelangen kann.
[3] Sokrates nennt seinen Dienst am Gott Apollon eine "Sorge um die Seele" (Apol. 29e; 30b). Das "Sich-Kümmern um die Seele" drückt einen reflexiven Sachverhalt aus, womit deutlich auf das Selbstverhältnis des Menschen verwiesen wird, das paradoxerweise jedoch gerade nicht auf eine reine Selbsterhaltung zielt, vielmehr wird die Wesensbestimmung der Philosophie als μελέτη θανάτου aufgefaßt (vgl. Phd. 81a; 61bff.) Am Ende seiner Erörterung, daß der Tod die Befreiung der Seele von allen körperlichen Hemmnissen sei, faßt Sokrates seine Ansichten in der "Rede der wahrhaft Philosophierenden" zusammen und betont nachdrücklich den Aspekt der steten "Sorge" um die Seele als wesentlichen Schritt zu Einsicht, Weisheit und Wahrheit (Phd. 66b-67d).

Seienden" an den "übersinnlichen Wesenheiten" in Zusammenhang gebracht.[4]

Wie sich im Laufe dieser Abhandlung zeigen wird vereint Platons Seelenkonzeption in sich erkenntnistheoretische und (thanat-)ontologische Akzentuierungen und deutet auf deren jeweiligen Stellenwert und die Konvergenzen hin, so daß es notwendig sein wird, den platonischen Entwurf der Psyche anhand dieser Beziehungen an geeigneter Stelle aufzuzeigen und zu hinterfragen. Der Dialog Phaidon scheint eine Zäsur im Denken Platons darzustellen, insofern sich hier zum ersten Mal definitorische Aussagen zur Psyche finden.

Das zentrale Thema des "Phaidon" ist die philosophische Erörterung der Unsterblichkeit der Seele vor dem Hintergrund der Vollstreckung des Todesurteils des großen Sokrates.[5] Die Unsterblichkeit wird hier der Psyche als die wesentliche Eigenschaft prädiziert, wobei dieser Dialog in gewisser Weise eine Vorstellung von der Seele als eine "Bedingung der Möglichkeit der Bezugnahme" auf das Sein als solches entwickelt.

Relationen von Psyche – Unsterblichkeit – Eidos werden also unmittelbar durch die Psyche und ihre Eigenschaften hergestellt und gewährleistet, wobei der Dialog meines Erachtens sowohl einer zureichenden Definition der angesprochenen Wesenheiten, als auch einer exakten Deskription ihres wechselseitigen Verhältnisses nicht hinreichend nachkommt. Gleichwohl soll vor dem Umkreis der *meditatio mortis* des Sokrates der Argumentationsgang der Verknüpfung von "unsterblicher Seele" und "immerwährendem Eidos" erfaßt und nachgezeichnet werden. Platon stellt in verschiedenen Dialogen unterschiedliche Seelenmodelle bereit, die in dem jeweiligen Kontext des jeweiligen Dialoges ganz bestimmte Zwecke erfüllen. Diese verschiedenen Zwecksetzungen führen zu offenkundigen Widersprüchen, einerseits in der Auffassung der Seele bei Platon selbst, andererseits in der Auslegung durch verschiedene Ansätze der Platoninterpreten.[6]

Einer solchen Recherche soll an dieser Stelle jedoch nicht nachgegangen werden, da Platon sich ohnehin nicht im Stil einer "Kathederphilosophie" auf *eine* fixierte Definition seines Seelenverständnisses festlegen

---

[4] Vgl. hierzu vor allem die Ausführungen zur Metaphorik der "Teilhabe" (μετέχειν) in Phd. 100cff. Das Substantiv "μέθεξις" findet sich lediglich im "Sophistes" (256b; 259a) und im "Parmenides" (132d; 141d; 152e).
[5] Auch in anderen Dialogen wird die Unsterblichkeit der Seele an zentraler Stelle thematisiert, vgl. bes. Symp. 208bff.; Rep. 611aff. und Phaidr. 245cff.
[6] Vgl. hierzu ROBINSON, (1970), 63.

läßt. Von da kann überhaupt von einer "Psychologie" oder "Lehre von der Seele" bei Platon nur in einem sehr unentwickelten und unwissenschaftlichen Sinne gesprochen werden, vor allem, weil auch bereits Platon den metaphysischen Gegenstand "Psyche" nicht einheitlich disponieren und definieren wollte oder konnte. In den platonischen Dialogen geht es also nicht um eine Systematisierung oder Klassifizierung des Begriffs "Psyche" und ihrer Zustände und Vorgänge als solche.

Eine weitere Zielsetzung dieses Buches liegt in der Beschreibung der spezifischen Ideenthematik im "Phaidon", wobei eine synergetische Betrachtung der Bereiche "Psyche" und "Eidos" angestrebt und auch erforderlich sein wird, da die wesentlichen Zusammenhänge und Bezüge der beiden Komponenten aufgezeigt werden soll.

Der Dialog "Phaidon" stellt eine neue, eigentümliche ontologische Sichtweise in der Ideenthematik während der mittleren Schaffensperiode Platons dar. Hier wird zum ersten Male explizit das Eidos von seinen gegenständlichen Exemplifizierungen im sinnlichen Bereich der Erfahrung abgehoben und als "das Wahre und Göttliche und der Meinung nicht Unterworfene" (τὸ ἀληθὲς καὶ τὸ θεῖον καὶ τὸ ἀδόξαστον, 84a) gekennzeichnet. Diese spezifische Auszeichnung der Eide als "das Wahre" fungiert in den Besprechungen des Dialoges als das wesentliche Unterscheidungskriterium gegenüber den Gegenständen der sinnlichen Erfahrungswelt. Das εἶδος ist dem intelligiblen Bereich der wahren Einsicht und Erkenntnis zugeordnet, der Gegenstand der αἴσθησις lediglich dem sensiblen Bereich des gewöhnlichen Meinens. Platon hebt in seiner "Ideenontologie" bestimmte Verknüpfungen von Begriffswort und zugehörigem Eidos hervor, wobei dieses Eidos gewissermaßen als ein "Urbild", "Original" oder eben "Leitbild" der ihm zugeordneten sinnlichen Exemplifizierung fungiert. Dieses besondere Verhältnis von Eidos und sinnlicher Exemplifizierung muß als wichtiger Ansatzpunkt des platonischen Denkens genauenstens besprochen und kritisch überprüft werden. Das Eidos, welches durch die entsprechenden sinnlichen Erscheinungen nur defizitär nachgebildet werden kann, ist zugleich "Maßstab", an dem sich die Dinge der Sinnenwelt zu messen haben. Die Eide als Erkenntnisgegenstände besitzen demnach nicht nur einen herausgehobenen ontologischen Status, sondern sie gelten fernerhin sozusagen als Orientierungseinheiten, an denen sich die Gegenstände der sinnlichen Erfahrungswelt mehr oder weniger genau messen lassen müssen.

Platon macht somit die Eide zu sach- und seinswahren Gegebenheiten in einem ihnen eigens zugewiesenen Bereich (zum Beispiel "das Schöne selbst"). Er hebt sie gleichsam von dem mangelhaften sinnlichen Erfahrungsbereich, in dem der deskriptive Gehalt eines Begriffes (zum Beispiel "das Schöne") im Gegensatz zum Eidos nicht in Reinkultur vorliegt, ab und bemüht sich sichtlich um eine Konzeption, in der sich die ontologische Auszeichnung der jeweiligen Bereiche und der Grad ihres epistemischen Gehaltes aufeinander beziehen.

Das dem Eidos zugewiesene Merkmal, die beinahe redundant anmutende Charakteristik "das ... selbst" zu sein, also einen vollkommenen Maßstab alles Seienden darzustellen – allgemein die gesamte Problematik um die "Teilhabe"– werfen besondere Probleme auf, die bereits Platon selbst gesehen und verortet hat und in seinem Spätdialog "Parmenides" in einer aporetischen Argumentation diskutiert.[7] In die Diskussion um die Verbindung von ontologischer Wahrheitsauszeichnung und Erkennbarkeit gehört auch Platons Überzeugung vom inkonsistenten und trügerischen "Schein" (φαίνεσθαι) des Einzel-Seienden. Die Kennzeichnung der Eide als Gehalte des Wissens und Erkennens scheint der Auslegung der "Scheinbarkeit" des je Einzel-Seienden diametral entgegengesetzt zu sein. In eben dieser Unterscheidung des Eidos von den πόλλα, die an dem Eidos lediglich "teilhaben", benutzt Platon zur Beschreibung eines bestimmten Eidos entweder eine begriffliche Wortform wie "...-heit" oder das entsprechende substantivierte Adjektiv im Singular, also "das ..." oder präziser noch "das ... selbst".[8]

Diese Verwendung des substantivierten Adjektivs im Singular zur Charakterisierung des Eidos im Sinne seiner Fundamentalzuweisung läßt sich durch eine Besonderheit der griechischen Sprache rechtfertigen. Im Griechischen kann ein substantiviertes Adjektiv nicht nur auf den Träger einer Qualität, sondern außerdem noch auf diese Qualität *selbst* hinweisen. Ich verwende zur Bezeigung eines Eidos im Folgenden häufiger den Ausdruck "das ... selbst", in Abhebung zur Verwendung des Ausdrucks "Einzel-...", der die an den Ideen teilhabenden sinnlichen Gegenstände denotiert, wobei dieser Terminus in der Regel pluralisch aufgefaßt werden muß, da Platon eben darunter "das Viele" der Sinnenwelt fassen möchte, das zu dem jeweiligen Eidos im Verhältnis der "Teilhabe" steht.[9]

---

[7] Vgl. die Erörterungen in Parm. 130e-133a.
[8] Vgl. Phd. 104cff.
[9] Zur Verwendung des Ausdrucks "das Viele" vgl. Parm. 129a. In Parm. 132a bezeichnen die Ausdrücke ἰδέα und εἶδος den eidetischen oder Seinsgehalt, wie der Kontext des Dialoges zeigt, operiert Platon später auch mit den austauschbaren Ausdrücken "οὐσια" bzw. "γένος".

Die Ausdrücke "Idee" und "Ideen" werden im Folgenden von mir nur dann verwendet, wenn der griechische Text die Benutzung durch die Nennung von ἰδέα explizit rechtfertigt, ansonsten verwende ich durchgängig die Ausdrücke "Eidos" bzw. "Eide", weil sie zum einen sowohl im *Corpus Platonicum*, als auch im Dialog "Phaidon" viel häufiger vorkommen, zum anderen, weil sie philosophiehistorisch nicht so aufgeladen sind wie die Begriffe "Idee" und vor allem der Begriff "Ideenlehre", der in dieser Arbeit bewußt ausgeklammert wird. Ferner werden wichtige und häufig benutzte griechische Termini von mir auch in ihrer latinisierten Form verwendet.

I. HINFÜHRUNG UND WICHTIGE LEITGEDANKEN

1. DER "PHAIDON" UND SEINE RAHMENHANDLUNG

Eine Hinführung und ein Einstieg in das thematische Zentrum des "Phaidon" soll nun durch eine kurze Rekapitulation der inhaltlichen Schwerpunkte und Zielsetzungen des Rahmengesprächs und der einleitenden Feststellungen des Hauptgesprächs erbracht werden (57a-69e).

Der "Phaidon" ist zunächst eine literarische Komposition[10], in der sich kollektiv-wissenschaftliche und individuell-existentielle Motive, die beide anhand der Persönlichkeit und Biographie des Sokrates dargestellt werden, zusammenfügen. Unbestritten nimmt der "Phaidon" in Platons Werk einen gesonderten Platz ein. Platon verbindet in diesem Dialog Traditionen des griechischen Denkens mit ganz persönlichen Triebfedern des Philosophierens, die vor dem Hintergrund der alltäglichen menschlichen Todeserfahrung als einem einmaligen und unabwendbaren Ereignis stehen.[11] Der platonische Bericht über den Tod des Sokrates ist ein Resümee oder ein Bericht, was den Menschen Sokrates in seinem Leben *und* in seinem Wirken auszeichnete. Der Philosoph und Dichter Platon bringt damit perspektivisch eine ganz bestimmte Akzentuierung zum Ausdruck, da in der Art und Weise des Sterbens seines Lehrers Sokrates würdig nachgezeichnet wird, was dieser in seinem Leben dachte, glaubte und verkörperte.

Die Zeit und der Ort der erzählten Geschehnisse sind von Platon in eine bemerkenswerte und beabsichtigte Distanz gerückt, denn die Stätte der Erzählung wird von Athen, dem eigentlichen Ort der geschilderten Ereignisse, nach Phlius, einer Stadt auf der nordöstlichen Peloponnes verlegt. Diese Stadt galt den Zeitgenossen Platons als eine der letzten Bastionen der Gemeinschaft der Pythagoräer. Der Leser nimmt hier teil an einem Gespräch über den letzten Lebenstag des Sokrates, das von seinem Schüler Phaidon vor einigen Pythagoräern repetiert wird. Der Pythagoräer Echekrates bittet den jungen Phaidon[12] um eine Darlegung der Vorgänge

---

[10] Vgl. GADAMER (1973), 145: "Der Platonische Dialog »Phaidon« stellt in vieler Hinsicht eine der großartigsten und bedeutendsten Schriften der griechischen Philosophie dar; nicht zuletzt dadurch, daß hier Platon seinen Lehrer Sokrates am letzten Tag seines Lebens in einem letzten Gespräch mit seinen Freunden über die Erwartungen sprechen läßt, die ein Sterbender in bezug auf Tod und Jenseits haben darf.".
[11] Vgl. HEIDEGGER (1993), 233: "Die Alltäglichkeit ist doch gerade das Sein »zwischen« Geburt und Tod.".
[12] Zu Phaidon aus Elis vgl. Diog. Laert. II, 105.

nach der Verurteilung des Sokrates, so daß die Umstände der Anklage des Sokrates und seiner Verteidigung, wie sie uns in der "Apologie" vorliegen, auch in Phlius schon als bekannt vorausgesetzt werden dürfen.[13] Zweifellos kann die fiktive zeitliche Differenz zwischen den Geschehnissen in Athen und ihrer Berichterstattung vor der Pythagoräergemeinde in Phlius als gering verortet werden, da der Dialog um die Hervorhebung einer gewissen Aktualität der Schilderung bemüht ist.[14] Mittels der einführenden Bemerkungen des Berichterstatters Phaidon entwirft Platon eine zeitlich-räumliche Spanne und eine gewisse Dramatik zu den Vorgängen. Das letzte Gespräch des Sokrates erhält durch diesen literarischen Kunstgriff der mehrfachen Distanzierung den Nimbus von Zeitlosigkeit und immerwährender Gültigkeit.[15]

Platon intendierte durch die Inszenierung der Rahmenhandlung die direkte Einbeziehung des Lesers. Der persönliche Nachvollzug des Lesers macht (auch in Anbetracht der allgemeinen Stimmung bei Teilnehmer- und Zuhörerschaft) in den kunstfertigen Dialogen stets ein hervorragendes szenisches Mittel aus. Durch mehrfache Zäsuren in Gestalt von Paränesen lassen sich überdies geschickt Höhepunkte und Peripetien des Gesprächs veranschaulichen und unterlegen.[16] Gerade diese kunstfertig verfaßten, szenischen Zwischenzüge des Dialogs (in Form von wohlerwogenen Aufmerksamkeitslenkungen) erschließen oftmals dem interessierten Leser erst die wesentlichen philosophischen Aussagen und Gehalte.[17] Weiterhin ist zu beachten, daß der Platonische Dialog eine eigene literarische Kunstform ist und eben kein philosophischer Traktat[18], so daß in ihm philosophische Inhalte und literarische Formen durchgehend eine einheitliche Verbindung eingehen.[19]

---

[13] Vgl. GUARDINI (1987), 151.
[14] Vgl. Phd. 58a.
[15] GADAMER nennt das Vorgehen Platons zusammenfassend eine "szenische Erfindung", (1973), 146.
[16] Vgl. z.B. Phd. 63c; 84c; 88c.
[17] Vgl. hierzu GUARDINI (1987), 149f.
[18] Vgl. GADAMER (1973),145: "Es handelt sich hier um eine poetische Darstellung, die von vornherein nicht unter den einseitigen Maßstab logischer Schlüssigkeit gestellt werden darf, sondern ein menschliches Gespräch erzählt, das als ein solches verstanden werden muß.".
[19] Diese Verbindung erweist sich als das wichtigste Segment für die ungebrochene Modernität und Aktualität der Philosophie Platons. Der platonische Dialog kann zweifelsfrei als ein würdiger Maßstab für jedes philosophische Kunstwerk gelten, da er durch die überzeitliche Gültigkeit seiner Aussagen und Inhalte bestens belegt, daß der

Der Ort des Rahmengesprächs und der anwesende Personenkreis[20] weisen auf pythagoräische Anklänge im Denken Platons hin. Platon stellt im "Phaidon" durch die Auswahl der beiden wichtigsten Gesprächspartner des Sokrates, der beiden pythagoräischen Mathematiker Kebes und Simmias aus Theben, die Bedeutung des pythagoräischen Kultvereins für sein eigenes Schaffen eigens heraus. Er kennzeichnet die beiden Thebaner als aufgeklärte Anhänger des mathematisch-naturwissenschaftlichen Flügels der Pythagoräer, in Abhebung zu den Akusmatikern, die eher der religiös-mystischen Überlieferung verpflichtet waren.[21]

Der Erzähler Phaidon schildert im Rahmengespräch die seltsam ambivalente Stimmung der Anwesenden angesichts des herannahenden Todes ihres Lehrers, die sich weder als mitleidvolle Traurigkeit, noch als fröhliche Geschäftigkeit beschreiben läßt, vielmehr als eine seltsame und ungewohnte Mischung aus Lust und Betrübnis.[22] Nach der Nennung der Gründe für die erhebliche Verzögerung der Urteilsvollstreckung und der namentlichen Aufzählung der Anwesenden beginnt, nach der eher beiläufig anmutenden Erwähnung der Entfernung der nächtens bei Sokrates verbliebenen Xanthippe, die Überleitung in das eigentliche Hauptgespräch (58b-60a).

---

schaffende Philosoph sich eben nicht durch Kurzlebiges und Zeitgebundenes verleiten ließ.
[20] Zu den anwesenden Schülern und Freunden des Sokrates vgl. Phd. 59bf.
[21] Vgl. Phd. 61df. und STEINER, (1992), 52, Anm.15. Zur Interpretation der Funktion des Kebes und Simmias im Dialog, vgl. von GADAMER, (1973), 145-161, bes. 147. Auf die Beziehung Platons zu orphisch-pythagoräischem Gedankengut wird unten noch näher eingegangen.
[22] Vgl. Phd. 59eff. Vgl. bes. die Aussage Phaidons in 59e: "Καὶ μὴν ἔγωγε θαυμάσια ἔπαδον παραγενόμενος.". Vgl. ferner ARIÉS (2002), 775: "Eine erste Solidarität verknüpfte folglichen den Sterbenden mit der Vergangenheit und mit der Zukunft der Gattung. Eine zweite verband ihn mit der Gemeinschaft. Die stand um das Bett versammelt, in dem er den Tod erwartete, und bekundete dann in den Trauerszenen die Unruhe, die der Anhauch des Todes bei ihr auslöste. Sie war durch den Verlust eines ihrer Mitglieder geschwächt worden. Sie bekannte sich feierlich zu der Gefahr, die sie verspürte; sie mußte erneut ihre Kräfte sammeln und ihre Einheit durch Zeremonien wieder herstellen, deren letzte immer auch den Charakter eines Festes, ja sogar eines freudigen Festes hatte.".

2. ANMERKUNGEN ZU DER EINLEITUNG DES HAUPTGESPRÄCHS

Die Einleitung des eigentlichen Hauptgesprächs setzt mit der Schilderung des guten Gefühls ein, welches Sokrates nach der Lösung der Fesseln[23] überkommt. Er bezeichnet die sonderbare Beziehung von Freude und Schmerz als brauchbaren Stoff für eine Fabel.[24] Dieser Umstand führt über die Erwähnung des Aisopos zur bemerkenswerten Tatsache hin, daß Sokrates sich kurz vor seinem Tode in der Gefangenschaft mit der Versifizierung einiger Fabeln des großen Dichters beschäftigt. Sokrates erklärt sich hierüber und rät, den Dichter und Sophisten Euenos davon in Kenntnis zu setzen, daß dieser ihm möglichst bald in den Tod folgen solle, denn die Sehnsucht des wahrhaften Philosophen sei auf den eigenen Tod gerichtet.[25]

Durch die Expressivität und den Nachhall dieser sokratischen Aussage ist das Spannungsverhältnis verdeutlicht, in dem sich das gesamte wei-

---

[23] Vgl. HEIDEGGER, (1954), 29 und die Parallelen zu der Ent-Fesselung im "Höhlengleichnis" der "Politeia": "Das Freie, in das der Befreite jetzt versetzt worden, meint nicht das Unbegrenzte einer bloßen Weite, sondern die begrenzte Bindung des Hellen, das im Licht der miterblickten Sonne erstrahlt. Die Anblicke dessen, was die Dinge selbst sind, die εἴδη (Ideen) machen das Wesen aus, in dessen Licht jedes einzelne Seiende als dieses und als jenes sich zeigt, in welchem Sichzeigen das Erscheinende erst unverborgen und zugänglich wird.".

[24] Vgl. Phd. 59bff. Das deutsche Wort "Fabel" stammt vom lateinischen *fari* (sagen, erzählen), was zunächst nichts anderes als Sage oder Erzählung bedeutet, ebenso wie das griechische Wort "Mythos", mit dem diese lehrhaften Erzählungen ebenfalls bezeichnet werden können. Insofern folge ich der Übersetzung Schleiermachers, der in 61b μῦθος mit "Fabel" wiedergibt. Bereits im Altertum wurde unter der aisopschen Fabel all das wiedergegeben, was der griechische Geist in die Form einer kleinen Geschichte gebracht hat. Diesen Geschichten liegt eine praktische Lebensweisheit zugrunde, bei der die eigentliche Moral oftmals unausgesprochen bleibt, gleichwohl vom gesunden Menschenverstand stets mitgedacht wird. Ein wesentliches Merkmal der Fabel ist ihre leichte Zugänglichkeit und Allgemeinverständlichkeit Die Stelle im "Phaidon" (60d-61b) verweist auf eine bestimmte Form der Variation des Fabelstoffes, nämlich die Versifizierung, die durch spätere Dichter, wie Phädrus und Babrios auf uns gekommen ist. Kebes nennt die Versifizierungen von Fabeln durch Sokrates ein "Proömium auf Apoll" (60d). Vgl. hierzu auch 84eff. Sokrates weist im selben Kontext auf den göttlichen Auftrag hin, den es für ihn zu erfüllen gilt (60e).

[25] Vgl. MONTAIGNE, (1953), 63: "Sich in Gedanken auf den Tod einrichten, heißt sich auf die Freiheit einrichten: wer zu sterben gelernt hat, den drückt kein Dienst mehr: nichts mehr ist schlimm im Leben für denjenigen, dem die Erkenntnis aufgegangen ist, daß es kein Unglück ist, nicht mehr zu leben.".

tere Dialoggeschehen von nun an bewegen wird.[26] Die Lösung der Fesseln durch das athenische "Elfmänner-Kollegium", das für die Delinquenten zuständig war und die Aufsicht über die Gefängnisse führte, läßt sich als literarisch-metaphorischen Hinweis deuten, der offenbar eine Brücke zu der später im Dialog beschriebenen Lösung der Psyche vom Körper schlägt.[27] Noch ein entscheidender Sachverhalt verweist bereits im Rahmengespräch des "Phaidon" auf weitere Erwägungen und Argumentationen innerhalb des Dialogverlaufs. Bereits die nebensächliche Bemerkung des Sokrates, daß das "Angenehme" und "Unangenehme" sichtlich in einem seltsamen und widersinnigen Verhältnis zueinander stehe, da beide Gemütszustände im Menschen unmöglich zugleich anzutreffen seien, dennoch beide Zustände nicht ohne die Folgepräsens ihres Antipoden denkbar seien, so daß sie sich notwendig gegenseitig begleiten, nimmt eigentlich die gesamte spätere Auseinandersetzung um das problematische Verhältnis von Gegensätzlichem vorweg.[28] In dieser eher beiläufigen Bemerkung einer möglichen Fabeldichtung vor dem Hintergrund dieses Sachverhaltes entwickelt Platon im Grunde exemplarisch *in nuce* schon das ontologische Problem von Werden und Sein und die Frage nach der Notwendigkeit von Übergängen qualitativer Gegensätze: Die "beiden Kriegführenden" der Fabel sind an ihren eigenen "Scheiteln" verbunden, doch die Ursache und der Grund für diese "Verknüpfung" liegt außerhalb ihrer Sphäre, nämlich bei dem "Gott". Hier werden Erörterungen und Fragestellungen des gesamten Dialoges im Grundgedanken vorweggenommen, indem in der Einheit die Gegensätze erkannt und aufgezeigt werden, wobei jeweils nur einem Part nachgegeben werden kann, was bereits auf den Dualismus und die Duplizität von Körper und Psyche, Tod und Leben, Eidos und Einzelseiendem hindeutet.

Verschroben erscheint es den anwesenden Freunden und Schülern des Sokrates, daß ihr Lehrer die Zeit im Gefängnis mit der Versifizierung von Fabeln des Aisopos verbracht hat. Sokrates verkündet diese poetische Tätigkeit als Auftrag des Gottes an: Er solle "Musenkunst" betreiben als Form einer Reinigung und Entsühnung (60e-61b). Erst durch den religiös

---

[26] Zur Auslegung von Phd. 62a vgl. nach wie vor einen von H. Bonitz 1878 vor der Berliner Akademie der Wissenschaften gehaltenen Vortrag, abgedruckt in BONITZ, (1886), 313-323.
[27] Vgl. die Parallelisierungen in Phd. 59e; 66d; 67d.
[28] Vgl. den Antapodosisbeweis in 70e und den Einwand eines "Ungenannten" in 103aff.

bedingten Aufschub der Hinrichtung durch den Festzug[29] der Athener nach Delos ist ihm die Möglichkeit zuteil geworden μουσική zu betreiben. Die Voraussetzung der musischen Beschäftigung als "Entsühnung" ist also göttlich motiviert und initiiert, insbesondere da ihn im Traume (ἐνύπνιον) der göttliche Auftrag erreichte.[30]

Es scheint mir deshalb ratsam, kurz auf die religiös-mythische Leitgedanken des Dialogs, insbesondere auf die des Einleitungsteils, einzugehen. Der gesamte Dialog ist durchsetzt mit zahlreichen mythisch-kultischen und religiösen Anspielungen und Verweisen. Platon charakterisiert Sokrates durchgängig als einen dem Staatskult und den Göttern gehorsamen und wohlgefälligen Mann. Sokrates begreift sein Tun und Handeln stets als Auftrag des Gottes Apollon[31], zu dessen Ehren die Athener alljährlich ein Schiff mit einem Festzug zur Insel Delos schickten, um ein Gelöbnis aus mythischer Zeit nachzukommen, da der Gott sie von einem großen Übel befreit hatte. Minos, der mächtige König von Kreta, gab den Athenern die Schuld am Tode seines Sohnes Androgeos. Die Athener versprachen dem König Minos alle neun Jahre die Sendung von sieben Jungfrauen und Männern als Opfergabe für den Minotaurus. Der Held Theseus schloß sich mutig einer solchen Sendung an, um die Athener von dieser schändlichen Auflage zu befreien. Ariadne, die Tochter des Königs, schenkte ihm ihre Liebe und das allen wohlbekannte Garnknäuel, mit dessen Hilfe er, nachdem er den Minotaurus getötet hatte, wieder zum Ausgang des Labyrinthes zurückgelangte.[32] Soweit der mythische Hintergrund für die Aussendung des geschmückten Schiffes zur Geburtsinsel des Gottes Apoll. Während der Zeit dieser Festgesandtschaft nach Delos durfte indes in der Stadt Athen niemand von Staats wegen getötet werden, da es galt, die Stadt rein zu halten. Auch im Angesicht des Todes beeinflußte also die

---

[29] Vgl. den Ausdruck "θεωρία" in Phd. 58b. Vgl. THEODORAKOPOULOS, (1972), 66: "Während die Athener, die ihn zum Tode verurteilt haben, eine θεωρία, d.h. eine feierliche Prozession, einen feierlichen Aufzug nach Delos veranstalten, wird er hier im Kerker, dem Apollon, der er sein Leben und Lebenswerk verdankt, eine andere θεωρία darbringen, nämlich sein philosophisches Nachdenken über das Leben und den Tod. Umgeben von seinen geliebten Schülern wird er hier sowohl seinen Logos als auch seinen Mythos über Leben und Tod aussprechen und beides dem gleichen Gott darbieten.".
[30] Vgl. Phd. 60e: " «῏Ω Σώκρατες », ἔφη, « μουσικὴν ποίει καὶ ἐργάζου. »".
[31] In diesen Kontext gehört allemal das sokratische "Daimonion" als innere, göttliche Stimme, die Sokrates stets warnte, wenn er im Begriff war, etwas "Falsches" und gegen "das Gute" Verstoßende zu tun.
[32] Zu Theseus-Motivik vgl. JÜRß, (1988), 153f.

Gottheit in Form eines Gelöbnisses und einer kultischen Prozession nachhaltig das Leben des Sokrates, denn dadurch verschob sich seine Hinrichtung um einige Wochen.

Nun ist die von Platon bewußt inszenierte Parallelisierung des Sokrates mit Theseus freilich unübersehbar.[33] Theseus, der Retter Athens im Mythos, der zugleich als der attische Nationalheros schlechthin galt, und der Retter Athens im Logos, Sokrates, verbindet beide das Schicksal durch Intrigen und Machtgerangel in ihrer Heimatstadt Athen umgekommen zu sein. Theseus rettete die Kinder der Athener vor dem sicheren Tod, Sokrates rettet den um ihn versammelten Nachwuchs Athens, den Platon namentlich aufzählt, vor Unverstand und unrechter Lebensführung. Wer so Gewichtiges für seine Vaterstadt vollbringt, der hat für seine Unsterblichkeit bereits zu Lebzeiten vorgesorgt. Theseus wurde als Heros kultisch verehrt, auf die selbe Stufe erhebt nun Platon seinen zu Unrecht verurteilten Lehrer Sokrates, indem er ihm durch die exponierte Stellung in seinem Werk ein unsterbliches Denkmal setzt. Sokrates verstand sein Wirken als Dienst und Gefolgschaft am delphischen Gott Apollon, dem er keiner Gewalt auf Erden zuliebe untreu werden könne, auch wenn sein Leben davon abhinge. An maßgeblicher Stelle im "Phaidon" nennt er sich einen "Mitdiener" der heiligen Schwäne des Apollon (85b), womit auch zum Ausdruck kommt, daß er in treuer Gefolgschaft zum Gotte steht.

Um sich zu entsühnen, betreibt Sokrates im Gefängnis nun die "Musenkunst", da ein Traum, den er als ein göttlich-mantischen Hinweis deutet, ihm geraten habe, eben solche "höchste Musik" auszuüben. Bislang hatte Sokrates die Philosophie als die "höchste Musik" begriffen, nun überkamen ihn aber in der existentiellen Ausnahmesituation der Gefangenschaft ernsthafte Zweifel ob seiner bisherigen Lebensführung (61a). Sokrates scheint im Vorfeld des herannahenden Todes nicht länger unerschütterlich davon überzeugt zu sein, ob seine bisherige, philosophische Lebensweise gerecht und gottgefällig gewesen sei. Der Lichtgott Apollon[34] galt

---

[33] Vgl. FISCHER, (1990), 14: "Durch den Vergleich mit Theseus erscheint Sokrates als von göttlicher Weisung geleitet und zugleich als Leitstern für andere. [...] Als selbstkritischer Wahrheitssucher hat er Vorbildfunktion für philosophische Menschen und wird so – in dem durch die Dramaturgie des Dialogs grundgelegten Vergleich – zu einem neuen Theseus.". Vgl. hierzu auch das Wiederaufgreifen des mythischen Stoffes in Nom. 706c.
[34] Vgl. ALBERT, (1980), 17: "In jedem Fall dürfen wir jedoch annehmen, daß Apollon zumindest von den Griechen der klassischen Epoche als ein Gott der Helle und des Lichts angesehen wurde. Das Licht aber ist in der griechischen Philosophie schon in den Anfängen als Bild für die philosophische Erkenntnis verstanden worden.".

nun in der Antike nicht nur als Gott der Einsicht und des Wissens, sondern auch als "Musenführer", wurde also in engster Verbindung zu den Musen gedacht. Bekanntermaßen war die Akademie als θίασος organisiert, als eine Art privater Kultverein, in dem gerade der Musenverehrung eine wichtige Rolle zukam.[35] Sokrates dichtet nun im Gefängnis auf den Gott, um die göttliche Weisung zu erfüllen und sich für seine letzte Reise zu entsühnen. Zwar wird hier explizit von der menschlichen Psyche nicht gesprochen, aber dennoch erscheint es einsichtig, daß es sich bei der erwähnten Entsühnung durch die Beschäftigung mit den musischen Künsten nur um eine Reinigung der Psyche und der Gesinnung handeln kann. Die musischen Künste gehen ohnehin immer schon auf eine kulturelle Sorge, Pflege und Reinigung des Seelischen aus. Dieser Interpretation entspricht auch die enge Beziehung der Musen zu Quellen, Bächen und Flüssen. Ihre Anbindung an das Wasser mit seiner reinigenden Funktion und Kraft und die Verbindung dieses Elementes zu Rhythmus und Periodizität, die uns auch im wesentlichen Moment des musischen Sich-Erinnerns der Töchter der Mnemosyne stets entgegentritt, versinnbildlicht durch den Kreislaufcharakter des Strömens auch die ewige Wiederkehr alles Nachdenkenswerten, den Inhalt der Seelen.[36]

Durch den Bescheid des Sokrates an den Dichter Euenos, er möge ihm alsbald in den Tod folgen, löst er den heftigsten Widerspruch der Anwesenden aus und setzt somit die eigentlichen Erörterungen über Körper und Seele, Tod und Leben in Gang (61b).

---

[35] Vgl. ARIÉS, (2002), 774: "Genau wie das Leben ist auch der Tod kein bloß individueller Akt. Deshalb wird er, wie jeder große Wendepunkt des Lebens, mit einer stets mehr oder minder feierlichen Zeremonie begangen, deren Ziel es ist, die Solidarität des Individuums mit einer Sippe und seiner Gemeinschaft zu bekräftigen.".

[36] Musenkunst basiert auf dem Nachdenken, dem Gedächtnis und auf der gesangvollen Ordnung, wie es schon durch die Namensgebung der drei "klassischen" Musen zum Ausdruck kommt: Melete, Mneme und Aoide. Vgl. hierzu auch die Ausführungen von JÜNGER, (1944), 54ff.

3. "Einübung in den Tod" ist Befreiung der Seele

Unzertrennlich verbunden mit dieser Mitteilung des Sokrates an den Euenos steht wiederum eine zutiefst religiöse Problematik, nämlich die Frage des Suizid.[37] Für die Anwesenden[38] ist nicht nachvollziehbar, warum der wahrhafte und gerechte Philosoph, der sich im Besitz des höchsten menschlichen Glückes wähnen darf, den Wunsch zu sterben in sich trage, sich aber selbst nicht töten dürfe, denn in Übereinstimmung mit der Lehre des Pythagoräers Philolaos lehnt Sokrates aus religiösen Gründen den Freitod kategorisch ab (61d).[39] Wenn nun Sokrates dennoch von dem Streben des Philosophen nach dem Tode spricht, so muß offensichtlich dieses Totsein für ihn etwas anderes bedeuten, als was die "Vielen" darunter verstehen, und die Erörterung dieser Frage geschieht nun im exklusiven Kreis seiner Anhänger.

Sokrates erwähnt zur Begründung seines Standpunktes der damaligen Zeit geläufige Metaphern: Zum einen die eher orphische Vorstellung über das menschliche Leben,[40] die jedoch nicht weiterführend ausdiskutiert wird, zum anderen aber, vermutlich im Hinblick auf Kebes und Simmias, die pythagoräische Auffassung, daß die Menschen zu einer Herde der Götter gehören, aus der sie nicht eigenmächtig entfliehen dürfen.[41] Der Selbstmord wird als eine Verletzung der Pflicht gegenüber den Göttern abgelehnt. Im Dialog wird diese Argumentation nicht weiter hinterfragt, vielmehr wird die Setzung, daß der Mensch als Eigentum der Götter sich selbst nicht töten dürfe, ohne weitere Prüfung allgemein anerkannt. Auch

---

[37] Die Diskussion wird von Sokrates mit Erwägungen und Lehrmeinungen des Pythagoräers Philolaos aus Kroton in Verbindung gebracht (61d), der ein Lehrer der beiden Thebaner Simmias und Kebes gewesen sein könnte. Vgl. zu seiner Person auch Diog. Laert. VIII, 84f.

[38] Es gilt festzuhalten, daß der Tod des Sokrates sich gewissermaßen im öffentlichen Raum, unter der Anteilnahme seiner Schüler (und des Lesers) vollzieht und miterlebt wird. Vgl. Guardini (1987),150: "Das Gespräch vollzieht sich nicht im Geheimen, wie im Kriton, wo zwischen dem Versucher-Freund und Sokrates die letzte Entscheidung fällt, sondern im großen Kreise und zu gleichsam offizieller Zeit, dem Tag der Urteilsvollstreckung."

[39] Vgl. Phd. 62 a. Zu der philologisch komplexen und äußerst schwierigen Passage vgl. vor allem den Übersetzungsvorschlag von Reynen, (1968), 46.

[40] Die Orphik verstand offensichtlich das menschliche Leben gleichsam wie das 'Wachestehen' in einer Festung, dem man sich nicht entziehen dürfe. (Phd. 62b).

[41] Vgl. Phd. 62bff und Nom. 713cf.

Sokrates selbst kann ferner nicht mehr als eine "gute Hoffnung" (εὔελπις) bezüglich der zu erwartenden Verhältnisse im Jenseits ausdrücken.[42]

Wie beschreibt nun der Sokrates des "Phaidon" den Sinn von Leben und Tod? Für Sokrates ist der Tod die Trennung von Körper und Seele, so daß das Totsein den Zustand beschreibt, in dem die Psyche allein für sich und getrennt vom Körper ist.[43]

Der wahre Philosoph sieht im Tode nicht sein Ende, sondern Ziel, Erfüllung und Vollendung seines Lebens, denn erst im Tode erhält die Seele die Möglichkeit befreit vom Körper zu sein.[44] Sie hat dann den Zustand erreicht, um den es ihr alleine geht: Jetzt erst ist die Erkenntnis des in Wahrheit Seienden in der "Schau" der "ewigen Wahrheiten" möglich. Nach der Meinung des Sokrates beansprucht der Körper mit seinen dauernden Bedürfnissen den Menschen so sehr, daß dieser in seiner körperlichen Existenzform nicht zu den letzten Wahrheiten vorzustoßen vermag.[45] Der Körper und mit ihm die Erkenntnis durch die verschiedenen Sinne verwehren dem Menschen nur das Erlangen von wahrem Wissen und wahrer Einsicht.[46]

Das gesamte Bestreben des Philosophen muß deshalb auf die Befreiung der Knechtschaft der sinnlich-körperlichen Begierden und Lüste zielen (64d). Der sinnlichen Wahrnehmung setzt Platon das "reine Denken" (λο-

---

[42] Vgl. Phd. 63bff.; 64a. Resümierend bezeichnet Sokrates in Phd. 114d die Ergebnisse argumentativer Darlegungen und die Konsequenzen des Endmythos – damit abschließend die Erwägungen des gesamten "Phaidon" – als eine "schöne Gefahr" (κίνδυνος καλός).
[43] Vgl. Phd. 67d: "Οὐκοῦν τοῦτό γε θάνατος ὀνομάζεται, λύσις καὶ χωρισμὸς ψυχῆς ἀπὸ σώματος;".
[44] Vgl. FISCHER, (1990), 3: "Aus der Gesamtaussage des <Phaidon> liegt natürlich auf der Hand, daß der Philosoph den Tod nicht als den Untergang seiner Lebensmöglichkeit erstrebt, sofern dieser Dialog ganz offenbar gerade über die für den einzelnen Menschen scheinbar alles vernichtende Grenze hinausfragen soll.".
[45] Zu einer detaillierten Beschreibung des Körperlichen im "Phaidon" vgl. FISCHER, (1990), 28, Anm. 90.
[46] Vgl. Phd. 65af.; 66aff. Der Körper ist nach Platon für die Erkenntnisgewinnung lediglich ein Hindernis (ἐμπόδιον). Vgl. NIKOLAUS VON KUES (2002), 8: "Et quia homo maiori industria indiget, ut suam animalitatem bene nutriat, quam aliud animal, habetque opus, ut ad hoc logica sua naturali in venatione corporalis cibi utatur, non est ad intellectualem ita deditus et attentus, sicut illa natura exposcit. Haec occupatio dum nimia est, a speculativa sapientiae alienat. Quare philosophia carni contraria mortificare scribitur.".

γίζεσθαι) entgegen, bei dem die Seele ohne Hilfe der Sinneswahrnehmung das Seiende "durch sich selbst" erfassen soll.[47]

Der Philosoph wird die wahre Erkenntnis, nach der er beständig strebt, entweder nie oder erst nach seinem Tode erlangen. Philosophie ist nach der Auffassung des "Phaidon" aber weitaus mehr als eine bloß intellektuelle Beschäftigung. Sie ist eine Lebensanschauung, die den Menschen, der ihr folgt, ganzheitlich beansprucht. Das "In-der-Philosophie-sein" ist eine menschliche Lebensform, in der man steht und die einen zutiefst ergreift. In ihr findet sich die Psyche im aktivsten Moment des Ergriffenwerdens.[48]

Der Tod eines jeden Menschen ist unabwendbar und unausweichliches Faktum *seines* Lebens seit der Geburt. Das Ziel des menschlichen Lebens ist der Tod, hierauf muß jeder Mensch zwangsläufig seinen Blick richten. Philosophie ist anhaltend *meditatio mortis*: *Nascentes morimur: finisque ab origine pendet* (Manilius).

Ferner ist jedes philosophische Bemühen für Sokrates zu guter letzt ein sittlich-approximatives "Ideal", das die beiden Momente des Strebens nach Erkenntnis und des Strebens nach Tugendhaftigkeit unabdingbar miteinander verbindet.[49] Dieses Ideal des "reinen" und "wahren" Erkennens, dem in der Geschäftigkeit und Unruhe des Lebens nur unzureichend nachzukommen ist, wird in die Daseinsform nach dem Tode projiziert.[50] Wah-

---

[47] Vgl. Phd. 65c: "... αὐτὴ καθ' αὐτὴν ...".
[48] Vgl. Phd. 64a: "... ἐν φιλοσοφίᾳ διατρίψας τὸν βίον θαρρεῖν μέλων ἀποθανεῖθαι...".
[49] Vgl. TUMARKIN, (1926), 65: "Sowohl die Erhebung des Geistes über die sinnlichen Bedürfnisse, als auch die Loslösung des reinen Denkens von der vermittelnden Sinnlichkeit wird immer als ein Ideal hingestellt, dem der Philosoph sich nur mehr annähert als andere Menschen, das aber auch er nie ganz verwirklicht.". Vgl. ferner PIEPER, (1970), 397, Anm. 28.
[50] Vgl. Phd. 66e. Diese Projektion stellt den Auslöser des Vorwurfs dar, die platonische Philosophie begünstige "Weltflucht", "Lebensfeindlichkeit" und "décadence". Vgl. BRÖCKER, (1990), 172. Vgl. auch die Überzeichnung Nietzsches in der "Götzendämmerung": NIETZSCHE, (1983), Bd.IV, 377: "Über das Leben haben zu allen Zeiten die Weisesten gleich geurteilt: es taugt nichts... Immer und überall hat man aus ihrem Munde denselben Klang gehört, - einen Klang voll Zweifel, voll Schwermut, voll Müdigkeit am Leben, voll Widerstand gegen das Leben. [...] Selbst Sokrates hatte es satt.". Diese Urteile erscheinen mir zu hart: Die philosophischen Fragestellungen Platons richteten sich unzweifelhaft auf die verschiedensten Bereiche des menschlichen Lebens und auf die Wirklichkeit von Welt. Im Kontext des "Phaidon" betont Platon die Unausweichlichkeit des Todes als sinnvolle und notwendige Fragestellung des Lebens, *weil* das menschliche Leben mit einer inneren Zwangsläufigkeit seine Überstei-

res Erkennen ist jedoch für den suchenden Menschen nur dann möglich, wenn er bereit ist, nicht länger auf den Körper mit seinen den Sinnen verhafteten Bedürfnissen zu hören. Insofern begreift Platon Philosophie als ein stetes "Einüben in den Tod" als eine Deviation vom Körperlichen. Der Tod muß an dieser Stelle im übertragenen Sinne als ein "Absterben" der Lüste des Körpers aufgefaßt werden. Dann ist diese "Todessehnsucht" auch nicht unvernünftig, da der Mensch keineswegs die Obhut der Götter aufgibt, denn man gelangt gewiß zu anderen Göttern und höchstwahrscheinlich auch zu besseren Menschen. Diese Hoffnung und Zuversicht des Sokrates, der Tod sei die Befreiung der Psyche und die wahre Vollendung des Lebens, ist jedoch nur dann begründet, wenn die Seele nicht zusammen mit dem Leib zugrunde geht, sondern tatsächlich unsterblich ist. Diese fundamentale Voraussetzung führt unmittelbar zu den Versuchen des Nachweises der Unsterblichkeit der Seele, von denen im weiteren Verlauf noch verstärkt die Rede sein wird.

Ergänzend sollen nun noch einige Überlegungen zur Art des Todes eines "wahrhaft Philosophierenden" angestellt werden, denn Sokrates steht seinen Schülern dazu Rede und Antwort als seien sie seine "wahren Richter" (64a).

---

gerung im Tode findet. Für Platon gehört das Nachdenken über den Tod in den Bereich des Philosophierens; nicht die Verdrängung, sondern die Infragestellung einer etwaig beängstigenden Wirklichkeit des Todes steht an zentraler Stelle seines Denkens. Vgl. hierzu HEIDEGGER, (1993), 258f.: "... *Der Tod als Ende des Daseins ist die eigenste, unbezügliche, gewisse und als solche unbestimmte, unüberholbare Möglichkeit des Daseins. Der Tod ist das Ende des Daseins im Sein dieses Seienden zu seinem Ende.*".

4. Die Apologie des Sokrates: die philosophische Lebensform

Die Argumente seiner Verteidigungsrede sind zunächst einmal nichts weiter als der feste Ausdruck seiner Hoffnung und seines Glaubens, daß er nach dem Tode "Gutes" in vollem Maße erlangen werde. Für die Festigung dieser "guten Hoffnung" übernimmt Sokrates wissentlich Entlehnungen aus der Orphik und den Lehren der akusmatischen Pythagoräer. Den Gesprächspartnern reicht aber ein solch mystisch-religiöser Rekurs als statthafte Begründung mit gutem Recht bei weitem nicht aus, vielmehr verlangen sie nach einer umfassenderen philosophischen Darlegung dieser sokratischen Position (63dff.).

Sokrates zeigt sich durchaus willig und diskutierfreudig und läßt sich in der Folge auf eine "Apologie" vor seinen "wahren Richtern" ein. Zunächst greift er die sarkastische Meinung der "Vielen" auf, die, an dieser Stelle des Dialogs von Simmias vertreten, der Meinung sind, daß die Philosophen ihren Wunsch, zu sterben und tot zu sein, durchaus auch verdienten. Sokrates stellt heraus, daß diese unwissentlich, aber durchaus nicht falsch, das Richtige behaupten, wenn sie sagen, die Philosophen verdienten den Tod. Diesen "Vielen" und ihrer Unwissenheit bzw. Uneinsichtigkeit wird nunmehr die Berechtigung an der Teilnahme des weiteren Argumentationsganges entzogen, was wiederum auf den exklusive Charakter des Dialogs verweist. Im Anschluß folgt nun die ausschlaggebende und für den Fortgang des Dialoges fundamentale Definition des Todes, die sich bereits im Dialog Gorgias findet.[51]

Bereits im einleitenden Teil des "Phaidon" wird also eine Definition vom Tod gegeben, die dann in der Folge unhinterfragt als πρότασις für alle weiteren Erörterungen und Argumentationen angesehen werden muß. In der von Sokrates vorgeschlagenen Definition wird der Tod als die Dissoziation der beiden "Wesensbestimmungen" (Körper und Seele) des Menschen verstanden.[52] Dieser Dualismus der Wesensbestimmungen wird von

---

[51] Vgl. Phd. 64c. In Gorg. 524 b heißt es: "Ὁ θάνατος τυγχάνει ὤν, ὡς ἐμοί δοκεῖ, οὐδὲν ἄλλο ἢ δυοῖν πραγμάτοιν διάλυσις, τῆς ψυχῆς καὶ σώματος, ἀπ' ἀλλήλοιν·".

[52] Ich weigere mich hier den philosophisch aufgeladenen Begriff "Substanz" zu verwenden, da mit diesem Begriff u.a. das Beharrende, also das, was in und durch sich selbst unveränderlich ist und nicht durch ein anderes wesensbestimmt wird, beschrieben wird. Im Gegensatz zu "Substanz" stehen die mannigfaltig wechselnden Zustände und Eigenschaften *an dieser Substanz*. Der Begriff "Substanz" würde gewissermaßen

Platon im weiteren aber noch mit zwei Lebensformen parallelisiert. Nach seiner Auffassung sollte die "philosophische Lebensform" dem Körper und dessen Bedürfnissen keinen hohen Stellenwert zubilligen. Durch die Führung der Philosophie kann und soll sich der Mensch vielmehr vom Körperlichen abwenden und dem Geistigen (Seelischen) zuneigen, und zwar schließlich und endlich mit dem Ziel, sich von der Gemeinschaft mit allem Körperlichen völlig zu lösen.[53] Als wesentliche Forderung an die Lebensführung des Philosophen wird demnach das Sich-Loslösen vom Körperlichen und die Orientierung zum Geistigen angesehen.[54] Im Kontrast zu einer solchen Lebensführung steht diejenige Auffassung der "Vielen", die Platon auch als φιλοσώματοι charakterisiert.[55] Dem Philosophen hingegen geht es in erster Linie um den Erwerb wahrer und richtiger Einsichten und der daraus resultierenden Erkenntnisgewinnung, wobei für das Erreichen eines solchen Zieles laut Platon eine vom Körper losgelöste Seele gleichsam als "Erkenntnisorgan" anzusetzen ist, da nur durch sie die Möglichkeit das "wahrhafte Seiende" zu erkennen in Aussicht gestellt wird.[56]

Der philosophierende Mensch begreift sich stets auf der Jagd nach der Wahrheit, ein ausgezeichneter Moment seines Daseins ist die *venatio*

---

sowohl "Selbstidentität", als auch "Unveränderlichkeit" voraussetzen, was meines Erachtens die beiden Begriffe σῶμα und ψυχή bei Platon nicht leisten.
[53] Vgl. Phd. 64ef. Ferner vgl. TUMARKIN, (1926), 65: "Das ist der eigentliche philosophische Sinn, den Plato in das Bild der nach dem Tode sich vom Leib loslösenden Seele hineinlegt: das reine, durch keine Sinnlichkeit vermittelte Denken des wahrhaft Seienden, das der Wahrheit um so näher komme, je reiner es sich von der Sinnlichkeit losgelöst hat (65 C- 66 A).".
[54] Vgl. BARTH, (1921), 65: "Seele und Körper treten auseinander als feindselige Kräfte; dem seelischen Streben nach Vergöttlichung tritt hemmend die Erdenschwere körperlichen Daseins in den Weg. Die Seele findet ihr Innen und erkennt ihr Außen; nicht aus spekulativem Interesse, sondern aus sittlicher Spannung erwächst die Dualität der beiden Gegenpole Seele und Körper, ein Gegensatz, dem von vornherein der Wertcharakter des Göttlichen und Irdischen zu eigen ist.".
[55] Vgl. Phd. 68b: φιλοσώματος, φιλοχρήματος, φιλότιμος. Vgl. hierzu auch die Dreiteilung der Psyche in Rep. 435aff. Die Attitüde des "wahrhaften Philosophen" hinsichtlich der Todeserwartung ist die "Gelassenheit", gegenüber dem Widerwillen der "Vielen", die sich mit der Unabänderlichkeit des Todes nicht ernsthaft auseinandersetzen, und ihre Ausflucht in der Körper-, Geld- und Ehrliebe suchen. Dieser Gegenüberstellung der beiden Lebenseinstellungen entspricht folglich auch die Zuordnung "wahrer" und "falscher" Tugenden (68c-69a).
[56] Vgl. Phd. 65bf., wo es bezüglich der Psyche heißt: "Ἆρ' οὖν οὐκ ἐν τῷ λογίζεσται, εἴπερ που ἄλλοθι, κατάδηλον αὐτῇ γίγνεταί τι τῶν ὄντων; - Ναί.".

sapientiae.[57] Die Einsicht in diese Wahrheit ist aufs engste verknüpft mit dem prädestinierten Seelenvermögen, dem die prinzipielle Möglichkeit der Erkenntnis "intelligibler Gegenstände" zugestanden wird, mit denen die Psyche als Erkenntnisorgan in ähnlicher Art und Weise korreliert wie der Körper bzw. dessen Sinnesorgane mit den wahrnehmbaren Gegenständen der Sinnenwelt. Platon geht es im "Phaidon" aber auch permanent um die "Abstraktion nach Innen", im Sinne einer "Kon-Zentration" der Seele mit dem letztgültigen Ziel der Selbstwerdung und der menschlichen Identitätsfindung.

In diesem Textabschnitt werden also mehrere Dichotomien aufgeführt und gegenübergestellt: Psyche und Körper, Lebensform des Philosophen und Lebensform der "Vielen" und letztendlich noch die beiden voneinander abgegrenzten Gegenstandsbereiche der intelligiblen und aisthetischen Art.

---

[57] Vgl. die Jagdmetaphorik in Phd. 66a: θηρεύειν. Ferner vgl. NIKOLAUS VON KUES, IV, (2002), 10: "Nihil enim sunt philosophi nisi venatores sapientiae, quam quisque in lumine logicae sibi conatea suo modo investigat.".

5. DIE GEGENSTÄNDE DES REINEN DENKENS

Im Verlauf des "Phaidon" rücken nun jene "Gegenstände" in den Mittelpunkt der Betrachtung, die die Psyche denken kann, wenn sie "für sich selbst" ist.[58] Sokrates nennt in diesem Kontext sowohl das "Gerechte", das "Schöne", das "Gute", als auch die "Größe", die "Gesundheit" und die "Stärke"[59] bzw. zusammenfassend auf beide Beispielgruppen bezogen bemerkt und beschrieben: ...καὶ τῶν ἄλλων ἑνὶ λόγῳ ἁπάντων τῆς οὐσίας, ὃ τυγχάνει ἕκαστον ὄν.[60]

Diese Gegenstände, die Platon mit den oben genannten Prädikaten denominiert, versperren sich dem Zugang durch die sinnliche Wahrnehmung. Sie erfordern vielmehr ein "Gedachtwerden", exakter eine stete Reflexion ihres ständigen "Gedachtseins". Ihr "Wesen" kann erst im und durch das Denken zum Ausdruck gebracht werden.[61] Die Distinktheit des Erkenntnisvorgangs und die Offenkundigkeit des Erkenntnisgegenstandes werden dabei in eine korrelative Dependenz gestellt, die es zugleich erforderlich macht, daß die Psyche des Menschen "rein"[62] und "für sich selbst"

---

[58] Platon beschreibt die Situation der Psyche im "Phaidon" vielfach als "...αὐτὴ καθ' αὑτὴν γίγνεσθαι...". Vgl. 65cf.; 67cff.; 79d; 81c; 83 b. Die Psyche soll sich "in sich selbst sammeln und zusammenziehen", 67b: "...συναγείρσθαι τε καὶ ἁθοίζεσθαι...". Vgl. auch 83a: "...αὑτήν δὲ εἰς αὑτήν συλλέγεσθαι καὶ ἁθοίζεσθαι...".

[59] Vgl. die Aufzählung in Phd. 65d: δίκαιον, καλόν, ἀγαθὸν αὐτο // μέγεθος, ὑγίεια, ἰσχύς.

[60] Phd. 65e. Vgl. BÄRTHLEIN, (1966), 73: "Die in Frage stehende οὐσία ist doch das, was allen reinen Bestimmtheiten (z.B. Größe, Gleichheit, usw.) gemeinsam ist.".

[61] Vgl. FINDLAY, (1994), 12: "Plato gab all diesen durchdringenden, nicht-sinnlichen, unwandelbaren und wißbaren Seinseinheiten die Bezeichnung "Ideen" (*ideai*) oder "Formen" oder "Bilder" (*eidé*) [...] Man darf "Ideen" jedoch nicht so verstehen, als habe Plato sein alles durchdringendes Etwas im Verstand angesiedelt oder es mit den Worten identifiziert, die es bedeuten. Dieses Etwas war weitaus wirklicher als der Verstand und seine Bedeutungsakte oder die Wörter, mit denen letztere umgesetzt wurden. Der Verstand, seine Tätigkeit und die Wörter gehören bereits zum Bereich der Beispiele, zu all dem, was endlos im Werden begriffen, aber nie absolut ist: Die Ideen sind also außerhalb und jenseits dieses Bereichs.".

[62] Ersichtlich sind hier die Anlehnungen an Mysterienschau und rituelle Seelenreinigungen. Zum philosophischen Katharsis-Begriff vgl. BURKERT, (1962), 144f. Vgl. auch GADAMER, (1973), 148: "Dagegen meint für Sokrates »Reinheit« ein neues Bewußtsein seiner selbst: das Leben des sich auf das Denken konzentrierenden Philosophen.". Vgl. auch ALBERT, (1980) 20: "Die Seele soll vom Körperlichen befreit und gereinigt werden. Wir sind hier ganz in der Nähe des Gedankens der kultischen Reinigung: und der Gott der kultischen Reinigung, der κάθαρσις, ist Apollon.".

zu setzen sei. In erster Linie geht es um den Gesichtspunkt der "Reinheit" bzw. "Unvermischtheit" des intelligiblen Erkenntnisgegenstands in Abhebung zu jeder Vielgestaltigkeit und Beimischung in den Einzelfällen und Konkretionen im Bereich der mannigfaltigen, sinnlichen Wahrnehmungen.[63]

Der dem "wahrhaften Philosophen" eigentümliche Eifer im Streben nach Wahrheit und Erkenntnis wird von Platon hier mit der Intention der "Reinigung und Loslösung"[64] der Psyche von den körperlichen Bedingtheiten und Einflüssen verknüpft. Der Mensch gelangt demzufolge nur dann zum Erkenntnisgegenstand, wenn er möglichst mit dem reinen Denken (διανοία, 66a) an diesen "herantritt" und ihn zu "erfassen" sucht. Dieser Vorgang ist die "Schau" des reinen, unvermischten Erkenntnisgegenstands, wohinter latent die Erkenntnis des Eidos steht. Die "Reinigung der Psyche" geschieht bei Platon nicht durch einen mysterisch-kultischen Brauch oder durch eine religiös-sakrale Handlung, vielmehr wird hier der Ritus durch den Logos ersetzt, der als das Ergebnis der Bemühung einer intellektuellen Ausgerichtetheit begriffen werden darf.[65] Die Reinigung muß hier mit der "Aufklärung" durch philosophisches Denken gleichgesetzt werden.

Die von Platon angeführten "Gegenstände" oder "Begriffe" dieses reinen Denkens sollen nun noch näher auf ihren Gehalt hin untersucht werden. Offensichtlich handelt es sich bei ihnen um Eide, obwohl der Terminus in dieser Passage eigens gar nicht Verwendung findet.[66] Platon

---

[63] Vgl. hierzu auch die Bezeichnung πολυειδές des sinnlich Gegebenen in Phd. 80b. Vgl. NIKOLAUS VON KUES, (2002), 6: "Nam natura individui cum ipsa idea unitur, a qua habet haec omnia naturaliter.".

[64] Vgl. Phd. 67c: κάθαρσις; 67d: λύσις καὶ χωρισμὸς ψυχῆς ἀπὸ σώματος.

[65] Vgl. Phd. 66b: "...ἀτραπός τις...μετὰ τοῦ λόγου ἐν τῇ σκέψει,...".

[66] Platon war offenbar der Auffassung, daß durch die Beharrlichkeit der allgemeinen Begriffe das Zerfließende der Gegenstandswelt gebannt wird, deshalb trennte er das Allgemeine vom Einzelnen und schrieb dem Allgemeinen eine besondere Existenz zu. Das Schöne ist nicht ausschließlich in den schönen Dingen, das Gute ist nicht ausschließlich in den guten Menschen, sondern das Schöne und das Gute ist ein für sich bestehendes Wesen. Mit dieser Feststellung erhebt sich der Geist über die Empirie. Vgl. WAGNER, (1966), 5: "Ausgehen wollen wir von der gewiß eigenartigen Tatsache, daß in einem kürzeren Textabschnitt (über die κτῆσις φρονήσεως, ab 65 a 9) [...] eingehend über die Ideen gesprochen wird, ohne daß dafür auch nur ein einziges Mal das Wort εἴδη oder ἰδέαι benutzt wird.". Ich folge hier im wesentlichen den Ausführungen von WAGNER, (1966), 8f. Vgl. ferner SCHMITZ, (1985), 21: "Für diesen Anfangsteil des *Phaidon* ist die strikte Absonderung der Ideen von den Sinnen durch heftige Betonung ihrer Unsichtbarkeit (65d4-10, 79a4, 81b6f:, 83b4) charakteristisch; vermutlich aus diesem Grunde meidet Platon hier die Bezeichnung der Ideen als εἶδος oder ἰδέα,

benutzt zur Kennzeichnung und Exemplifizierung seiner Aussage bezüglich der Allheit[67] zwei unterschiedliche Beispielgruppen, die er dennoch auf eine gemeinsame Bezugsebene stellt. Sowohl die erstgenannten Beispiele δίκαιον, καλόν, ἀγαθὸν αὐτο, als auch μέγεθος, ὑγίεια, ἰσχύς, wobei innerhalb der letztgenannten Gruppe der Name der Begrifflichkeit austauschbar ist, sofern er nur weiterhin das Charakteristische des Gegenstands wesensmäßig als solchen bezeichnet,[68] werden nun als Bestimmungen eines ganz bestimmten Gegenstandes noch auf eine "allgemeinere Bestimmtheit" bezogen, nämlich auf die οὐσία.

Mit οὐσία bezeichnet Platon also eine allgemeine Gegenstandsbestimmtheit, die verdeutlichen soll, was der Gegenstand im jeweiligen Fall ist.[69] Bereits an dieser Stelle im "Phaidon" wird deutlich, daß die Bezeichnung οὐσία eine elementare Stellung für die platonische Auffassung vom Eidos einnimmt, da sie betont, daß es sich bei dem eidetischen oder deskriptiven Gehalt immer um eine festumgrenzte Art des Seins handelt, die zudem ontologisch ein eigenständiger Sachgegenstand ist. Unentschieden bleibt an dieser Stelle des "Phaidon", ob οὐσία hier zugleich eine Verallgemeinerung gegenüber den anderen Eide darstellt oder ob sie lediglich als Exponent des eigentlichen Seins, des Seins der Eide, im Kontrast zum wechselhaften Sein der aisthetischen Gegenstände auftritt.[70]

Die aisthetischen Konkretisierungen der Eide nennt Platon demgemäß γιγνόμενα, also Dinge, die dem Werden und der Veränderung unterworfen sind. Dennoch spricht Platon diesen aisthetischen, sinnlichen Gegenständen keineswegs vollends Sein oder Wirklichkeit ab, denn in ihrem

---

die dem ursprünglichen Sinn nach auf das Aussehen, den Anblick, geht, und führt statt dessen mit terminologischer Feierlichkeit den Kunstausdruck "Was ist" ein (72d2, 92d9), den er ebenso im *Symp.* verwendet (211c8), wo die Worte "εἶδος" und "ἰδέα" gleichfalls nicht zur Idee-Bezeichnung dienen.".
[67] Vgl. Phd.65d: "Λέγο δὲ περὶ πάντων,...".
[68] Z. B. vertausche beim Prädikat "groß" die Bezeichnung μέγεθος durch die Bezeichnung μέγα αὐτό. Vgl. hierzu auch Phd 100e.
[69] Vgl. hierzu WAGNER, (1966), 8: "Nur zwischendurch sei erklärt, warum οὐσία hier nicht mit 'Wesen' übersetzt wird. Erst Aristoteles hat darauf hingewiesen, daß nicht jede Gegenstandsbestimmtheit Wesensbestimmtheit des Gegenstands ist, daß m.a.W. der Gegenstand auch bloßzusätzliche (akzidentelle) Bestimmtheiten besitzt [...] Derjenige οὐσία-Begriff, den wir in unserem Text vor uns haben, meint jegliche Gegenstandsbestimmtheit; die Übersetzung 'Wesen' wäre also sehr irreführend ".
[70] Für die These des Status der Verallgemeinerung der οὐσία spricht möglicherweise Rep. 532a: "αὐτὸ ὅ ἐστιν ἕκαστον"; 537d: "αὐτὸ τὸ ὄν" und Phdr. 247cf.: "ὅ ἐστιν ὂν ὄντως".

festumgrenzten Bereich besitzen sie durchaus ihre Existenzberechtigung. Die aisthetischen Gegenstände dienen einerseits als "Initiator" für die Ideenerkenntnis, andererseits bilden sie den Bereich der politischen Praxis aus, auf die der Philosoph sein philosophisch-dialektisches Wissen beziehen und anwenden soll.[71]

Vor allem in der "Politeia" kontrastiert Platon dann das μᾶλλον εἶναι der Eide mit den aisthetischen Gegenständen der Erfahrung, welche ἧττον ὄντα sind.[72] Nun gebraucht Platon an dieser Stelle (65e) aber noch die Kontrastierung von ἕκαστον und ἕκαστον αὐτό, die die Verschiedenheit von "jeder Gegenstand überhaupt" und "jede Bestimmtheit überhaupt" umschreibt. Der intelligible Gegenstand ist so, wie er *als er selbst* ist (ἕκαστον αὐτό), also das Eidos in Abhebung zu seinen sinnlichen Konkretionen. An dieser Stelle wird eine reine Gegenstandsbestimmtheit eingeführt, die außerhalb und abgetrennt vom jeweiligen Gegenstand zu existieren vermag. Die Verwendung der Ausdrücke διανοεῖσθαι, διάνοια, λογίζεσθαι und λογισμός im Umfeld der Erörterung deuten auf die intelligiblen Gegenstände hin, die nur dadurch zu erkennen sind, daß man ihre entsprechende Bestimmtheit eben rein und für sich denken kann. Auf die notwendige innerliche Disposition des Erkenntnissuchenden zum Erkenntnisgegenstand, also auf eine Art mentale Propädeutik und grundeinstimmende Annäherung an die Erkenntnis selbst beziehe ich das ἀκριβέστατα παρασκευάσηται (65e). Das menschliche Bemühen um Einsicht ist jederzeit auch ein Bemühen um ἀλήθεια und φρόνησις; die menschlichen Sinneswahrnehmungen sind aber zutiefst vage und unsicher, so daß ihnen keine Wahrheit zugeschrieben werden kann.[73]

Nur auf dem Weg der reinen intellektuellen Annäherung kann der Mensch zur Wahrheit[74] gelangen und sich Gewißheit über das Seiende verschaffen. Platon versucht einen Untersuchungsgegenstand wie "das ... selbst", also das Eidos, "wie es als es selbst ist", zu erfassen. Die Erkenntnis von der Sache selbst, ihres "Gehalts" und ihrer "Wahrheit" nach setzt die kognitive Anstrengung einer reinen und geläuterten Psyche voraus, was

---

[71] Vgl. Phd. 83a. Hinsichtlich des "Reiz-Reaktions-Schemas" vgl. 74c ;75e ; 76e.
[72] Vgl. Rep. 479cf.; 515d.
[73] Vgl. Phd. 66a: " [...] ὡς ἔπος εἰπεῖν, ξύμπαντος τοῦ σώματος, ὡς ταράττοντος καὶ οὐκ ἐῶντος τὴν ψυχὴν κτήσασθαι ἀλήθειάν τε καὶ φρόνησιν, ὅταν κοινωνῇ [...]".
[74] Vgl. Phd. 65 e: "ἀληθέστατον" im Sinne von Objektivität der Dinge, als das, was sich an ihnen am meisten zeigt, ihre "Un-Verborgenheit".

schließlich dazu führt, daß "Wahrheit" und "Einsicht" als die Apizes des Erkenntnisstrebens mit dem "Zustand der Reinheit" gleichgesetzt werden.[75] Die von Sokrates fingierte und vorgetragene Rede der "wahrhaft Philosophierenden" kann gleichermaßen als "Rede von der Wahrheit" aufgefaßt werden, da dieser philosophische Terminus sozusagen den äußeren Rahmen der Darlegungen bildet. Am Anfang der Rede meint "Wahrheit" sicherlich noch den Komplementärbegriff zu "Einsicht", am Ende der Rede jedoch wird ganz gezielt darauf abgehoben, daß die zu erkennende "Wahrheit" eben gerade das "Was-es-ist" des jeweiligen Eidos ist, was den eigenständigen und wirklichen Gegenstand des Denkens darstellt, eben jenes reine und wahre " ... selbst".

Diese Einsicht vermag jedoch nur der Mensch zu erlangen, der im vollen Umfange befreite Psyche darstellt, d. h. der Mensch *ist* die Psyche, weil den eigentlichen Menschen nach Platons Auffassung vornehmlich seine Seele auszeichnet.[76] Obendrein wird in diesem Abschnitt eine begriffliche Korrespondenz der Rede vom Wahren und vom Seienden deutlich, denn die Erkenntnisbemühung ist sowohl Streben nach der Wahrheit, als auch Streben nach dem Seienden (65bf.). Platon verwendet das "τὸ ὄν" möglicherweise zunächst nur in einer veritativen Bedeutung, im Sinne von "wahr sein" oder "wirklich sein", doch wird an diesem einseitigen Bedeutungsgehalt nicht durchgängig festgehalten, so daß "τὰ ὄντα" (66a) m. E. gleichermaßen ein ontologisch ausgezeichnetes Seiendes bezeichnet. Denn Platon bezieht τὰ ὄντα offenbar auf die zuvor erwähnten Untersuchungsgegenstände, und zwar die Eide, denen in einer ausgezeichneten Weise Sein zukommt. Die Ermittlung der οὐσία einer Sache, fragt danach, was für die jeweilige Sache wesenhaft ist, um unmittelbar anschließend auf das ἀληθέστατον der Sache hinzuweisen, womit οὐσία und ἀληθέστατον in eins zusammenfallen. Auf diese Weise ist im Grunde der ausschlaggebende Akt der Hypostasierung des zu erkennenden Seins zu einem eigenständigen eidetischen Gehalt getan.

Bislang läßt sich also zur Vorstellung über die Psyche im "Phaidon" festhalten, daß Platon sie als Voraussetzung für Wahrnehmen-Können und Denken-Können sieht, also als Bedingung der Möglichkeit von Erkennt-

---

[75] Vgl. die Gleichstellung von "εἰλικρινές" und "ἀληθές" in Phd. 67 af. Am Ende der fingierten "Rede der wahrhaft Philosophierenden" verbindet Platon die Reinheit der Eide und ihren Status als das zu erkennende Wahre miteinander. Vgl. ferner Phil. 58cf.; 59c.
[76] Vgl. 67b: "... καὶ γνωσόμεθα δι' ἡμῶν αὐτῶν πᾶν τὸ εἰλικρινές· Τοῦτο δ' ἐστιν ἴσως τὸ ἀληθές·".

nisgewinnung. In gewisser Weise fokussieren die verschiedenen Wahrnehmungen in der Psyche[77]. Obgleich die Wahrnehmungswelt die Psyche sozusagen affiziert und ein Stück weit dirigiert, geschieht die eigentliche "Thematisierung" und "Evokation" der intelligiblen Gegenstände durch die Psyche selbst. Wenngleich nun die Psyche in Affinität zu diesen Eide steht, muß sie sich dennoch von diesem "wahrhaft Seienden" differenzieren. Sie steht als Medium und Transmitter zwischen den aisthetischen Konkretionen und den intelligiblen Seinsheiten. *Zwischen* diesen beiden ihr wesenseigenen Bereichen besagt aber, daß sie sowohl in die wechselhafte Sinnenwelt, als auch in das immerwährende Ideenreich gehört.

Die beiden pythagoräischen Gesprächspartner Kebes und Simmias billigen die apologetischen Ausführungen des Sokrates, dennoch verlangen sie, noch tiefer in die angesprochene Thematik einzusteigen. Sie begehren von Sokrates nun Begründungen für die Wirklichkeit und Existenz der Psyche.[78] Kebes greift nun die materialistische Ansicht der "Vielen" auf, die wähnen, daß die menschliche Psyche, sogleich sie den Körper verläßt, wie ein "Hauch" oder "Rauch" zerstiebe, so daß Kebes also im Namen der "Vielen" die individuelle Fortdauer der Psyche leugnet.[79] Im Hinblick auf diese Infragestellung der Weiterexistenz der Psyche nach dem Tode beginnt nun Sokrates seine erläuternden Ausführungen. Vor der Auseinandersetzung mit den weiteren Argumenten des Dialogs erscheint es mir ratsam, in einem kurzen Exkurs etwas detaillierter auf die Ansichten von einer Existenz nach dem Tode und auf die Vorstellung der Dissoziation von Körper und Seele im griechischen Denken vor Platon einzugehen.

---

[77] Vgl. hierzu Tht. 185df.: "...ἀλλ' αὐτὴ δι' αὑτῆς ἡ ψυχὴ τὰ κοινά μοι φαίνεται περὶ πάντων ἐπισκοπεῖν. [...] εἰ φαίνεται σοι τὰ μὲν αὐτὴ δι' αὑτῆς ἡ φυχὴ ἐπισκοπεῖν, τὰ δὲ διὰ τῶν τοῦ σώματος δυνάμεων.".
[78] Vgl. Phd. 70aff. Vgl. hierzu auch TUMARKIN, (1926), 67: "Und so weist bereits die Rechtfertigung des Sokrates ... über sich hinaus auf eine allgemeine Rechtfertigung des Philosophen, der alle äusseren Güter zurückstellt, hinter ideellen Werten, und weiter auf eine Rechtfertigung der Philosophie selbst, die sich über die wahrnehmbare Wirklichkeit erhebt zum reinen Denken des Seienden, auf eine Rechtfertigung der platonischen Ideenlehre.".
[79] Vgl. Phd. 70a: "...ὥσπερ πνεῦμα ἢ καπνὸς διασκεδασθεῖσα...".

II. Exkurs: Todes- und Jenseitsauffassungen vor Platon

1. Anmerkungen zum Mythos

Die präphilosophische Ausdrucksform der Welt- und Selbsterklärung (und des Erkenntnisgewinns) war der Mythos (μῦθος). Dieser hing zutiefst von seiner Glaubhaftigkeit und Überzeugungskraft ab, selbst und vor allem dort, wo in ihm deutliche Unstimmigkeiten erkennbar waren; diese Unstimmigkeiten zeichnen fast alle Mythen aus. Die Bedeutung des im Mythos Mitgeteilten wies weit über das eigentliche Ausgedrückte hinaus. Die philosophische Erörterung arbeitet mit Argumenten, Schlüssen, Beweisen, Beanstandungen und Billigungen, im Mythos hingegen mußte das, was in ihm als wirkliches Geschehen beschrieben wurde, einfach geglaubt und angenommen werden.

Der Mythos war zu Zeiten Platons für die Griechen sicherlich nicht mehr ein gemeinschaftliches Bekenntnis, wohl bereits eher eine bedeutende und (re-)cordiale Form der Literatur, im Sinne einer Sage oder eines Märchens. Der wichtigen archaisch-religiösen Relevanz des Mythos wird eine solche Interpretation jedoch nicht hinreichend gerecht, denn der Mythos war lange Zeit die einzige Form der Welterklärung, nur durch ihn und in ihm schufen sich die Menschen Motive für ihre Handlungsweisen und erklärten sich Bewandtnis und Sinn von Leben und Tod. In der Dichtung Homers setzte μῦθος den Kontrast zu ἔργον, womit die Geschicklichkeit in der Rede, die der praktischen Tätigkeit entgegengesetzt wurde.[80] In Platons Dialog "Protagoras"[81] steht der μῦθος bereits in klassischer Opposition zum λόγος, womit offensichtlich ein System der Unterweisung von Sinngehalten einem anderen (konkurrierenden) System gegenübergestellt wurde.

Der Mythos ist zunächst reine Erzählung mit enthüllter Konzession seiner Unverbindlichkeit. Die argumentierende und begründende Darlegung im Logos beleuchtet den Mythos hingegen häufig tendenziös zu seinem Nachteil. Platon verwendet prinzipiell beide Formen kongenial und gleichgeordnet als ein und denselben Teil der Musenkunst.[82] Er bezeichnet mit μυθολογεῖν oder μυθολογία eine dezidierte Art und Weise der πο-

---

[80] Vgl. Il. IX, 443; XVIII, 252.
[81] Vgl. Prot. 320c: "...μῦθον λέγων ἐπιδείξω ἢ λόγῳ διεξέλθω;".
[82] Vgl. Rep. 398b: "Νῦν δή, ἔπον ἐγώ, κινδυνεύει ἡμῖν τῆς μουσικῆς τὸ περὶ λόγους τε καὶ μύθους παντελῶς διαπεπεράνθαι·".

ίησις, die einerseits in metrischer Form, andererseits in prosaischer Form auftreten kann. Man findet eben beide Formen in Platons Werk.[83]

Wenn Platon nun von μυθολογία spricht, dann verweist er aber zugleich auch auf eine Differenz von μυθολογεῖν und ποίησις, denn die ποίησις ist in erster Linie originelle Betätigung, die Neues aufdeckt und erschafft, wohingegen μυθολογεῖν eher auf etwas schon Vorhandenes hindeutet, gewissermaßen auf eine Fortsetzung des Altbekannten abhebt. Hierbei wird stets ein traditioneller, bekannter und unumstößlicher Stoff als Original vorausgesetzt und mitgedacht, an dem sich der Schaffensprozeß der Variation primär orientieren muß.

In der ποίησις wird wesentlich die individuelle Leistung der schaffenden Person in der eigenständigen Betätigung und im entstandenen Werk hervorgehoben, während in der Umbildung des Mythos das signifikante Moment des Wiederaufnehmens einer alten Motivik hervortritt.

Bei Platon dürfte mit μυθολογία eine spezifische Kunstfertigkeit gemeint sein, die es vermag eine alte, überlieferte Stoffmasse, welche in bekannten Erzählungen von Göttern, Daimonen, Heroen und Unterweltsfahrten bewahrt wurde, nach eigenen Erwägungen zu arrangieren, zu variieren und umzudeuten.[84] Im platonischen Werk zeigt sich folglich die "Mythologie" noch als etwas Vitales, Mobiles und Verwandlungsfähiges aus.[85]

Der platonische Sokrates arbeitet gleichwohl noch in der alten Manier der Mythologie, indem er in seinen "Endmythen" an die Erzählungen der "Ilias" und "Odyssee" über die Hadesfahrten abwechslungsreich anknüpft.[86] Die Beschreibungen des Hades bei Homer, wo die Seelen ein kraft- und bewußtseinsloses Dasein führen, kennzeichnen einen Ort, der alles "Leben" schlichtweg zu nivellieren scheint. Dieser Auffassung einer

---

[83] Vgl. Rep. 380c und 392b.
[84] Vgl. Rep. 392a: "... περὶ θεῶν καὶ περὶ δαιμόνον τε καὶ ἡρώων καὶ τῶν ἐν ῞Αιδου...".
[85] Die platonische Metaphysik geht m.E. nicht davon aus, daß der Mythos lediglich Relikt einer vorrationalen Phase der Menschheit sei, die sich durch die Philosophie längst überlebt habe, sondern hebt gerade die große Wandlungsfähigkeit und die spezifischen Ausdrucksmöglichkeiten der Mythen heraus. Vgl. auch TOPITSCH, (1959), 18: "Platon hat den Mythos bewußt in seine Philosophie aufgenommen, noch deutlicher tritt dieser bei den Neuplatonikern hervor und in deren Tradition ist es mitunter zu eigenartigen Überlagerungen philosophischer Spekulationen und sehr urtümlicher mythisch-ritueller Motive gekommen.".
[86] Vgl. Il. III, 278ff.; XIX, 259ff.; Od. XI, 568ff.

Jenseitswelt wird jedoch von Platon in der "Politeia" rigoros widersprochen.[87]

In den Werken Homers bezeichnet Psyche den schattenhaften Doppelgänger (εἴδωλον) des einst lebendigen Menschen, der nach dem leiblichen Tod in den Hades gelangt, um dort ein annähernd bewußtseinloses Dasein zu führen.[88]

Das elfte Buch der "Odyssee" beschreibt imposant die Hadesfahrt des Helden Odysseus: An diesem Ort sind die Gestorbenen vollkommen vom Leben getrennt, jede Bindung zur Gegenwart und Zukunft ist ihnen verloren gegangen.[89] Als geronnene Vergangenheit stellen sie nur noch

---

[87] Zunächst bezeichnete Hades den griechischen Gott der Unterwelt, den Sohn des Kronos und der Rheia, der sich mit seinen beiden Brüdern Zeus und Poseidon die Weltherrschaft teilte. Er herrschte über die Seelen der Toten und aus seinem Haus gab es keine Rückkehr. "Hades" wurde von den Griechen meist als "der Unsichtbare" (ἀιδής) etymologisch hergeleitet. Später diente der Name Hades als Bezeichnung für die gesamte Unterwelt selbst. Die etymologische Herleitung des Namens Hades von ἀ-ιδής (vgl. Phd. 80d) ist für die Jenseits- Vorstellung im Phaidon außerordentlich bedeutsam, da die Seele über Analogiebildungen dem göttlichen Bereich "des Unsichtbaren" zugeordnet wird. In der griechischen religiösen Erfahrung zeigt sich das wesentliche Grundmoment der gegenseitigen aktiven und passiven Schau. Der Wortstamm des Sehens und Schauens (ιδ-) weist auf den permanent bestehenden Zusammenhang von "Wissen" (εἰδέναι) und "Schau" bzw. "Gestalt" als "geschauter Gehalt" (εἶδος; ἰδέα) hin. Sprachlich muß die Form εἰδέναι so gedeutet werden, daß es um eine Ergebnissicherung des Schauens und Sehens geht. Wenn nun im griechischen Phänomen des Wissens ein untrennbarer Zusammenhang zum Schauen oder Sehen besteht, insofern alles, was gewußt wird, zugleich als Gestalt geschaut wird, dann ist eben das "Gewußte" so präsent, distinkt und konstruktiv wie das unmittelbar "Geschaute". Der Name Hades (ἀ-ιδής) kennzeichnet folglich einen Bereich, der sich dem Zugang durch menschliches Wissen entzieht. Vgl. hierzu auch Krat. 404b, wo der Name Hades von εἰδέναι abgeleitet wird. Vgl. zur Kritik der Jenseitsdarstellung bei Homer Rep. 386aff.

[88] Die These des Kebes (70a), die Seele sei nichts weiter als beim Tode aus dem Körper ausfahrender Hauch oder Rauch (...ὥσπερ πνεῦμα ἢ καπνὸς...) nimmt einerseits das homerische Bild einer "Rauch-Seele" auf (vgl. Il. XXII, 100), jedoch ohne zu involvieren, daß die Seele des Toten in die Unterwelt gelangt, andererseits die vulgärmaterialistische Auffassung einer sich verflüchtigenden Seele, wie sie in der Naturphilosophie vorgestellt wird (vgl. auch Phd. 96aff.). Bei Anaximenes aus Milet werden alle Prozesse und Vorgänge als quantitative Veränderung der Grundqualität "Luft" gedeutet (vgl. Die Fragmente der Vorsokratiker [ab jetzt abgekürzt: DK], griech. u. dt. von H. Diels, hg. von W. Kranz 13 B 1). Die Seele des Menschen denkt Anaximenes sich aus Luft. Vgl. DK 13 B 2: "... καὶ ὅλον τὸν κόσμον πνεῦμα καὶ ἀὴρ περιέχει.".

[89] Vgl. ARIÈS (2002), 38: "Demgegenüber gab es im homerischen Hades weder Garten noch Blumen. Der Hades (wenigstens der des elften gesanges der *Odyssee*) kennt auch die schrecklichen Martern nicht, die später, in der *Aeneis*, die Hölle der Christen vor-

bloßes Gewesensein dar. Odysseus sieht die Verstorbenen deshalb auch als Schatten, denen jedes Interesse an der Zukunft verloren gegangen ist. Die Toten verkörpern lediglich verflossene (oder geronnene) Vergangenheit und immerwährenden Stillstand. Erst durch ein rituelles Blutopfer, von dem die Toten im Hades kosten, gelingt es Odysseus, sie kurzfristig in die Gegenwart zu holen und ihnen eine gewisse Zukunftserwartung einzuflößen.

---

ausnehmen. Die Distanz zwischen den unterirdischen Welten von Homer und Vergil ist größer als die zwischen Vergil und den ältesten Darstellungen des christlichen Jenseis.".

2. Schamanistische und Pythagoräisch-Orphische Einflüsse

Die Vorstellung von der Weiterexistenz nach dem Tode ist auch der frühen griechischen Gesellschaft bekannt gewesen. Platon übernimmt die Deutung des Todes als Trennung von Körper und Seele aus pythagoräisch-orphischer Tradition.[90] Möglicherweise geht diese besondere Art der Todes- und Seelenvorstellung der beiden griechischen Gesinnungsgemeinden auf den Schamanismus zurück. Denn die Vorstellung, daß sich die Seele vom Körper nach dem Tod trennt, ist schamanistischer Glaubensgrundsatz: Der Schamane vermag durch ekstatisch-kathartische Rausch- oder Trancezustände durch Tanz, Rauschgifte oder asketische Praktiken aus seinem Körper "heraustreten", um dann für kurze Zeit körperlos andere Orte, wie den Himmel oder das Totenreich aufzusuchen.[91] Die Anschauung der Dis-

---

[90] Eine präzise Abgrenzung von pythagoräischem und orphischem Gedankengut in Platons Werk ist äußerst problematisch und an dieser Stelle ohnehin nicht durchführbar, da sie eine sehr umfangreiche und aufwendige Quellenuntersuchung erfordern würde. Für das Seelenverständnis im "Phaidon" ist sie zudem auch unerheblich. Ich beziehe mich deshalb praktischerweise stets auf einen orphisch-pythagoräischen Vorstellungskreis. Vgl. hierzu BURKERT, (1962), 102-109; vorallem 108f: "Aus den ältesten Quellen ergibt sich also, daß zwar Pythagoras als greifbare Persönlichkeit historischer Zeit im Unterschied zu Orpheus galt, daß aber ihre Lehren als zusammengehörig, ja als identisch empfunden wurden. ... Wenn Pythagoreismus und Orphik sich scheiden, dann zunächst nicht in bezug auf Lehren, sondern auf ihren historisch-soziologischen Ort. ... Im ganzen gibt die Überlieferung mehr Anlaß, von Pythagoreismus zu sprechen als von Orphik in bezug auf die Seelenwanderungslehre bei Pindar, Herodot, Platon und insbesondere Empedokles.".

[91] Vgl. TOPITSCH, (1959), 15f.: "Daß der Schamanismus das Denken der Hochkulturen Indiens und Irans, aber auch Griechenlands beeinflußt hat, kann heute als sehr wahrscheinlich gelten. ... Daß im archaischen Hellas zumal des sechsten Jahrhunderts eine Reihe von Wundermännern, Sühnepriestern und Sehern aufgetreten ist, die man als ekstatisch-karthatische Magier mit deutlichen schamanistischen Zügen bezeichnen könnte, hat bereits Erwin Rohde beobachtet. ... Diese und verwandte Vorstellungen haben die Entwicklung der griechischen Philosophie wesentlich beeinflußt.". Ferner vgl. BURKERT, (1962), 124: "Ob man, ausgehend von den spezifischen im sibirischen Raum beobachteten Phänomenen, den Begriff des Schamanismus verallgemeinern und als weltweit verbreiteten Typ religiösen Lebens behandeln darf, ist umstritten. Doch geht es nicht um Worte, nicht darum, einen religionswissenschaftlichen Begriff von außen her dem Griechentum aufzudrängen als Schlüssel, der alle Türen sperrt. Vielmehr kann der ethnologische Vergleich gerade auf griechische Gegebenheiten aufmerksam machen, die im Fortschritt der Geistesentwicklung verdunkelt wurden: verstreute Einzelheiten werden dann plötzlich in ihrem inneren Zusammenhang kenntlich.".

soziation der Seele vom Körper und der damit verbundene Erkenntnisaufstieg der Seele zum "Wahren" und "Reinen" kann durchaus in Analogie zu schamanistischen Vorstellungen gedeutet werden.[92]

Mit der Übernahme der orphischen σῶμα-σῆμα-Vorstellung wertet Platon die Psyche als etwas Eigenständiges und Wertvolles gegenüber der Unbeständigkeit des Körpers auf. Zugleich wird das irdische Dasein, das Homer noch ausschließlich mit dem Attribut "Leben" belegte, durch Platons Sichtweise in seiner qualitativen Vorrangstellung zurückgewiesen.[93] Sofern in der σῶμα-σῆμα-Vorstellung der Körper als ein "Grab" oder "Kerker" der Seele begriffen wird, intendiert eine solche Sichtweise die erstrebenswerte, visionäre und zukünftige Befreiung der Seele aus dieser körperlichen Beengung.[94] Der Tod wird demnach bereits in der Orphik als notendige Bedingung der Freiheit zu einer körperlosen Existenzform begriffen. Bis die Seele im Jenseits an immerwährenden Freuden teilhaben darf, muß sie jedoch wiederholte Inkarnationen durchleben. Es zeigt sich demzufolge, daß bereits die orphische Seelenvorstellung von dem Dualismus Körper-Seele und der Dichotomie Diesseits-Jenseits geprägt ist.

Bei zahlreichen griechischen Philosophen der Vorsokratik steht die Frage von Entstehung und Untergang im Mittelpunkt ihres Denkens. Der Prozeß des Werdens (γένεσις) und des Vergehens (φθορά) wird verbun-

---

[92] In diesen Kontext gehört auch eine Auffassung, die das Lebendige und das Tote gleichberechtigt deutet, so daß möglicherweise im frühen Griechentum keine ausgezeichnete Kategorie des Toten im biologischen Sinne bestand. Es ist durchaus nicht ausgeschlossen, daß das Tote zunächst ebenso wie das Lebendige positiv besetzt war, zumal das Tote nicht wie das Lebendige der Vergänglichkeit unterlag. Das Totsein war zwar nicht nachhaltig wahrnehmbar und konnte auch nur in einen anderen, überirdischen Bereich verlagert werden, dennoch wurde dem Toten nicht generell das Vorhandensein abgesprochen, insofern es bei der Einschätzung von Leben und Tod wesentlich auf die Hervorhebung des jeweiligen Seinsbereiches ankommt. Die Seele teilte sich dem Entstehenden als Lebensprinzip mit und erhielt sich nach dessen Zerstörung unsichtbar weiter. So fungierte in der Vorstellungswelt Platons die Weltseele als alles entscheidendes Lebensprinzip, das der Vergänglichkeit entbunden, alle Prozesse, die der Bewegung und Veränderung unterliegen, lenkt, demnach die Menschen, die Polis, die Natur und den gesamten Kosmos nach gleichen Gesetzmäßigkeiten reguliert. Vgl. Phil. 30a; Tim. 30aff.
[93] Vgl. Gorg. 493a; Krat. 400c. Ferner vgl. den Euripides-Spruch in Gorg. 492e: "τίς δ' οἶδεν εἰ τὸ ζῆν μέν ἐστι κατθανεῖν, τὸ κατθανεῖν δὲ ζῆν ;".
[94] Vgl. Platons Formulierung in Phd. 82e: "...ὥσπερ διὰ εἱργμοῦ διὰ τούτου σκοπεῖσθαι τὰ ὄντα...".

den mit der Frage nach der Physis (φύσις)[95] zum wesentlichen Inhalt der Untersuchungen der Naturphilosophie. Für diese frühgriechischen Denker (im Sinne des aristotelischen φυσιολόγος) war φύσις aber nicht nur das Leitbild ihrer Forschungen, sondern stets auch grundlegender Ausdruck faßbarer Realität, so daß in der allgemeinen Ausweitung der Frage hinsichtlich des Prozesses des Werdens und Vergehens in der Natur immer schon unmittelbar der Sonderfall des menschlichen Lebens und vor allem auch des Todes mitbedacht wurde.[96]

---

[95] Vgl. φύο/φιτύο/φύομαι: hervorbringen, erzeugen; wachsen lassen. Vgl. auch das *bhávami* (ich werde) des Sanskrit.
[96] Vgl. ARIÉS, 82002), 775: "Wenn die Gemeinschaft den Anhauch des Todes fürchtete und das Bedürfnis nach neuer Stärkung verspürte, so nicht nur deshalb, weil der Verlust eines ihrer Mitglieder sie geschwächt hatte, sondern auch, weil der Tod – der einzelne eines Individuums oder der wiederholte, etwa im Falle einer Epidemie – eine Bresche in ihr Verteidigungssystem gegen die Natur und ihre Wildheit geschlagen hatte. [...] Ein Gleichgewichtszustand ließ sich nur dank einer durchdachten Strategie erzielen und aufrechterhalten, die die unbekannten und schrecklichen Kräfte der Natur zurückstaute und kanalisierte. Tod und Sexualität waren die schwächsten Stellen des Schutzwalls, weil hier die Natur sich offenbar bruchlos in die Kultur hineinverlängerte. Deshalb wurden sie mit besonderer Sorgfalt kontrolliert. Die Ritualisierung des Todes ist ein Sonderfall der aus Verboten und Zugeständnissen bestehenden Globalstrategie des Menschen gegen die Natur. Das erklärt, warum der Tod nicht sich selbst und seiner Maßlosigkeit überlassen blieb, sondern in Zeremonien eingefangen und in ein Spektakel verwandelt wurde.".

3. TOD UND SEELE BEI ANAXIMANDROS UND HERAKLEITOS

Bei Anaximandros aus Milet[97] findet sich bereits in einer Art Vorstufe der Gedanke an Vergeltung und Gericht, selbst wenn Zeitpunkt und Ort der Strafe noch sehr vage bleiben, so scheint er doch in seinem Welterklärungsmodell das menschliche Bedürfnis nach Recht und Ausgleich berücksichtigt zu haben.[98] Nur das Unbestimmbare-Grenzenlose (ἄπειρον) ist bei ihm "alterslos" und ohne "Tod" und "Verderben"[99], von daher ist es als quasigöttliches Attribut disponiert, welches das Prinzip alles Seienden darstellt, auf das sich alle Vorgänge in der Natur letztlich beziehen.

Das Apeiron (ἄπειρον) des Anaximandros`, welches den "Anfang und Ursprung der seienden Dinge" veranschaulicht, wirkt als Einheit in der Vielheit, als Indifferentes neben aller Differenzierung: "Werden" und "Vergehen", "Leben" und "Tod" sind in diesem System nichts weiter als "Emanationen" dieses "Unbestimmbaren-Grenzenlosen".

Später bildet Herakleitos aus Ephesos[100] seine Auffassung der Wirklichkeit in Konfrontation mit Anaximandros´ Spekulation eines geordneten und gesetzlichen Wandels von γένεσις und φθορά aus.[101] Er pointiert dabei jedoch in seiner ureigenen und obskuren Ausdrucksweise den dialektischen Zusammenhang des Gegensatzpaares "Unsterbliche" und "Sterbliche".[102] Diese Extreme gehen notwendig aus sich hervor und finden in einer gewissen Ausgeglichenheit wieder zusammen. Die Welt ist ihm demzufolge letztlich eine Einheit und die vielen wahrgenommenen Dinge sind nicht mehr als Umgestaltungen der einzigen Grundsubstanz "Feuer".[103] Alles ist bei Herakleitos im ewigen Wechsel und Werden begriffen, so daß das unveränderliche und bewegte Sein von ihm als Täuschung verstanden wird.

Die Seele ist für Herakleitos ein zu gewaltiger Erkenntnisgegenstand als das sie durch das beschränkte menschliche Erkenntnisvermögen erforscht werden könnte. Sie bleibt deswegen dem menschlichen Wissen verborgen[104].

---

[97] Zur Person des Anaximandros vgl. auch Diog. Laert. II, 1f.
[98] Vgl. DK 12 B 1.
[99] Vgl. DK 12 B 2f.
[100] Zur Person des Herakleitos vgl. Diog. Laert. IX, 1-17.
[101] Vgl. DK 12 B 80.
[102] Vgl. DK 12 B 62: "ἀθάνατοι δνητοι, δνητοι ἀθάνατοι, ζῶντες τὸν ἐκείνων θάνατον, τὸν δὲ ἐκείνων βίον τεθνεῶτες.".
[103] Vgl. DK 22 B 30: "...ἀλλ᾽ ἦν ἀει καὶ ἔστιν καὶ ἔσται πῦρ ἀείζωον...".
[104] Vgl. DK 22 B 45; 78.

Die ψυχαί sind individuell verschieden, je nach der ihr zukommenden Menge des "ewig lebendigen Feuers". Die Seele fügt sich mit ihrem Geschick eng an den Körper[105] in den Weltenlauf ein. Nach dem Tod des Menschen kehrt sie auf dem Weg der Umwandlung des Stoffes in das Grundelement "Feuer" zurück, so daß von einer individuellen Unsterblichkeit der Seele bei Herakleitos strenggenommen nicht gesprochen werden kann. Die Umbrüche und Abläufe von Einmengung und Wiederherstellung sind keine schrittweisen Perioden, sondern dialektisch-zirkuläre Prozesse.[106]

---

[105] Vgl. DK 22 B 67a.
[106] Vgl. DK 22 B 36; Vgl. DK 22 B 88: "ταὐτό τ' ἔνι ζῶν καὶ τεθνηκὸς καὶ [τὸ] ἐγρηγορὸς καὶ καθεῦδον καὶ νέον καὶ γηραιόν· τάδε γὰρ μεταπεσόντα ἐκεῖνά ἐστι κἀκεῖνά πάλιν μεταπεσόντα ταῦτα.". Mit Bezügen zu Phd. 70e, dem sog. ersten Beweis für die Unsterblichkeit der Seele, vgl. die Ausführungen bei FINDLAY, (1994), 62: "Eine der unausgesprochenen Prämissen des Argumentes ist, daß der Vorrat an Gegensätzlichem auf der Welt begrenzt ist, so daß die unbegrenzte Transformation von Gegensätzen in Gegensätze nur möglich ist, wenn die Transformation von A nach B immer ausgeglichen wird durch ein äquivalente Transformation von B nach A. Heraklit lehrte natürlich eben diese Doktrin der Kompensation.". Vgl. auch DK 22 B 103: "ξυνὸν γὰρ ἀρχὴ καὶ πέρας ἐπὶ κύκλου περιφερείας.". Ferner DK 22 B 60: "ὁδὸς ἄνω κάτω μία καὶ ὡυτή.".

4. Empedokles' Lehre von Leben und Tod

In der Person des Empedokles aus Agrigent[107] verbinden sich auf recht eigentümliche Art und Weise Inhalte der orphisch-pythagoräischen Lehre mit Gedankengut der philosophischen Naturlehre.[108] Einsicht und Wissen um die Erkenntnisse der Natur sind für ihn letztlich der Endzweck aller Naturerkenntnis, sowohl im Hinblick auf die Naturbeherrschung, als auch im Aufschluß und im Erlangen einer validen Lebensnorm. Durch Empedokles wird zum erstenmal in der griechischen Philosophie der Begriff des Glaubens thematisiert, denn indem er πίστις[109] gleichberechtigt zu den Voraussetzungen der Erkenntnisgewinnung – neben der kritischen Sichtung des aisthetisch-sinnlich Gegebenen und dem Denkprozeß selbst – rechnet, erweitert er das Feld um die eher religiös-philosophische Konnotation der "Reinheit und Frömmigkeit der Gesinnung" des jeweilig forschenden Menschen.[110] Mystischen und physikalischen Vorstellungen finden sich in seiner dualistischen Weltanschauung zusammen, die zwischen dem Reich der Materie und dem Reich des Geistes bzw. der Geister zu unterscheiden vermag, jedoch Berührungen und Überschneidungen dieser beiden getrennten Welten in der menschlichen Existenz herausstellt.

In der empedokleischen Naturlehre wird das Reich der Materie mechanisch-mechanistisch erklärt. Ein Werden und Vergehen im absoluten Sinne gibt es in seinem System nicht, denn alles Wirkliche ist lediglich Mischung[111] und Lösung der vier Grundstoffe: Wasser, Feuer, Erde und Luft. Die Entscheidung des Empedokles für die allegorische Auswahl dieser vier Elemente deutet unzweifelhaft auf Entlehnungen aus der Tradition der alten Naturphilosophie hin.[112] Außer diesen vier Elementen gibt es

---

[107] Vgl. Diog. Laert. VIII, 51-77.
[108] Vgl. hierzu auch ALT, (1982), 281: "Trotz etlicher Berührungen und Überschneidungen ist es sinnvoll, von der σῶμα-σῆμα-Vorstellung die Lehre der Reinkarnation, wie sie uns Empedokles bezeugt, zu unterscheiden. Gemeinsam ist beiden Konzeptionen, daß das hiesige Leben als etwas Beengendes, Düsteres empfunden wird. Auch für Empedokles ist es die Folge eines Sturzes aus lichter Höhe, verursacht durch Schuld; die Erde ist die 'Höhle', der 'freudlose Ort', auf den man sogleich bei der Geburt mit Weinen und Jammern reagiert.".
[109] Vgl. DK 31 B 71; 114; 11.
[110] Vgl. hierzu auch die Ausführungen Platons hinsichtlich der "Reinheit der Seele" als "Reinigung" von den körperlich-sinnlichen Einflüssen in Phd. 67c; 70c; 79d; 82bff.; 83e.
[111] Vgl. DK 31 B 8: "... ἀλλὰ μόνον μίξις τε μιγέντων ἔστι,...".
[112] Vgl. DK 31 B 6.

nichts Materielles und auch kein Vakuum, weil Empedokles sich den Raum mit diesen vier Grundsubstanzen komplett ausgefüllt vorstellt.[113] Aus den diversen quantitativen Verhältnissen, in denen die Zusammensetzung des Einzel-Seienden aus den Elementen stattfindet, erklärt Empedokles die unterschiedliche Qualität des je Einzel-Seienden. Die Genese eines Organismus beruht dabei nicht auf einem zweckmäßigen, vernünftigen Plan, sondern unterliegt der schlechterdings mechanischen Bestimmung, daß nur das Taugliche Bestand hat, das Untaugliche hingegen vergeht.[114]

Der Mensch ist für Empedokles ein Mikrokosmos, der die im Makrokosmos enthaltende Materie durch die in ihm vorhandene gleichartige "Stofflichkeit" erkennt, indem seinen Organen von den makrokosmischen Stoffen "Abflüsse" (ἀπορροαί) zukommen.[115] Die Denkkraft liegt im Blut und das Erkenntnisvermögen ist gebunden an die wechselnden Dispositionen des Körpers.[116] Alle Organismen, ob Pflanzen, Tiere oder Menschen sind mit "Bewußtsein"(φρόνησις) ausgestattet, und sowohl die Materie als auch das "Bewußtsein" sind unvergänglich.[117] Dieser Gedanke führt vom Reich der Materie hinüber zum Reich einer höheren Ordnung, dem Reich der Geister (δαίμονες), die ein Leben in göttlicher Seligkeit führen. Im Vergleich zu diesem göttlichen Leben ist das menschliche Leben auf der Erde im Grunde gar kein richtiges Leben.[118]

Durch unrechtes Handeln können sich aber auch diese Daimonen verunreinigen, so daß sie zur Strafe und Läuterung eine sehr lange "Wanderung" durch alle möglichen Geschöpfe gleichsam erleiden müssen.[119]

---

[113] Vgl. DK 31 B 13f.
[114] Vgl. DK 31 B 96; 98 und B 20.
[115] Vgl. DK 31 B 89, 109a.
[116] Vgl. DK 31 B 105: "...αἷμα γὰρ ἀνθρώποις περικάρδιόν ἐστι νόημα.".
[117] Vgl. DK 31 B 15; 110: "...πάντα γὰρ ἴσθι φρόνησιν ἔχειν καὶ νώματος αἶσαν.".
Vgl. zusätzlich DK 31 B 103: "τῇδε μὲν οὖν ἰότητι Τύχης πεφρόνηκεν ἅπαντα.".
[118] Vgl. TOPITSCH, (1959), 17.
[119] Vgl. hierzu ALT, (1982), 281f.: "Soweit wir nach der Überlieferung urteilen können, fungiert bei Empedokles nicht die Seele als Trägerin unsterblichen Daseins, möglicherweise weil der ψυχή-Begriff durch die homerische Totenseele belastet war, die weder in ihrer Schattennatur noch als Abbild vergangener Körperlichkeit für den Übertritt in ein neues Körperleben geeignet schien. ... Für Empedokles ist es zumindest fraglich, ob man den Begriff δαίμων (aus B 115) als Äquivalent für Seele, ψυχή, ansehen darf. ... Das höchste Ziel ist es, Gott zu werden, die Höhe wieder zu erreichen, in der man einst glücklich gelebt hatte; dies aber bedeutet etwas anderes als Seelendasein.". Auch Platon verwendet im Phaidon die Vorstellung einer Palingenese, vgl. 81d-82c. Vgl. überdies den Topos der Wortschöpfung in 70c: "... πάλιν γίγνεσθαι...".

Empedokles selbst war bereits auf der höchsten irdischen Rangstufe angekommen, und wenn er das "Kleid des Fleisches" nach dem Tode abgestreift hat, wird er in das Reich der unsterblichen δαίμονες eingehen, um selbst wieder δαίμων zu werden. Dieses Ziel kann nur durch die strenge Einhaltung einer asketischen Lebensführung erreicht werden, in der nichts Lebendiges getötet werden darf und die Ernährung des Menschen sich auf Bohnen und Lorbeerblätter beschränken sollte! Für Empedokles gibt es nur einen einzigen Gottesgeist, der die Welt durchwaltet, möglicherweise sind die Seelengeister dessen "Emanationen". Jedenfalls lehnt er den volkstümlichen Polytheismus ab, erwartungsgemäß mitsamt allen Kulten der Blutopferhandlung.[120] In den organisch-irdischen Wesen verbindet sich in gewisser Weise nur für eine Übergangszeit (in einem recht eindrucksvollen Antagonismus!) das Reich der Daimonen mit dem Reich der Materie.

---

[120] Vgl. DK 31 B117; 146f; 128; 133f.

4. Die materialistischen Anschauungen des Demokritos

Nun soll noch kurz der materialistische Weltdeutungsansatz zur Sprache kommen, wie er sich uns in den wenigen überlieferten Fragmenten des Demokritos zeigt.[121] Demokritos teilt mit Empedokles die Überzeugung, daß es kein Werden schlechthin gibt, sondern bloß Modifikationen in der Zusammensetzung eines vorhandenen und massekonstanten Stoffes. Demokritos war wohl in der Antike der radikalste Befürworter eines systematischen Erklärungsmodelles der Wirklichkeit. In seiner Theorie bemüht er sich, alles Geschehen auf rein mechanische Abläufe zurückzuführen und vollends mit jeglichen anthropomorphistischen Deutungen zu brechen.

Von seinem mutmaßlichen Lehrer Leukippos übernimmt er die Vorstellung einer beharrlichen Kontinuität, in der es keinerlei Kontingenz im Sinne einer Ursachenlosigkeit oder der Intervention einer supranaturalen Autorität gibt.[122] Offenbar lehrte bereits Leukippos, daß das Seiende in Form kleinster Materieteile und das Nichtseiende in Form des Vakuum existiere. Diese Materieteilchen sind massiv, vollkommenen ausgefüllt, unendlich an Zahl und Formen, stetig in Bewegung und nicht weiter zerlegbar.

Aufgrund ihrer Kleinheit sind sie von den menschlichen Wahrnehmungsorganen nicht identifizierbar. Die für den Menschen erkennbaren Dinge sind Zusammensetzungen dieser Materieteilchen, wobei diese Verbindungen auch jederzeit wieder auflösbar sind, so daß alle Dinge der Wandelbarkeit und Vergänglichkeit unterliegen, indessen sind jene kleinsten Materieteilchen als Grundsubstanzen nicht dem Werden und Vergehen

---

[121] Vgl. Diog. Laert. IX, 40: "Aristoxenos erzählt in den historischen Denkwürdigkeiten, Platon habe die Absicht gehabt, alle Schriften des Demokrit, die er überhaupt aufbringen könnte, zu verbrennen, doch die Pythagoreer Amyklas und Kleinias hätten ihn davon abgehalten als von einem nutzlosen Unternehmen, denn die Bücher seien bereits weithin im Publikum verbreitet. Und soviel ist klar: während Platon fast aller älteren Philosophen gedenkt, tut er des Demokrit nirgends Erwähnung, selbst da nicht, wo er irgendwelche Einwendung gegen ihn anbringen müßte, offenbar weil er sich bewußt war, daß er es mit dem besten aller Philosophen zu tun haben würde...".

[122] Vgl. Diog. Laert. IX, 30-33. Die spärlichen Nachrichten über Leben und Werk des Leukippos liegen möglicherweise darin begründet, daß seine Forschungsleistungen durch die umfassende Tätigkeit des Demokritos ins Abseits gerieten, weswegen es im Grunde nur sehr wenige Anhaltspunkte für eine ältere Atomlehre gibt. Auch von den Schriften des Demokritos sind nur skizzenhafte Bruchstücke der Lehrzusammenhänge erhalten, so daß eine Rekonstruktion der Inhalte einzelner Schriften nicht möglich ist. Vgl. DK 67 B 2: "οὐδὲν χρῆμα μάτην γίνεται, ἀλλὰ πάντα ἐκ λόγου τε καὶ ὑπ' ἀνάγκης.".

unterworfen.¹²³ Auch für Demokritos besteht der Kosmos aus unzähligen und unteilbaren Kleinstkörpern, "Atome" genannt, denen allen das Kriterium der Undurchdringlichkeit bzw. Kompaktheit zukommt, die aber an Gestalt, Lage, Größe und Anordnung verschieden sind.¹²⁴

Die Problematik der Größe der Materieteilchen steht in engem Zusammenhang zu ihrer geforderten Unteilbarkeit. Für Demokritos lag das entscheidende Charakteristikum der Atome in ihrer unendlichen Formenvielfalt. Er mußte die Unteilbarkeit der Atome postulieren, um die Konstanz der Formen und ihrer Eigenschaften zu sichern, denn im Falle der potentiellen Teilbarkeit, würde die Materialität der Teile selbst in Frage gestellt.¹²⁵

Den Atomen und dem Vakuum kommt nach Demokritos einzig die Eigenschaft des Seins zu. Aufgrund ihrer unterschiedlichen Schwere geraten die Atome im Vakuum in wirbelnde Bewegungen und bilden durch Aufeinanderstoßen komplexere Aggregate, woraus schließlich die unzähligen Weltkörper entstehen. Hierbei gilt, daß aufgrund der Formeigenschaften sich Atome der gleichen Art zusammenfinden, so daß dieser Selektionsprozeß sich auf die von Empedokles entworfene Erklärung stützt, daß sich stets das "Gleiche zum Gleichen" orientiert.¹²⁶ Die Grundauffassung des Demokritos besteht also darin, der Kosmos sei durch mechanische Bewegung der Atome unter Ausschluß sämtlicher Zweckmäßigkeit ent-

---

[123] Vgl. Griechische Atomisten [ab jetzt abgekürzt: GrA], Texte und Kommentare zum materialistischen Denken in der Antike, aus dem griech. und lat. übers. und hg. von F. Jürß, R. Müller und E. G. Schmidt. 101-108.

[124] Vgl. DK 68 B 168. Vgl. GrA, 25: "Die Atomlehre ist Kernstück der Leukippisch-Demokritischen Philosophie, aber nicht ihr Ausgangspunkt, denn die Atome sind der Beobachtung entzogen. Beobachtbar sind die Dinge, die Naturerscheinungen. In ihnen zeigt sich Entstehen, Vergehen, Bewegung, Vielheit, aber auch Dauerhaftigkeit, Ähnlichkeiten der Vielheit und Wiederholung des Gleichen. Der Gedanke, daß etwas aus Nichts entstehen oder sich in Nichts auflösen könne, wird beiseite gelassen, ein solcher Prozeß entzieht sich der Vorstellbarkeit.".

[125] Vgl. GrA, 29: "Schwieriger ist zu entscheiden, wie Demokrit eine andere Frage beurteilte. Mag ein Raumkörper noch so klein sein, so ist seine weitere Unterteilung wenn auch vielleicht nicht praktisch (physikalisch) vollziehbar, so doch theoretisch (mathematisch) denkbar. Tatsächlich nahm später Epikur ... mathematische Minima an, also kleinste Raumeinheiten noch unterhalb des Größenbereichs physikalischer Teilbarkeit. Demokrit hingegen scheint sich gegen die Trennung physikalischer und mathematischer Teilbarkeit gewendet, d.h. die mathematischen Operationen streng auf die Materialität der Welt orientiert zu haben, um der Konsequenz unendlicher Teilbarkeit und unendlicher Minima zu entgehen ...".

[126] Vgl. DK 68 B 164.

standen, und die diversen Eigenschaften der Dinge könnten letztlich auf vielfältige rein mechanisch bewirkte "Atomverbindungen" zurückgeführt werden.[127]

Zudem unterscheidet Demokritos primäre und sekundäre Qualitäten der Dinge; nur die primären (z. B. Schwere, Härte etc.) sind objektiv gegeben, die sekundären (z. B. Farbe, Geschmack etc.) sind lediglich abgeleitet und im Grunde nur Eindrücke des empfindenden Subjekts, die durch "Abflüsse" oder "Bilder" zustande kommen, die sich von den Dingen ablösen und die Wahrnehmungsorgane affizieren. Analoges lehrte bereits Empedokles.[128] Demokritos etikettiert die Sinneswahrnehmung mittels körperlicher Organe als eine "dunkle Erkenntnis"[129].

Über dieser defizitären Erkenntnis, die durch die Sinneswahrnehmung gewonnen wird, steht bei ihm das Denken. Denn erst im Denken deutet der Mensch die der ganzen Welt der Phänomene zugrunde liegenden wirklichen Substanzen, die Atome und das Vakuum.[130] Aber selbst der Vorgang des Denkens ist in dieser Theorie ein materieller Prozeß, da die Seele für Demokritos bloß eine resümierende Kennzeichnung für die leichten kugelförmigen "Feueratome" ist, die im ganzen Körper verteilt sind und die ihm die Bewegungsfähigkeit verleihen. Wenn sie sämtlich aus dem Körper austreten, tritt der Tod als Ende einer bewußten und individuellen Existenz ein.

Die geläufige Auffassung der griechischen Geisteswelt, daß der Mensch aus Körper und Seele bestehe und daß die Entzweiung dieser beiden "Wesenheiten" den Tod ausmache, übernimmt in eigentümlicher Modifikation demnach auch Demokritos. Er deutet diese landläufige Auffassung aber streng materialistisch, dadurch daß grundsätzlich Körper und Seele Gleichwertigkeit zukommt: Beide "Wesenheiten" sind nichts weiter als Agglomerationen von bestimmten, wenn auch formverschiedenen Materieteilchen. Offenbar ging Demokritos davon aus, daß sich die Seelen- und Körperatome umschichtig nebeneinander anordneten, wobei er mutmaßte, daß die "Seelenatome" dem Druck der schwereren "Körperatome" ausgesetzt seien, so daß sie allerletzt aus dem Körper entweichen. Durch das Einatmen würden der Seele aber diese "Feueratome" ersetzt, bis zum

---

[127] Vgl. auch die Zusammenfassung der Lehren des Demokritos bei Diog. Laert. IX, 44f.
[128] Vgl. DK 68 B 167.
[129] Vgl. DK 68 B 11: "'γνώμης δὲ δύο εἰσὶν ἰδέαι, ἡ μὲν γνησίη, ἡ δὲ σκοτίη· καὶ σκοτίης μὲν τάδε σύμπαντα, ὄψις, ἀκοή, ὀδμή, γεῦσις, ψαῦσις.".
[130] Vgl. GrA, 159-176.

Zeitpunkt des Versagens der Atmung, mit dem unabwendbar der Tod des Menschen eintritt, weil nun dem Körper keine "Feueratome" mehr zugefügt werden können.[131]

Mit seiner Todeskonzeption bekämpfte Demokritos entschieden die Phantasmagorie eines schattenhaften Seelendaseins im Hades. Diese Jenseitsfabeln sind für ihn die völlig nichtssagenden Gründe der Todesfurcht, so daß ein Merkmal des Aufzeigens der tatsächlichen Gegebenheiten durch Demokritos, die Befreiung des Lebens von überflüssigen Ängsten der Menschen ist.[132]

Das große Verdienst der antiken Atomisten liegt meiner Meinung nach weniger in ihren Lehrinhalten, als vielmehr in der Ausarbeitung und Anwendung einer neuen Methodik: Sie versuchten in ihrer Naturerklärung die Mannigfaltigkeit der Erscheinungen auf basale Strukturen zurückzuführen, um in dieser Reduktion möglichst klare und deutliche Vorstellungen von den Phänomenen der Wirklichkeit zu gewinnen. Es ging ihnen vordergründig um die Hervorhebung und rationale Sichtung des Zusammenhanges zwischen den einzelnen Naturphänomenen. Nur mit einer solchen Theorie läßt sich ein homogenes Weltmodell errichten. Die methodische Maxime der Reduktion auf basale Tatbestände hat sich seit der Zeit des antiken Materialismus in Philosophie und Naturwissenschaft vielfach bewährt und ausgezeichnet.

Platon steht im Kontext dieser Vor-Denker. Bei der Darlegung der nun folgenden "Unsterblichkeitsbeweise" Platons müssen demnach die oben angesprochenen Konzeptionen der Vorsokratik stets mitberücksichtigt werden.

---

[131] Vgl. GrA, 151-159.
[132] Vgl. DK 68 B 297; 199; 205; 206.

III. Die Dynamis des Werdens und das Entstehen der Dinge aus ihrem Gegenteil

1. Vorbemerkungen

Der erste "Beweis" der Unsterblichkeit der Seele (70c-72e) im "Phaidon" setzt ein mit der Erwähnung der Palingenese als Lehr- und Glaubensinhalt einer althergebrachten Tradition orphisch-pythagoräischer Herkunft. Sokrates leitet hernach fließend in eine spekulative Gegensatzlehre über, in der alles Werden und Entstehen zwischen zwei Extremen geschieht, und zwar derart, daß sich Bewegung und Gegenbewegung immer wiederkehrend und ablösend ergänzen.

Er versucht diese Gesetzmäßigkeit im ganzen belebten und unbelebten Kosmos nachzuzeichnen und wagt schließlich den Schluß, daß allem "Sterben" stets ein "Aufleben" entspricht. Seiner Auffassung nach wechseln die Seelen unaufhörlich zwischen Tot-Sein und Lebendig-Sein hin und her, wäre dies nicht gegeben, so müßte letztlich alles Leben dem endgültigen Tod entgegengehen. Das "Totsein" im herkömmlichen Verständnis kommt der Seele demnach überhaupt nicht zu, eher markiert dieser Zustand für die Psyche nur eine Periode des Verharrens zwischen zwei Phasen des "Lebendigseins". Die sokratische Hoffnung, der Tod sei die Befreiung und "Erlösung" der Seele und somit schließlich Vervollkommnung des Lebens, ist nach dem Exposé des Dialogs nur dann statthaft und erwiesen, wenn die Psyche nicht zusammen mit dem Körper zugrunde geht. Das wesentliche Leitmotiv des Menschen erklärt sich sicherlich nicht allein und ausschließlich aus seiner Körperlichkeit; denn der Mensch sucht ständig mittels seines Denkens Zugang zu einem "metakörperlichen" Bereich als dem ausschlaggebenden Lebens- und Erkenntnisprinzip.[133]

---

[133] Ihren illustrativen Niederschlag findet diese Auffassung in der Gestalt von Totenkulten. Vgl. ASSMANN, (1992), 61: "Die Erinnerung an die Toten gliedert sich in eine retrospektive und in eine prospektive Erinnerung. Das retrospektive Totengedenken ist die universalere, ursprünglichere und natürlichere Form. Es ist die Form, in der eine Gruppe mit ihren Toten lebt, die Toten in der fortschreitenden Gegenwart gegenwärtig hält und auf diese Weise ein Bild ihrer Einheit und Ganzheit aufbaut, daß die Toten wie selbstverständlich miteinbegriffen. Je weiter wir in der Geschichte zurückgehen, desto dominierender tritt diese Rückbindung der Gruppe an die Toten und Ahnen hervor. In der prospektiven Dimension geht es um den Aspekt der *Leistung* und *fama*, der Wege und Formen, sich unvergeßlich zu machen und Ruhm zu erwerben. Dabei kann jedoch das, was den Einzelnen unvergeßlich macht, von Kultur zu Kultur sehr verschieden sein.".

Die Spekulation über die Nichtkörperlichkeit zieht eine örtliche und zeitliche Ungebundenheit des Menschen nach sich, wobei gerade dieses Immaterielle in der menschlichen Vorstellung die Vitalität des Körpers ausmacht. Es liegt die Ansicht nahe, das erfahrbare Absterben des Körpers als Dissoziation und Verselbständigung von etwas Überkörperlichem zu deuten, welches während der Lebenszeit des Menschen mit dessen Körper verbunden ist. In interkultureller Übereinstimmung wird das Nicht-Körperliche mit Ausdrücken in Verbindung gebracht, die das lebensnotwendige Atmen des Individuums mit der nicht-dinglichen Luft in Verbindung bringen.[134]

---

[134] Das griechische ψυχή, πνεῦμα, ἄνεμος und καπνός, das lateinische *animus*, *anima* und *spiritus*, das semitische *ruah*, das ägyptische *ah*, das *atman* im Sanskrit und das *kuai* im Chinesischen sind alles Wörter, die einmal mehr auf überindividuelles Luftartiges, dann mehr auf individuelles Atmen bzw. Leben hinweisen. Sie alle gehören in den Kontext des Wortfeldes "Luft, Wind, Wehen, Atem". Vgl. hierzu auch die Windmetaphorik im "Phaidon" (70a; 77b; 77e; 84b).

2. Die Grundlagen der platonischen Seelenkonzeption

Auch Platon entwickelt seine Seelenlehre konzeptionell auf der Basis der Dichotomie des Menschen von Körper und Seele: Das "Seelenhafte" im Menschen wird von Platon als Auslöser der Verwirklichung und Ausschöpfung der wesenhaften Möglichkeiten und Fähigkeiten gedacht. Den Menschen zeichnet mehr aus, als das Bestreben seine physiologischen Bedürfnisse wie Hunger und Durst zu befriedigen oder den Schmerz abzubauen. Der menschliche Genius will sich stets konstruktiv und produktiv entfalten, um unabhängig zu werden und sich selbst zu regulieren. Diese Selbstverwirklichungstendenzen können jedoch erst einsetzen, wenn ein gewisse physiologische Grundbedürfnisse gesichert sind. Am Ende dieser Entwicklung der Selbstverwirklichung kann der Wunsch nach der Deckung des Wissensbedürfnisses und des ästhetisch-künstlerischen Verlangens (im Allgemeinen der Kulturgewinn durch den menschlichen Schaffensprozeß) stehen. Erst diese mentale Grundgestimmtheit ermöglicht es dem Menschen sich über das augenblicklich Gegenwärtige und Unmittelbare zu erheben und die Einsicht in Wahrheit, Vernünftigkeit und Tugend zu gewinnen. Nach der Interpretation Platons zeichnet überwiegend die Psyche den Menschen aus: Platonisch von der Psyche zu handeln bedeutet demnach, den *Prozeß der Identitätsfindung* des Menschen zu reflektieren und über den *Prozeß der Selbstkonstitution* nachzudenken. Die gegebene und vorhandene Psyche soll (in Einheit) in eine Selbstübereinstimmung gebracht werden.

Nun ist für Platon *die Seele* nicht ausschließlich dem Menschen zugehörig, vielmehr ist sie ihm ein umfassend-kosmisches Vermögen, denn jeder Körper, der in sich selbst aus sich selbst bewegt wird, ist nach Platons Auffassung "beseelt".[135] Die Funktion der ungewordenen und unsterblichen Psyche ist die *Selbstbewegung*, *Selbstbestimmung* und *Wirkung* (*a*-

---

[135] Vgl. Phdr. 245e. Vgl. auch Dörrie, (1984), 18: "Durch Platon und nach Platon ist das Problem: "Was ist und wie wirkt die Seele?" zum bevorzugten Feld der philosophischen Spekulation geworden. Denn durch Überlegungen zu dieser Frage durfte man hoffen – und man hat es Jahrtausende hindurch als verläßlich erwiesen angesehen –, daß psyché = Seele als überindividuelles Prinzip aller Bewegung die Verbindung herstelle zwischen Natur und Über-Natur, zwischen Physik und Metaphysik. Es wäre daher für einen antiken Faust keine Frage gewesen, welche Kraft denn "... die Welt im Innersten zusammenhält". Denn den Zusammenhalt der Welt in sich – σύνδεσμος – und erst recht die ursächliche Begründung aller Prozesse des Werdens aus dem jeder Bewegung entrückten Sein bewirkt die Seele...".

gere sequitur esse). Sie ist eine kosmische Macht und nicht auf menschliches Leben beschränkt. Psyche durchwaltet und beherrscht alles, wie beschaffen sie an sich selbst ist, wie über ihre Gestalt, ihr reines An-sich-Sein, zu reden sei, das bleibt der menschlichen Erkenntnis eigentlich verhüllt, bedürfte einer göttlichen Untersuchung.[136]

Die ψυχή ist für Platon Ausgangspunkt allen Lebens, so wie er es schon durch die etymologische Deutung ihres Namens im "Kratylos" anzeigt.[137] Der Begründung und Rechtfertigung der Unsterblichkeit der Seele und ihrer ideenähnlichen Eigenschaften sind erhebliche Passagen der Dialoge "Phaidon"[138] und "Phaidros" und auch wichtige Abschnitte in der "Politeia" zugedacht. Der "Phaidon" beinhaltet gleich vier "Beweisführungen" für die Unsterblichkeit der Seele; die beiden ersten Argumente sind aufs engste voneinander abhängig, so daß sie als "Beweis" in zwei Schritten angesehen werden dürfen.[139]

---

[136] Vgl. Nom.892b; Phdr. 246a; Tim. 34bf.
[137] Vgl. Krat. 399df.
[138] Im "Phaidon" wird nun die Frage nach der Wesensart der Psyche im Zusammenhang mit dem Erörterung der Lehre vom Eidos zu einem thematischen Schwerpunkt und einer der zentralen philosophischen Erkundungen Platons überhaupt. Die Eide können nur durch etwas erkannt werden, das ihnen ähnlich und wesensverwandt ist. Für die Psyche bedeutet das, daß sie ähnliche Qualitäten wie die Eide besitzen muß, nicht aber, daß sie selbst ein Eidos ist.
[139] Vgl. Phd. 77c. An dieser Stelle wird m.E. ebenfalls deutlich, daß die vier "Beweise" nicht einzeln für sich, sondern in ihrer komponierten Reihenfolge verstanden werden müssen.

3. Sokratische Zuversicht und materialistische Skepsis

Gleich zu Beginn des ersten Beweises wird nun das Thema für die folgenden Ausführungen durch Begrenzung des umfassenden Beweiszieles eingeholt, welches letztlich immer noch vor dem existentiellen Hintergrund der furchtlosen Todesakzeptanz des "wahrhaften Philosophen" steht.

In den "Beweisen" geht es um den Versuch des zweifelsfreien Nachweises, daß *das Sterben des Menschen*, das sich alltäglich als das Ende des Erdendaseins zeigt, nicht das Ende der menschlichen Existenz überhaupt sei.[140]

Sokrates wird sogar von der Zuversicht getragen, daß dieses vermeintliche Lebensende sich womöglich nur als eine Art Übergang zu einem erfüllten und glücklichen jenseitigem Dasein erweist.[141] Dieser Auffassung assistierend wird hier sicherlich die Tatsache mitbedacht, daß die Realität des menschlichen Seins bereits während seiner irdischen Existenzform nicht nur auf diese körperliche Sphäre beschränkt werden kann.[142]

Die beiden Pythagoräer Kebes und Simmias wünschen von Sokrates gleichwohl eine weitreichendere Darlegung der Seelenproblematik. Kebes greift die volkstümliche Meinung der "Vielen" auf, indem er der Furcht Ausdruck verleiht, die Psyche könne beim Tod wie ein "Rauch oder Hauch" zerstieben und sich in "Nichts" verflüchtigen.[143] Diese pessimisti-

---

[140] Vgl. hierzu MACHO, (1987), 195f.: "Der Tod ist unserer *Erfahrung* entzogen; wir erfahren weder den eigenen Tod noch den Tod der anderen (und selbst der geliebten) Menschen. Gleichwohl erfahren wir die *Verwandlung* von Mitmenschen in Leichen. Wir können diese Verwandlung nicht erklären, auch nicht auf uns selbst applizieren; wir können sie nicht *verstehen*. Dennoch *erfahren* wir ihre unbedingte Faktizität. *Alles*, was sich vom Tod in Erfahrung bringen läßt, erfahren wir gleichsam in der Konfrontation mit den Leichen. Wir erfahren *keinen* Tod, wohl aber erfahren wir die *Toten*. In der Erfahrung der *Toten* wird uns der Tod *nicht* offenbart; wir erfahren nur den *Widerstand*, den uns die *Toten*, in ihrer puren Anwesenheit, entgegenhalten. Es gibt keinen Zugang zur Erfahrung des *Todes*; daß wir nach dieser Erfahrung suchen und fragen, verdanken wir aber der unerklärlichen Erfahrung, die uns jede Begegnung mit Toten verschafft. Am Anfang war die Leiche; und danach kam alle Theorie.".
[141] Vgl. Phd. 63bf; 64a.
[142] Quasi von "innen her" hat gewiß auch das *Phänomen des Traumes* zur Ansicht einer weitgehend separat vom Körper bestehenden Psyche geführt.
[143] Vgl. Phd. 70a. Vgl. ferner Parallelen in den Aussagen des Epicharmos (DK 23 B 9f.). Ferner vgl. Demokritos (DK 68 A 106). Vgl. die Auffassung von GADAMER, (1973), 148f: "So entspricht es ganz der ‚diesseitigen' Haltung dieser Männer, daß sie sich zum Sprachrohr des vulgären Materialismus machen, der den Tod als die totale Auflösung der Seele des Menschen denkt, im Widerspruch zu der gültigen ‚homeri-

sche und vulgärmaterialistische Behauptung stellt sich der von Sokrates vorgetragenen Auffassung diametral entgegen, da Kebes davon ausgeht, daß die Seele "selbst für sich" und losgelöst vom Körper eben nicht bestehen kann.[144] Sollte sich jedoch erweisen, daß sie nach der Abtrennung vom Körper für sich selbst bestehend und zusammenhaltend wäre, dann besäßen die Darlegungen und Ausführungen des Sokrates eine "große und schöne Hoffnung".[145] Ein solcher Nachweis[146] würde die apologetischen Intentionen des Sokrates unterstützen: Der sterbende Philosoph könnte nach dem Tod zur Erkenntnis der Wahrheit gelangen und sein Sterben-Wollen wäre gewissermaßen von höherer Warte aus vollkommen legitimiert.

---

schen' Religion (70a). Diese modernen Zweifel an Jenseits und Unsterblichkeit gibt dem Gespräch nun sein eigentliches Thema: Beweise für die Unsterblichkeit der Seele diesem Zweifel entgegenzustellen.".

[144] Vgl. die genaue Formulierung der Bedenken durch Kebes in 70b: "'Ἀλλὰ τοῦτο δὴ ἴσως οὐκ ὀλίγης παραμυθίας δεῖται καὶ πίστεως, ὡς ἔστι τε ἡ ψυχὴ ἀποθανόντος τοῦ ἀνθρώπου, καί τινα δύναμιν ἔχει καὶ φρόνησιν.". Der Zweifel des Kebes ist demnach zweiteilig; Sokrates muß einerseits nachweisen, daß die Psyche nach dem Tode und der Trennung vom Körper noch weiterexistiert, andererseits soll aber auch dargelegt werden, daß sie dann noch "Dynamis" (Lebenskraft; Bewußtsein) und "Phronesis" (Verstand; Vernünftigkeit) besitzt.

[145] Vgl. Phd. 70a: "...αὐτὴ καθ' αὑτὴν συνηθροισμένη καὶ ἀπηλλαγμένη...πολλὴ ἂν ἐλπὶς εἴν καὶ καλή...".

[146] Aus dem "Phaidon" geht meiner Meinung nach ganz eindeutig hervor, daß es bei dem Nachweis der Unsterblichkeit der Seele nur um Wahrscheinlichkeit und Gewißheit ("vere simile") gehen kann, nicht um einwandfreie, logische Stringenz: "ἢ περὶ αὐτῶν τούτων βούλει διαμυθολογῶμεν εἴτε εἰκὸς οὕτως ἔχειν εἴτε μή;". Vgl. FRIEDLÄNDER (1975), 37: "Aber die Worte "Mythenrede" (διαμυθολογῶμεν), "wahrscheinlich" (εἰκός), "Meinung" (δόξα) weisen sogleich darauf hin, in welche Sphäre der Erörterung sich Sokrates hineingezogen sieht.". Vgl. hierzu ROHS, (1987), 363: "Seit Platon ist der Begriff des Wissens verknüpft mit dem der Begründung. ... Wahre Meinungen seien eine schöne Sache, solange sie da seien; aber sie entfernen sich leicht aus der Seele, solange sie nicht durch begründendes Denken festgebunden würden. Wissen sei durch Gründe festgebundene und darum bleibende wahre Meinung - ἀληθὴς δόξα μέτα λόγον -. Wegen dieses Bleibendseins sei das Wissen höher zu schätzen als die bloße wahre Meinung. Wissen ist also mehr als wahre Meinung - dies freilich ist sie auch, denn eine falsche Meinung ist sicher kein Wissen.".

4. Die Beweiskraft der "Aufenthaltshypothese" und das Werden aus dem Entgegengesetzten

Sokrates entgegnet nun dem Einwand des Kebes mit der Interpretation einer altüberlieferten Rede (παλαιὸς λόγος), wonach die Seelen der Verstorbenen in den Hades kommen und von dort wieder ins Leben zurückkehren. Wenn sich nun beweisen ließe, daß die Lebenden aus nichts anderem entstehen als aus den Verstorbenen, so wäre nach der Meinung des Sokrates die Seelenexistenz im Hades sichergestellt.

Es geht also zunächst nur um die Erörterung, ob die ψυχαί nach dem Tod im Hades sind.[147] Nach der Definition des "Phaidon" ist die selbständige Existenz der Psyche *ab ovo* gewiß, damit scheinbar aber auch die berechtigte Seelenverortung in einem Jenseitsbereich, denn irgendwo müssen sie sich gemäß der sokratischen Argumentation nach dem Ableben befinden.[148]

Aber exakt diese Prätention des Sokrates bleibt unbegründet, zumal – von der formalen Struktur des "Beweises" her – die reine Existenz der Seelen nach dem Tod erst bewiesen werden soll, so daß nicht vorausgesetzt werden darf, daß die Seelen, deren "Weiterexistenz" bislang gar nicht hinlänglich bewiesen ist, einen "Aufenthaltsort" für ihr Dasein benötigen.

Bereits in der "Apologie" entdeckt Sokrates, daß der Tod für ihn kein Übel bedeuten kann.[149] Im Fortgang der "Apologie" werden zwei mögliche Alternativen für die Situation im Jenseits diskutiert, die eine kennzeichnen den Tod als einen wahrnehmungs- und empfindungslosen Zustand, ähnlich einem traumlosen Schlaf, die andere spricht vom Tod als einer Reise der Psyche zu einem Ort, an dem sich alle Toten aufhalten.[150] Die erste Alternative wird im "Phaidon" nicht weiter erörtert, unter Umständen, weil in ihr der Gedanke der Gerechtigkeit und Sühne im Jenseits keinen Platz findet.[151]

---

[147] Vgl. Phd. 70c: "...εἴτ ἄρα ἐν Ἅιδου εἰσὶν αἱ ψυχαὶ τελευτησάντων τῶν ἀνθρώπων εἴτε καὶ οὔ.".
[148] Vgl. Phd. 70d; 72 a; 107a.
[149] Ausgelöst durch das Stillschweigen des Daimonion, das Sokrates vor der Gerichtsverhandlung und den Konsequenzen nicht gewarnt hatte. Vgl. Apol. 40aff.
[150] Vgl. Apol. 40cf. Vgl. die Metaphern der "Reise" und "Wanderung" in Phd. 61e; 67bf.; 117c (wie in Apol. 40c μετοίκησις)
[151] Vgl. Phd 107c: "Εἰ μὲν γὰρ ἦν ὁ θάνατος τοῦ παντὸς ἀπαλλαγή, ἕρμαιον ἂν ἦν τοῖς κακοῖς ἀποθανοῦσι τοῦ τε σώματος ἅμ' ἀπηλλάχθαι καὶ τῆς αὐτῶν κακίας μετὰ τῆς ψυχῆς.".

Ein "hinreichender Beweis" (ἱκανὸν τεκμήριον, 70d) für die "Aufenthalts-Hypothese" wäre laut Sokrates, daß die Lebenden allein und ausschließlich von den Toten kommen. Der fehlende "notwendige Beweis" soll nun durch die weitere Argumentation erbracht werden. Sokrates versucht in der Folge dieser orphisch-pythagoräischen Überlieferung (durch eine allgemeine Theorie des Entstehens) die notwendige Überzeugungskraft zu verleihen.

Der erste Beweis der Unsterblichkeit der Seele im "Phaidon" stützt sich auf den doppelten Kreislauf des Werdens[152] und spielt auf die Lehre der Metempsychose an. Platon versucht mit diesem Argument offensichtlich die Anschauung zu entkräften, daß die durch den alltäglichen Eindruck bestätigte Realität, nach der die Menschen im Tode zu Leichen werden, auch schon innerhalb der ein wenig näher beleuchteten Wirklichkeit keinesfalls unanfechtbare Autorität besitzen muß. Der Beweis möchte zeigen, daß die Annahme einer Daseinsweise, die über den Bereich der alltäglichen Wirklichkeit hinausgeht, nicht unvertretbar ist.

Die Problematik der Unausweichlichkeit des individuellen menschlichen Todes wird mit allgemeinen Überlegungen zu Entstehen und Werden verknüpft und auf diese Weise in eine überzeitlich kosmologische Sphäre gestellt. Platon versucht hier offensichtlich einen bewußten Transfer auf die Ebene der allumfassenden Natur, denn in der Physis entsteht für ihn Entgegengesetztes aus Entgegengesetztem.[153] Er geht also von empirisch-physischen Beobachtungen aus, wo bestimmte Dinge aus ihrem Gegenteil entstehen und überträgt diesen Gedanken des Kreislaufs in der Physis (ἡ φύσις, 71e) auf all die Gegenstandsbereiche, zu denen es prinzipiell ein Entgegengesetztes gibt. In seiner Argumentation vereint er routiniert die eher religiös motivierte Lehre der Wiedergeburt mit Ansätzen der Naturphilosophie.[154] Dieselbe Naturphilosophie, die sich – wie der vulgärmateri-

---

[152] Vgl. GADAMER, (1973), 149: "Der erste Beweis, aus dem allgemeinen Kreislauf der Natur und dem Ausgleich, der in ihr herrscht, geschöpft, arbeitet offensichtlich mit der alten ionischen Gegensatzlehre, die auch unter den Pythagoreern als naturphilosophisches Schema ihre Geltung hatte."
Die sokratische Entgegnung des Werdens von Gegensätzen aus Gegensätzen ist im Grunde ein Gemeinplatz der griechischen Naturphilosophie. Die allgemeine Struktur dieses "Beweises" knüpft offenkundig an die herakliteische Gegensatzlehre an, auch wenn die Benutzung komparativischer Relationsbegriffe wohl eher auf das dialektische Ansinnen Platons verweist. Vgl. DK 22 B 88.
[153] Vgl. Phd 71a: "...ὅτι πάντα οὕτω γίγνεται, ἐξ ἐναντίων τὰ ἐναντία πράγματα.".
[154] Vgl. REALE, (1996), 66: "Die alte orphische Lehre wird damit rational begründet, insofern sie sich als Spezialfall des generellen Naturgesetzes der zyklischen Ableitung der Gegensätze aus ihren Gegensätzen erweist (70C-72C).".

alistische Einwand des Kebes zeigt – gegen die Spekulation der Unsterblichkeit der Seele anführen läßt, erlaubt augenscheinlich auch Schlüsse, die sich für die entgegengesetzte Hypothese heranziehen lassen und gleichzeitig der Lehre von der Metempsychose Beistand leisten.

Der Antapodosisbeweis hebt ausdrücklich den Übergang zwischen zwei Gegensätzen als "Werden" hervor. Im Anschluß an die Lehre von der Metempsychose, nach der die Lebenden wiedergeboren werden aus den Toten, generalisiert Sokrates diese Anschauung, indem er anführt, daß es sich prinzipiell mit allem Werden in der Natur so verhalte, daß aus Entgegengesetztem Entgegengesetztes entstehe.[155] Sokrates zählt mehrere Beispiele für Gegensatzpaare auf, wobei es sich bei diesen um konträre und relative Gegensätze handelt, zwischen denen Übergänge gedacht werden können.[156] Der jeweilige Übergang heißt "Werden" und durch ihn vollzieht sich am zugrundeliegenden Substrat die Modifikation von einem Gegensatz in den anderen.[157] Zwischen den Gegensatzpaaren ordnet Sokrates

---

[155] In Phd. 72b verwendet Platon auch γιγνόμενα , was terminologisch bereits auf den "Theaitetos" (155c: ἄνευ γὰρ τοῦ γίγνεσθαι γενέσθαι ἀδύνατον) und den "Sophistes" (245d: Τὸ γενόμενον ἀεὶ γέγονεν ὅλον.) hindeutet. Vgl. überdies TUMARKIN, (1926), 68: "Das ist einfach der platonische Begriff des Wirklichen, dessen Gegensatz denkbar ist, und dessen Dasein sich zwischen solchen Denkgegensätzen bewegt. Danach gibt es innerhalb der gesamten Wirklichkeit so wenig ein unwandelbares Sein, als ein absolutes Entstehen aus Nichts. In diesen ewigen Wandel der Wirklichkeit stellt nun Sokrates auch den Wechsel des menschlichen Lebens und Sterbens hinein.".

[156] Sokrates betont hier im besonderen den Umstand des "zweifachen Werdens" (Phd. 71af.: ἔστι τι καὶ τοιόνδε ἐν αὐτοῖς, οἷον μεταξὺ ἀμφοτέρων πάντων τῶν ἐναντίων δυσῖν ὄντοιν δύο γενέσεις, ἀπὸ μὲν τοῦ ἑτέρου ἐπὶ τὸ ἕτερον, ἀπὸ δ' αὖ τοῦ ἑτέρου πάλιν ἐπὶ τὸ ἕτερον.). Beide Übergänge oder Verknüpfungen (συζυγίαι) "zwischen" (μεταξύ) zwei Gegensätzen werden also explizit als "Werden" bestimmt. Der Ausdruck des Vergehens (φθορά) kommt bewußt hier nicht vor. Die Beispiele für die Gegensatzpaare sind: Wachstum-Abnahme, Aussonderung-Vermischung, Abkühlung-Erwärmung, Aufwachen-Einschlafen und Sterben-Aufleben. Vgl. Phd. 71b-e.

[157] Möglicherweise bezieht Sokrates sich dabei vordergründig nicht auf ein Werden von Seiendem aus Seiendem, vielleicht überdenkt er das Seiende an sich, im Hinblick auf das, was das "Werden" an ihm verstehbar macht. Auf einer solchen ontologischen Begriffsebene wäre demnach der Grund des Werdens an einem Seienden, nicht ebenfalls ein Seiendes, sondern – sofern es als etwas "Gewordenes" vorgestellt wird – besitzt es immer schon die *Struktur der Gegensätzlichkeit* in sich, durch die schließlich erst die Veränderung am Seienden geschehen kann. Die Modifikation betrifft dann die Qualität, die Quantität oder die Gestalt eines Seienden, nicht aber das Seiende selbst, welches sich in dieser Hinsicht als unveränderlich erweist, da es als den wechselnden

zwei Arten des Werdens oder Entstehens an. Die weitere Argumentation geschieht über das Verfahren der Analogiebildung: Zwischen Schlafen "καθεύδειν" und Wachsein "ἐγρηγορέναι" positioniert Sokrates das Aufwachen "ἀνεγείρεσθαι", zwischen Wachsein und Schlafen das Einschlafen "καταδαρθάνειν" (71cf.). Ähnliches gilt ihm generell für alles Werden aus Gegensätzen. Ebenso entgegengesetzt wie dieses vorgeführte Beispiel sind laut Sokrates Lebendes "τὸ ζωή" und Totes "τὸ τεθνεῶτος". Demzufolge müßte also das Lebendigsein aus dem Totsein entstehen und das Totsein aus dem Lebendigsein. Aber bloß letzteres ist gemäß der alltäglichen Erfahrung evident: Totsein folgt zwangsläufig irgendwann dem Lebendigsein. Den dazwischen liegenden Zustand kennt der Mensch als Sterben "ἀποθνήσκειν".

Das zwischen Totsein und Lebendigsein anzusetzende Stadium wäre demnach das Wiederaufleben im Geborenwerden "ἀναβιώσκεσθαι" (71e). Somit wird versucht, der Dissoziation von Psyche und Körper und der von Kebes angesprochenen Konsequenzen der "Verflüchtigung" der Seele in ein "Nichts" durch eine Assoziation und Uniformierung im Kreislauf des Lebens entgegenzuwirken.

Das Entscheidende dieser Darlegung ist der Umstand, daß das "Werden" gegenüber dem resultierenden "Gewordenen" einen eigenständigen Bereich einnimmt. Die *Vorgänge an sich* können nicht aus dem "Gewordenen" erklärt werden, da diese nun einmal prozeßhaft aufgefaßt werden können. Zusammen beschreiben "Werden" und "Gewordenes" den Kreislauf der Natur, stehen in gewissem Sinne ergänzend zueinander.

Maßgeblich für diese Betrachtungsweise ist, daß ein Zustand nicht *für sich* besteht, sondern er *an etwas* ist. Das Wachen und das Schlafen sind Zustände des Menschen, analog hierzu sind das Leben und das Totsein Zustände der Psyche. So wie der Mensch den Umschwung von Wachen und Schlafen unbeschädigt "überdauert", so soll auch die Psyche die Wendung von Leben und Totsein überstehen. Das Leben ist der Zustand des Miteinanders des Seelischen mit dem Körperlichen, das Totsein ist lediglich das Stadium der Distanziertheit von allem Körperlichen. Platon versucht darzulegen, daß jede Vollendung am Gegenteil sich an einem Zugrundeliegenden vollzieht, wobei das Zugrundeliegende bei dem Wechsel Tod-Leben bzw. Leben-Tod augenscheinlich nicht der menschliche Körper sein kann, da dieser nach dem Tode zerfällt. Infolgedessen kann nur die Psyche dieses Zugrundeliegende ausmachen, so daß "Leben" nach

---

Zuständen zugrunde liegend gedacht wird. Definitiv rechtfertigen und bestätigen läßt sich eine solche Lesart durch den Text jedoch nicht.

Platons Auslegung nichts weiter als das Arrangement von beidem ist. Wie der Schlafende, der aus seinem Schlaf erwacht, soll die vorübergehend isoliert existierende Seele wieder in einen neuen Körper eintreten. Nach Ablauf einer bestimmten Zeit verläßt sie diesen Körper wieder, existiert einige Zeit vom Körper losgelöst, um schließlich in einer dauernden Wiederholung erneut in einen Körper einzutreten.[158]

Da nun Kebes dieser sokratischen Interpretation des Palingeneseglaubens nur recht zögerlich beipflichtet (72a), erweitert Platons Sokrates zur weiteren Bekräftigung seiner These das Antapodisisargument: Wenn es nicht gesetzmäßig und zwangsläufig einen Kreislauf des Geschehens gäbe, müßte endlich alles Werden und alles Leben aufhören, und im unterschiedslosen anaxagoreischen "'Ομοῦ πάντα χρήματα"[159] jegliche Bestimmtheit verlieren.[160]

Die Eventualität eines linear fortschreitenden Werdens wird durch die von Sokrates eingeforderte, dem griechischen Denken stets genehme Annahme einer Theorie der Kompensation überdeckt und für indiskutabel erachtet. Die Möglichkeit, daß die Ressourcen der Natur unter Umständen unbegrenzt sind, so daß ein stetig linearer Werdensprozeß theoretisch an-

---

[158] Vgl. die berechtigte Kritik von BRÖCKER, (1990), 178: "Schlafen und Wachen sind zwei Zustände, zwischen denen der Mensch sich hin und her bewegt, aber daß auch Lebendigsein und Totsein zwei Zustände der Seele sind, zwischen denen sie sich hin und her bewegt, das wird auf solche Weise weder bewiesen noch auch nur wahrscheinlich gemacht, sondern einfach vorausgesetzt.". Interessant wäre m.E. die Aufdeckung möglicher Berührungspunkte von *Antapodosis-Argument* und *Apokatastasis-Lehre*.

[159] Vgl. DK 59 B 1. Die Anführung des Anaxagoras aus Klazomenai und seines Lehrsatzes dient hier als Verweis auf eine naturphilosophische Autorität zur Stützung einer sokratischen These. Die Kosmologie des Anaxagoras erfährt an dieser Stelle jedoch eine bewußte Umdeutung, da sich dieser Satz bloß auf den Anfang der Weltentstehung und nicht auf einen prozyklischen Weltenlauf bezieht. Vgl. auch Phd. 97b-98b; Gorg. 465d. Zu Platons Verständnis der Lehre des Anaxagoras vgl. ferner Apol. 26df.

[160] Diese Vorstellung des völlig Amorphen findet ihre gegenwärtige Entsprechung im zweiten thermodynamischen Gesetz der Physik über das "entropische Prinzip". Vgl. HARRISON, (1983), 249: "Wenn vor einigen Jahrzehnten Wissenschaftler über das Universum diskutierten, sagten sie mit verhaltener Stimme den schließlichen Wärmetod des Universums voraus und malten sich aus, wie alles welken und sterben und die Entropie unerbittlich ansteigen und ihre endgültige Höhe erreichen würde. Wir erkennen heute, daß der Wärmetod bereits eingetreten ist; er ereignete sich vor langer Zeit, und wir leben in einem Universum, das seine maximale Entropie fast erreicht hat.".

gesetzt werden könnte, war dem griechischen Denken zutiefst fremd und widersinnig.[161]

Es handelt sich bei der von Platon dargelegten Dynamis des Werdens also um einen zyklischen, in sich zurückkehrenden Prozeß, um eine Wandlung, die stets in immerwährender Bewegung auf ihren Anfang zurückbezogen bleibt. Der κύκλος-Charakter des Werdens nimmt in gewisser Weise auch die Anschauung des dialektischen Denkens vorweg, da die beiden "Pole" (die Gegensätze) für den Menschen nur auseinander begreifbar sind.

Im Antapodosisbeweis steckt somit unausgesprochen zugleich ein Hinweis auf die Defiziens alles Seienden, denn das Seiende kann in der Vorstellung Platons die Regel der Veränderung mit ihrer zyklischen Notwendigkeit nicht durchbrechen. In der Tat besitzt auch das Denken seine eigene prozyklische Struktur, jedoch in vollkommenerer Weise, da das Denken sich in der Reflexion über den erfaßten Denkgegenstand auf sich selbst zurückbeziehen kann.

Zu erwägen wäre, ob der Begriff des Werdens, den Sokrates an dieser Stelle vorträgt, sich nur an der ontischen Ebene ausrichten soll. In diesem Fall ginge es zunächst nur um das phänomenale Erfassen des Wechselhaften einer empirischen Gegebenheit, so wie bereits methodisch von der vorsokratischen Naturphilosophie vorgetragen. Darüber hinaus kann das menschliche Denken im faktisch-empirischen Werdeprozeß aber gewisse Eigenstrukturen aufdecken, wie die dialektische Bewegung des Denkens, doch reicht ein solcher versteckter Hinweis auf die Priorität des logischen Werdens vor der faktisch-empirischen Gegebenheit keineswegs aus, um die individuelle Unsterblichkeit zu beweisen.[162]

Der Antapodosisbeweis bleibt formal gesehen ausgesprochen unzulänglich, da er nicht einmal zwischen den verschiedenen Arten von Gegensätzen unterscheidet.[163] Der Mangel des Beweises steckt offenkundig darin,

---

[161] Vgl. GAUSS (1958), 37: "Interessant ist, dass in diesem «Erweis» bereits die in sich zurücklaufende Kreisbewegung der geradlinigen Tangentialbewegung, die sich ins Uferlose oder, wie Hegel sagen würde, in die «schlechte Unendlichkeit» verliert, vorgezogen wird.". Vgl. hierzu auch Jünger, (1944), 52f.

[162] Vgl. FRIEDLÄNDER, (1975), 38f.: "... jene Ausweitung in die große, naturphilosophisch gesehene Weltordnung geschah auf Kosten des Sonderwesens der Seele. Leben und Tod wurden hier rein als naturhafte Phänomene gefaßt wie Schlafen und Wachen. Nicht mein Tod und dein Tod wird gesichtet, nicht dein und mein Leben.".

[163] Vgl. FREDE (1978), 32: "It is easy to point out why the law of opposites does not hold as a general law. It is valid in the case of relative opposites, like "greater" or "smaler", the kind of cases from which Plato had set out (70e7-71a7), apparently

daß die zu beweisende Behauptung zu ihrem eigenen Beweis herangezogen wird, denn die Existenz der Verstorbenen im Hades, die erst bewiesen werden soll, wird bereits als Gegensatz zum Leben vorausgesetzt. Platon unterscheidet ferner nicht eindeutig zwischen den verschiedenen Arten des Werdens, zumal es durchaus eine zu beachtende Differenz zwischen dem Werden einer Substanz und dem Werden einer Beschaffenheit gibt.[164] Das Werden einer Beschaffenheit setzt ein beständiges Substrat als Eigenschaftsträger voraus; das gilt aber nicht für das Werden einer Substanz. Substantielles Sein ist immer schon das, was ein jedes in sich und für sich selbst ist, das im Wechsel der Phänomene Beharrende.

Weiterhin fehlt im Antapodosisbeweis im Hinblick auf die Entstehung des Lebewesen "Mensch" die notwendige Differenzierung von "nicht lebendig" und "tot". Zwar gelangt ins Leben nur was vorher nicht lebte, was jedoch keineswegs besagt, daß es zuvor "tot" sein mußte.[165]

---

without noticing that and why these are special cases. In the case of absolute opposites the law holds in some cases but not in others, as becomes clear when one looks at some examples. While someone who has fallen ill must have been healthy before and vice versa, not everybody who has become rich must have been poor (or vice versa). In some cases we will find that while one half of ty process is necessary the other is not. If someone becomes old he must have been young before but the young people do not come from the old ones.".

[164] Vgl. BRÖCKER, (1990), 178: "Aristoteles hat Klarheit geschaffen: zu Eigenschaften (ποιόν, Qualität) gibt es Entgegengesetztes, und die Veränderung (ἀλλοίωσις) ist eine Art des Anderswerdens, die sich zwischen Gegensätzen bewegt. Heiß und kalt, feucht und trocken, hell und dunkel sind solche Gegensätze. Aber es gibt kein Entgegengesetztes des Wesens (οὐσία). Das Gegenteil von heiß ist kalt; aber was ist das Gegenteil einer Eiche, oder eines Herings oder eines Tellers?".

[165] Vgl. BRÖCKER, (1990), 178f.: "Dies Argument wäre nur dann gültig, wenn es keinen anderen Ursprung des Lebens gäbe als das Wiederaufleben aus dem Toten. Zweifellos würde bald alles tot sein, wenn es nur Sterben gäbe und nicht auch Geburt, d.h. Lebensbeginn; aber daraus folgt nicht, daß Geburt und Lebensbeginn ein Wiederaufleben aus dem Gestorbensein sein muß. Das Leben altert und stirbt, aber in der Fortpflanzung verjüngt es sich zugleich und überlebt sich selbst. So folgt weder als gewiß noch als wahrscheinlich, was Sokrates folgert: daß die Seelen der Gestorbenen »sind« (εἶναι, im praesens, 72df.).". Vgl. GADAMER, (1973), 149: "Was an dem Beweis auffällt, ist seine klare Unangemessenheit an das eigentlich zu Beweisende.".

IV. Die Dynamis der Anamnesislehre

1. Der Kontext von Seelenexistenz und Wiedererinnerung

Bereits Platon scheint die bisherige Argumentation aus dem "Kreislaufcharakter des Werdens" für unzureichend gehalten zu haben, denn er fügt diesem auf der Stelle ein weiteres Argument hinzu, das ganz offensichtlich die Skepsis, welche die bisherige Diskussion keineswegs ausräumen konnte, entkräften soll.[166] Die gesamte Darlegung steht daher immer noch vor dem Hintergrund des Nachweises, daß die Seelen bereits *vor* der Geburt im Hades sind.[167]

Der zweite Beweis geht nun jedoch nicht von einer naturgegebenen Gesetzmäßigkeit aus, sondern bezieht sich auf ein Phänomen des menschlichen Geistes: Kebes verweist auf einen Zusammenhang zwischen der Existenz der Seelen der Gestorbenen und dem Satz, daß alles Lernen Wiedererinnerung (ἀνάμνησις) sei. Es wird behauptet, daß der Mensch sich nur an das erinnert, was seine Psyche zu einer früheren Zeit gelernt hat, was wiederum nur möglich ist, wenn die Psyche schon *vor* ihrer "Inbesitznahme" des Körpers *irgendwo* existierte. Die Seele soll also auch aus dieser Erwägung heraus etwas Unsterbliches sein.[168]

Der zweite "Beweis" setzt insofern vorerst bei der *sinnlich wahrnehmbaren Wirklichkeit* an, um in der Entwicklung des Gedankenganges

---

[166] Phd. 72e-77d. Vgl. GAUSS, (1958), 38: "Dass das erste Argument nicht in jeder Beziehung befriedigend ist, dürfte schon daraus folgen, dass ein zweites ihm nachgestellt wird. Denn wenn das erste ein «lückenloser» Beweis wäre und als solcher anerkannt werden dürfte, warum dann noch ein zweites Argument?".
[167] Vgl. Phd. 76c; 70b.
[168] Bemerkenswert ist, daß die Anamnesis-These urplötzlich und ohne jeglichen Zusammenhang zum bisher Erörterten von Kebes zur Diskussion gestellt wird, vgl. Phd. 72eff. Kebes greift die Lehre von der Wiedererinnerung, die Sokrates bereits häufig erläutert und vorgetragen habe, auf, um sie mit der Unsterblichkeit der Seele in Verbindung zu bringen. Simmias ist sich der genauen Inhalte der Lehre nicht mehr bewußt und wird von Kebes und Sokrates in der anschließenden Diskussion daran "erinnert". Die Darlegungen bezüglich der Anamnesislehre führt Sokrates mit Simmias als Gesprächspartner. Erst am Ende der Erörterungen (77aff.) wird Kebes für den weiteren Fortgang des Dialogs geschickt wiedereingeführt, indem auf seine allseits skeptische Haltung angespielt wird, so daß es weiterhin gilt, ihn von der Unsterblichkeit der Seele zu überzeugen.

ein der empirischen Erkenntnis vorausgesetztes, aber von ihr vollkommen unabhängiges Wissen aus der Empirie abzuleiten.[169]

Dem Erklärungsbedarf des Simmias kommt Kebes mit dem Beispiel nach, daß man die Menschen nur gezielt fragen müsse, um das Vorhandensein gewisser latenter Erkenntnisse nachzuweisen.[170] Simmias kann sich aber immer noch nicht an die Beweise (αἱ ἀποδείξεις, 73a) für die Anamnesislehre erinnern und bittet Sokrates sie ihm vorzutragen. In der Folge wird das Thema des Gesprächs, nämlich die Erörterung der Wiedererinnerungslehre, sowohl in der theoretischen Erörterung, als auch im praktischen Nachvollzug – exemplarisch anhand des "wiedererinnerungswürdigen" Simmias – rekonstruiert.[171]

Sokrates beginnt die Darlegung der Anamnesislehre mit der Sicherung der Prämisse des Beweises, daß ein "Erinnern" sich stets auf ein "vorher schon Gewußtes" beziehen muß: "'Ὁμολογοῦμεν γὰρ δήπου, εἴ τίς τι ἀναμνησθήσεται, δεῖν αὐτὸν τοῦτο πρότερόν ποτε ἐπίστασθαι; - Πάνυ γ', ἔφη." (73c).

---

[169] Vgl. Phd. 73c: "...ἤ τινα ἄλλην αἴσθησιν λαβών..."; 74c; 76a. Vgl. FISCHER, (1990), 17: "Was der Mensch sei und wie sein Daseinsvollzug als eines erkennenden Wesens verstanden werden müsse, wird – ineins mit zunehmender wissenschaftlicher Begründung – im zweiten Beweis schon deutlicher.".

[170] Vgl. Phd 73b. Damit ist auf das sokratische "Experiment" mit dem ungebildeten Sklaven des Menon verwiesen, der ausschließlich durch die Methode des sokratischen Fragens (Mäeutik) zur richtigen Einsicht in einen geometrischen Sachverhalt (vgl. τὰ διαγράμματα, Phd. 73b.) gebracht wird (Men. 82b-85b). Der grundlegende Gedanke der "Mäeutik" ist, daß Erkenntnisse bereits unbewußt im Schüler vorhanden seien, welche durch gezieltes Fragen zu tatsächlichem Wissen erhoben werden können. Den theoretischen Rahmen für diese "sokratische Methode" bilden bei Platon die Anamnesistheorie und die "Ideenlehre", die darlegen, daß es vom menschlichen Bewußtsein unabhängige, transempirische Wissensgegenstände gibt, welche die menschliche Psyche in einem pränatalen Dasein erkannt, bei der Geburt des Menschen jedoch vergessen hat. Durch gezieltes Fragen soll er an dieses Wissen wiedererinnert werden. Vgl. auch Reale, (1996), 79: "Die Quellen, aus denen sich die Wiedererinnerungslehre herleitet, sind gewiß zwei: die orphisch-pythagoreische Lehre von der Seelenwanderung und die mäeutische Technik (Hebammenkunst) des Sokrates.". Im "Phaidon" wird die Wiedererinnerungslehre als bereits bekannt vorausgesetzt vgl. Men. 79e-86c. Zu Methode und Funktion der Anamnesislehre im "Menon" vgl. STEMMER (1992), 225-250; REALE (1996), 77-80; BARTH (1921), 104ff.; 199ff.; ALLEN, (1959/60), 165ff.
Zur pädagogischen Relevanz des "Phaidon" vgl. THONHAUSER, (1966), 179-186.

[171] Vgl. Phd. 73b: "αὐτὸ δε τοῦτο, ἔφη, δέομαι παθεῖν περὶ οὗ ὁ λόγος, ἀναμνησθῆναι.".

In Platons Vorstellung beruht ein bestimmtes Hervorbringen eines Wissens bzw. einer Erkenntnis (ἐπιστήμη) stets auf Erinnerung (ἀνάμνησις).[172]

Zur Festigung dieser Doktrin wird zunächst von dem alltäglichen Begriff der Erinnerung ausgegangen, der auf einem Reiz-Reaktions-Schema in der Wahrnehmung beruht: Der Mensch wird sich häufig anläßlich einer bestimmten Sinneswahrnehmung einer anderen Sache bewußt, die er aber zum selben Augenblick nicht wahrnimmt, sondern *nur hinzukommend* vorstellt. Der menschliche Verstand läßt sich also offenbar durch die Wahrnehmung einer Sache zu den Gedanken an etwas Ähnliches oder Unähnliches, auf jeden Fall zu etwas mit diesem auf irgendeine Weise Verbundenem, lenken. Die Erinnerung beruht demzufolge auf den Assoziationsgesetzen der Ähnlichkeit, des Kontrastes und der Kontiguität.[173]

Platon führt im "Phaidon" zunächst die Gesetzmäßigkeit der assoziativen Verknüpfung anhand einer Reihe von Beispielen durch, die sich alle auf die optische Wahrnehmung beziehen: (I.) Ein Liebhaber sieht die Lyra (oder das Gewand) seines geliebten Knaben und wird dadurch an ihn erinnert. (II.) Man sieht den Simmias und erinnert sich des Kebes. (III.) Man sieht (a.) eine gemalte Lyra bzw. (b.) ein gemaltes Pferd und erinnert sich dabei eines Menschen (z. B. an den Besitzer). (IV.) Man sieht den gemalten Simmias und erinnert sich dabei des Kebes. (V.) Man sieht den gemalten Simmias und erinnert sich an Simmias selbst.[174]

---

[172] Vgl. Phd. 73c; Vgl. ferner Men. 81d; Phdr. 249c; 250e.

[173] Vgl. hierzu HUME, (1990), 38f.: "Es gibt offenbar ein Prinzip der Verknüpfung (connexion) verschiedener Gedanken oder Vorstellungen des Geistes, und wenn sie im Gedächtnis oder in der Einbildungskraft erscheinen, führt eine die andere gewissermaßen methodisch und regelmäßig ein. ... Obgleich die Verknüpfung verschiedener Vorstellungen zu augenfällig ist, um der Beobachtung zu entgehen, sehe ich doch nicht, daß irgendein Philosoph versucht hat, alle Prinzipien der Assoziation aufzuzählen oder zu klassifizieren; jedoch erscheint dieser Gegenstand wissenswert. Für mich ergeben sich nur drei Prinzipien der Vorstellungsverknüpfung, nämlich *Ähnlichkeit* (*Resemblance*), raum-zeitliche *Berührung* (*Contiguity*) und *Ursache* oder *Wirkung* (*Cause or Effect*).".
Vgl. ferner die Ausführungen von BEDU-ADDO, (1991), 30-38, bes. 32 : "Plato thus begins the argument by stating what he takes to be the necessary and sufficient conditions for recollection in everyday life. His conspicuous use of the mind´s ability to recognize *similarity, identity* and *difference* in stating this conditions is a very important clue to the meaning of the entire argument.".

[174] Vgl. Phd. 73df. Zur prinzipiellen Gleichstellung der verschiedenen Sinne vgl. Phd. 73c; 75b.

Nun lassen sich diese Beispiele mehrfach klassifizieren: Anlaß oder Auslöser der Erinnerung kann etwas dem Erinnerten Ähnliches (V.) oder Unähnliches (I., II., III. a+b, IV.) sein, etwas von der gleichen Seinsgattung (II.) oder unterschiedlicher Seinsgattung (I., III.a+b, IV., V.) und schließlich etwas Artifizielles (I., III. a+b, IV., V.) oder etwas Physisches (II.), wobei das Artifizielle noch nach einem "mimetischen Grad" (z. B. reale Lyra bzw. virtuelle Lyra) unterteilt werden könnte. Im Dialog beanspruchen die von Sokrates vorgetragenen Beispiele keinesfalls Vollständigkeit. Einer Theorie der Assoziationen soll an dieser Stelle nicht weiter nachgegangen werden, vielmehr sollen die Ausführungen die Anamnesislehrer einleitend vorbereiten.

Auf eine weitere Qualität verweist schließlich noch die Dimension der Zeit, die ebenfalls berücksichtigt werden muß: Denn das Entschwinden des ehemals im Wissen Gegebenen in die Vergessenheit geschieht in der Zeit und kann sogar soweit gehen, daß der Vorgang dieses Verschwindens selbst in die Vergessenheit gerät.[175] Ausschlaggebend für den Akt der

---

[175] Vgl. Phd. 73df.; 75d: "Τὸ γὰρ εἰδέναι τοῦτ' ἔστι· λαβόντα του ἐπιστήμην ἔχειν καὶ μὴ ἀπολωλεκέναι· ἢ οὐ τοῦτο λήθην λέγομεν, ὦ Σιμμία, ἐπιστήμης ἀποβολήν.". Vgl. vor allem Symp. 208a: "Ὃ γὰρ καλεῖται μελετᾶν, ὡς ἐξιούσης ἐστι τῆς ἐπιστήμης· λήθη γὰρ ἐπιστήμης ἔξοδος, ...". Im Kontext dieser Stelle begreift Platon "Nachsinnen" oder "Erinnern" als Akt schöpferischer Liebe, welcher sich in der Metaphorik des pulsierenden Strebens nach Unsterblichkeit offenbart. Der Daimon Eros strebt nach dem Unvergänglichen; dieser entrückte Vorgang manifestiert sich auch, wenn der Mensch über die unsterbliche Wahrheit nachsinnt. Für Platon ist dieses Streben nach der Wahrheit bedroht durch eine Polymathie, einem vielseitigen, vielgewandten aber äußerst unscharfen Wissen, dessen Erwerb gerade und vornehmlich durch die Schriftkultur möglich gemacht wird, vgl. den "Theuth-Mythos" im Dialog "Phaidros" (274cff.), wo jener Halbgott Theuth dem König Thamus die Buchstabenschrift (γράμματα) als ein Heilmittel (φάρμακον) anpreist, das die Menschen angeblich weiser (σοφωτέρους) und erinnerungsfähiger (μνεμονικωτέρους) machen soll. Im "Symposion" (208cf.) argumentiert Platon folgendermaßen: Der Geschlechtstrieb (und die daraus resultierende Fortpflanzung) sei bei allen Lebewesen zur Erhaltung ihrer Art von Natur aus zweckhaft eingerichtet worden. Das eigentlich Menschliche aber, was über eine rein "biologische Konditionierung" hinausgeht, sei die "geistige Zeugung" und das damit verbundene Streben des Menschen nach Ehre und Ruhm. Die Liebe zur unsterblichen Erinnerung als Erlangung unvergänglichen Ansehens ist den Menschen nach Platon wichtiger als alles andere. In der Spätantike wundert sich Augustinus, daß sich sogar das Vergessen als Gedächtnisinhalt in der Erinnerung vorfindet. Es ist möglich sich daran zu erinnern, daß man etwas vergessen hat. Eigentlich wird das Vergessen als die Negation der Erinnerung begriffen und es kann seltsamerweise dennoch ein Erinnern an dieses Vergessen geben: "Ergo ... cum vero memini

69

Wiedererinnerung ist offenbar der wesensmäßige Zusammenhang von "Initiator" und "Erinnerungsinhalt". Entscheidend für den Fortgang der Argumentation ist der "Initiator" der Erinnerung, der entweder dem Erinnerten Ähnliches (ἀφ' ὁμοίων) oder Unähnliches (ἀπὸ ἀνομοίων, 74a) sein kann. Im ersten Fall liegt vom "Ähnlichen" selbst aus der Bezug zum "Erinnerungsinhalt", so verweist der gemalte Simmias unmittelbar auf den tatsächlichen Simmias. Im zweiten Fall liegt im "Unähnlichen" der Bezug in dem Subjekt, das sich erinnert, da dieses beide Komponenten in einer Relation gemeinsam wahrgenommen hat, so ruft z. B. eine Lyra die Erinnerung an denjenigen hervor, der auf ihr zu spielen pflegte.

Platon möchte nun weiterhin aufzeigen, daß es neben der Wiedererinnerung an empirisch Wahrgenommenes auch eine Erinnerung an apriorische Inhalte gibt. Für diese Erörterung greift er nur den ersten Fall wieder auf: Der sich Erinnernde erkennt im "Ähnlichen", welches ihn auf den "Erinnerungsinhalt" verweist, auch das Maß an Ähnlichkeit, welches zwischen dem "Initiator" und dem vorliegt, worauf dieser als "Ähnliches" hinweist. Es muß also im Vorgang des Erinnerns nicht nur Ähnliches, das auf Ähnliches verweist, erkannt werden, sondern der Erinnernde erkennt beispielshalber den Charakter des "Gleichen selbst" als die Möglichkeit des Vergleichens an sich.[176]

Platon möchte zeigen, daß es ein Wissen um einen Maßstab gibt, in diesem Fall das αὐτο τὸ ἴσον[177], welches nicht aus der Empirie gewonnen

---

oblivionem, et memoria praesto est et oblivio, memoria, qua meminerim, oblivio, quam meminerim." (Confess. X, 16, 24).
Die "Erinnerung" ist im platonischen und augustinischen Verständnis nicht nur Bewahrerin von Vergangenem, sondern sie schafft darüber hinaus die Möglichkeit von Selbstbeziehung, da sie prospektives Erinnernwollen und retentionales Bewahren zugleich ist. In der Form des Gedächtnisses bleibt Erinnerung ein rezeptives Organ, gedacht als innere Beziehung auf äußere Gegenstände. Jedoch umfaßt die Erinnerung mehr als nur den rein passiven "Eindruck" im Gedächtnis, sie ist notwendig immer zugleich auch produktiver Akt des Sich-Erinnerns. Erinnern ist dann ein Ent-Sinnen, eine Wiedererinnerung, was auch besagt, das Erinnern selbst zu erinnern. "Erinnern" wird als ein iterativer, auf sich selbst bezogener Akt verstanden.
[176] Im Anamnesisbeweis verwendet Platon εἴδη bzw. ἰδέαι nicht im Sinne von "Ideen" (vgl. Phd. 73a; 73d), obwohl unausgesprochen ganz deutlich auf sie verwiesen wird; ich setze deshalb zunächst vorrangig *Maßstab* statt *Eidos*. Platon verwendet als allgemeine Ausdrücke im Umfeld der "Wissenseinheiten" neben dem Ausdruck ἐπιστήμη, auch noch die Begriffe ὀρθὸς λόγος in 73a, ἔννοια in 73c und οὐσίαι in 76d.
[177] Phd. 74a. Vgl. hierzu auch BLUCK, (1959), 5-11. Verwirrend ist an dieser Stelle der (bewußt) uneinheitliche und unübersichtliche Gebrauch der Termini "Ähnlichkeit" bzw. "Gleichheit" durch Platon. Er differenziert nicht zwischen ὁμοιότης im Sinne

werden kann. Dieser Maßstab muß bereits bekannt sein, um überhaupt vergleichen zu können.[178] Das Wissen um diesen Maßstab kann der Mensch nach Platon nicht aus der Erfahrungswelt gewinnen, denn dort gibt es lediglich Gegenstände, die dem Betrachter als gleich erscheinen, die jedoch niemals vollkommen gleich sind. Eine vollkommene Gleichheit gibt es in der Wahrnehmungswelt nicht. Zwar können einige Dinge der Erfahrungswelt in ihrer Relation zueinander annähernd gleich sein, vorausgesetzt man verwendet als Maßstab die absolute Gleichheit, von der aus die Beurteilung der relativen Gleichheit der Dinge erst eine Basis erhält.[179]

Dessenungeachtet gewinnt der Mensch durch die Wahrnehmung scheinbar gleicher Dinge (wie Steine oder Hölzer) Kenntnis von jenem "Gleichen selbst", denn die Wahrnehmung (scheinbar) gleicher Dinge in der Erfahrungswelt erinnert den Betrachter an das "Gleiche selbst", wobei der Mensch den Zugang zu diesem "Gleichen selbst", analog dem Vergleichen vermeintlich gleicher Dinge auf der empirischen Ebene, ebenfalls durch die Entdeckung des Ähnlichkeits- bzw. Unähnlichkeitsverhältnisse der (scheinbar) gleichen Dinge zum "Gleichen selbst" gewinnt.[180]

---

von qualitative Kongruenz und ἰσότης im Sinne von zahlenmäßiger Identität. Platon verwendet exemplarisch die "Gleichheit"; es ist jedoch problemlos möglich das Beispiel auf andere Bereiche auszuweiten. Vgl. BORMANN (1987), 104: "Das an sich Gleiche ist nicht in bezug auf ein anderes mehr oder weniger gleich, sondern immer das, was es ist: das absolut Gleiche. Und so bei allem, beim Guten, Schönen und allen eide.".

[178] Vgl. WICHMANN, (1966), 195: "Da nun für jede erfahrungsmäßige Gleichheitsfeststellung dieser Begriff der reinen Gleichheit die Voraussetzung bilde, müssen wir mit ihm schon an die Dinge herantreten, wir müssen ihn "von vornherein" haben, wenn wir überhaupt von einer Gleichheit sprechen wollen.".

[179] Vgl. GARDEYA, (1996), 13: "Sinnliche Erfahrung als Quelle der Anamnesis hebt die Kenntnis der Gleichheit als etwas vorher der Psyche Bekanntes (προειδέναι/74 e 3, 9) ins Bewußtsein. Dies gilt nicht nur für das Gleiche, Mehr und Weniger, das Schöne, Gute und Gerechte, sondern bezieht sich auf jedes Psychostrukturelement (αὐτο ὅ ἐστιν/75 d 2). Derjenige Teil der Wirklichkeit der aus Psychostrukturelementen besteht (ἡ τοιαύτη οὐσία/76 d 8-9), ist Maßstab und Richtschnur für alles Sinnliche. Veränderung prägt die Welt der Sinnlichkeit, der Ästhetik (αἴσθησις/79 a 2, c 4, 5), Gleichheit die Sphäre bewußten Denkens, das die Monaden als seine eigenen Bestandteile klar und deutlich vor sich sieht.".

[180] Vgl. Phd. 74af. Darüberhinaus deutet Platon an dieser Stelle die Möglichkeit des subjektiven Irrtums in der Wahrnehmung an: Dieselben Gegenstände können dem Beobachter zum einen Zeitpunkt gleich, zu einem anderen hingegen ungleich erscheinen. Der Irrtum rührt also einerseits von der Defizienz des Erkenntnismaterials selbst her, andererseits liegt er in der Mangelhaftigkeit des erkennenden Subjekts begründet, das

Dies "Gleiche selbst" hingegen ist nicht in bezug auf ein anderes gleich, ein absoluter Maßstab ist keine auf etwas bezogene Vergleichsgröße. Das "Gleiche selbst" ist durch Einheit gekennzeichnet, die "gleichen Dinge" durch Vielheit und Mannigfaltigkeit. Erst durch das Gewahrwerden des Ähnlichkeitsmoments wird es dem Menschen ermöglicht die zahlreichen, verschiedenartigen Dinge der Erfahrungswelt an die "Ideenwelt" anzunähern.

Platon gebraucht neben dem Terminus αὐτο τὸ ἴσον (74a) nicht ganz einheitlich, jedoch gleichbedeutend, die Ausdrücke τὸ ἴσον und ἡ ἰσότης.[181] Offensichtlich fassen die Gesprächspartner Kebes und Simmias diese Begriffe unmißverständlich als Synonyme auf und sind sich der Bedeutungsgleichheit im Gebrauch bewußt; ebenso akzeptieren sie ohne Einschränkungen die Konvergenz von αὐτο τὸ ἴσον und αὐτο ὅ ἔστιν.[182]

In Abhebung zu den αὐτὰ τὰ ἴσα ("die gleiche Dinge") interpretiere ich den Ausdruck αὐτο τὸ ὅ ἔστιν ἴσον als "das Gleiche als solches selbst".[183] Der Unterschied vom Gleichsein etwaiger Gegenstände wird

---

nicht bedenkt, daß den sinnlich wahrnehmbaren Erscheinungen die Konstanz in der Erkenntnis fehlt.
[181] τὸ ἴσον: 74d; 74e; 75a. ἡ ἰσοτης: 74c. Vgl. hierzu auch WAGNER, (1966), 10: "Zwei Dinge stehen sich da schroff gegenüber: die Eindeutigkeit des Platonischen Gedankens und die relative Unfixiertheit der ihm zugeordneten Terminologie. Nun handelt es sich um einen ganz zentralen Platonischen Gedanken, um einen oft erörterten Gedanken ... um die Kernsätze eben der Schule, um die Ideenlehre. Daher kann die relative Unfixiertheit der Terminologie gerade an diesem Punkt nicht als Zeichen einer Unfertigkeit auf seiten Platons, sondern nur als Zeichen einer in der Schule üblichen terminologischen Mannigfaltigkeit gedeutet werden, ...".
[182] Vgl. Phd. 74b. Unter Berücksichtigung der Darlegungen in 75b ist mit αὐτο τὸ ἴσον einwandfrei "das Gleiche als solches selbst" gemeint.
[183] Phd. 74b: αὐτὰ τὰ ἴσα. Phd. 74d: αὐτο τὸ ὅ ἔστιν ἴσον. Zur Interpretation der αὐτὰ τὰ ἴσα vgl. vor allem APOLLONI, (1989), 127f: "One of the most perplexing features of the difficult "sticks and stones" argument at *Phaedo* 74 is the appearance of the phrase *auta ta isa* at 74c. There have been all sorts of speculations about what this phrase might mean, some going all the way back to ancient times. Despite this bewildering number of interpretations of *auta ta isa*, they may be categorized into a few kinds. (1) *Auta ta isa* refers to the Form *auta to ison*. ... Thus Plato is trying to make the point that the predicate *ison*, whether singular or plural, always refers to the Form. (2) *Auta ta isa* are not the same as the Form, but are something else – thoughts or mental representations of the Form the Equal, perfect mathematicals, immanent characters of equality. Finally, (3) *auta ta isa* are the class of perfectly equal things (including the Equal itself). None of these interpretations is completely satisfactory.". Vgl. ferner BLUCK, (1959), 9.

somit nochmals deutlich von der "Gleichheit als solcher" abgehoben. Der *Maßstab des Gleichen* und *die gleichen Dinge der Erfahrungswelt* sind voneinander verschieden, weil den Dingen der Erfahrungswelt die Perfektion des Maßstabes fehlt, sie sind in einer defizitären Weise "gleich" wie das "Gleiche selbst".[184]

Die "Gleichheit" der Dinge der Erfahrungswelt ist allein dadurch schon relativ und unvollkommen, weil der Mensch sie auf jenes "Gleiche selbst" vergleichend bezieht[185], auch wenn das Bewußtwerden des "Gleichen selbst" zuallererst durch den Wahrnehmungseindruck evoziert wird (75a). Das durch die menschliche Wahrnehmung als (scheinbar) gleich Erkannte besitzt nach platonischer Auffassung keine Perfektibilität, sondern "strebt" (ὀρέγεται, 75af.) der "Gleichheit als solcher" nur nach, ohne diese jedoch jemals erreichen zu können.

Gegenüber dem "Gleichen selbst" bleiben die Dinge der Empirie ontologisch defizitär, da sie als Phänomene im Vergleichsvollzug stets hinter den Maßstäben zurückbleiben.[186] Ganz offensichtlich nimmt Platon für sich bestehende (und vom Denken unabhängige!) Seinseinheiten an, die dem erkennenden Geist des Menschen auch gegenständlich gegenüberstehen. Er meint mit diesen intelligiblen "Gegenständen" jene über den gesamten Dialog verteilte εἴδη, ἰδέαι, μορφαί und οὐσίαι.[187] Diese "intelligiblen Seinseinheiten" werden nur durch das "Denken" erfaßt. Die Registrierung des immer gleichen Wesens durch das intelligible Seelenvermögen des Menschen zeichnet die φρόνησις[188] aus; in ihr wird alles menschliche Wissen – die einzelnen ἐπιστῆμαι – zusammengeführt. Den intelligiblen Prozeß der Wesenserfassung (das νοεῖν des νοητόν) in der φρόνησις ist für Platon die Wiedergabe bestimmter Seinsinhalte durch adäquate Denkinhalte.

---

[184] Vgl. Phd. 74d: "... ἐνδεῖ δὲ καὶ οὐ δύναται τοιοῦτον εἶναι οἷον ἐκεῖνο, ἀλλ' ἐστι φαυλότερον.".

[185] Vgl. Phd. 76e: ἀπεικάζειν.

[186] Platon entwickelt hier eine Theorie, die dem Menschen den Nachvollzug weder in der Sprache, noch in der Vorstellungswelt leicht macht. Dessenungeachtet muß sich jede philosophische Theorie zwangsläufig bildlicher Ausdrücke bedienen, auch auf die Gefahr hin, daß der bildliche Ausdruck als Kennzeichnung des Übersinnlichen sein Ziel verfehlt, da in den Höhen der Abstraktion nur zu oft das Bild den eigentlichen Gedanken beherrscht, ihn nachhaltig zu überdecken scheint und unter dem Zwang der Assoziationen der logische Sinngehalt verloren geht.

[187] εἴδη: Phd.102b; 103e; 104c; 106d. ἰδέαι: 104b; 104d; 104e; 105d. μορφαί: 103e; 104d. οὐσίαι: 65d; 76d; 77a; 78d; 92d; 101c.

[188] Vgl. Phd. 76c: "... καὶ φρόνησιν εἶχον.".

Platon geht davon aus, daß die *Wissenseinheiten* in bezug auf die von ihnen dargestellten *Seinseinheiten* sich stets selbst gleich bleiben, ebenso wie ihre Objekte absolut gleich bleiben. Die absolute Gleichheit der Wissensinhalte mit sich selbst, die letztlich auf der absoluten Gleichheit der Objekte gründet, ist hypothetisch das wesentliche Merkmal der in der φρόνησις zusammengeführten intelligiblen Erkenntnis. Bereits im "Phaidon" verweist Platon nachdrücklich darauf, daß das menschliche Denken sich nach der Vorgabe durch das Sein zu richten hat und nicht umgekehrt. Die absolute Fundierung sieht Platon nicht im Denken und in seinen Gesetzmäßigkeiten selbst, sondern vielmehr erblickt er sie in den absoluten Anfangsgründen der unveränderlichen Denkobjekte. Die ἐπιστῆμαι sind von apriorischer Eigentümlichkeit, denn sie sind ihrer wesentlichen Substanz nach nicht vom Menschen erzeugt oder gewonnen, sondern sie werden aus einer οἰκεία ἐπιστήμη[189] gewonnen, die im Menschen stets schon vorhanden ist. Der Prozeß des Vergegenwärtigens der ἐπιστῆμαι in der φρόνησις ist aber exakt die Anamnese. Diese intelligible Wesenserkenntnis ist ganz und gar apriorisch.[190]

---

[189] Vgl. Phd. 75e.
[190] Im Dialog "Phaidon" geht Platon nicht auf die Art und Weise des Erwerbs dieser apriorischen Erkenntnisinhalte ein, sondern stellt die Anamnesislehre als Fakt dar. Das in der Anamnesis zu Bewußtsein kommende Wissen ist "inhaltsbestimmte Einheit", keinesfalls "Denkform" oder "kategoriale Funktion", die womöglich einen bestimmten Sachverhalt zu einem Gegenstand disponiert und aufbaut.
Die ἐπιστῆμαι sind gültig und bedeuten etwas, weil die intelligiblen Seinseinheiten ihnen als Objekte normativ-fundierend gegenüberstehen. Vgl. ferner HIRSCHBERGER, (1932), 154f.: "Daß wir die Scheidung von logischem, psychischem und realem Sein treffen, ist unsere Sache. Platon redet nur vom Sein schlechthin. ... Wenn wir uns fragen wie das möglich ist, so finden wir den Grund für diese Vereinigung ontologischer, psychologischer und logischer Gesichtspunkte in einer schon kurz berührten Voraussetzung der Philosophie Platons, in dem Glauben nämlich, daß wir im Denken einen entsprechenden von ihm unabhängigen Gegenstand nicht bloß begrifflich festlegen, sondern in seinem Wesen unmittelbar erfassen und wiedergeben. ... Nicht weil das Denken diese Gegenstände mit logischer Spontaneität durch die transzendentallogische Apperzeption in seinem eigenen Bereich setzen würde, sondern weil Platon auf dem Gebiete des Denkens das noch nicht bezweifelt, was ihm für die Sinneserkenntnis unsicher geworden ist die Möglichkeit eines unmittelbar anschaubaren Gegenstandes und seiner adäquaten Erfaßbarkeit durch das subjektive Denken.".

Platon entwirft eine Welt der reinen Gegenstandsbestimmtheiten, denn in der Sinnenwelt gab es für ihn keine Möglichkeit das Bleibende und Unveränderliche zu erklären.[191]
Aus der menschlichen Kenntnis dieser quasireligiösen, hierarchischen Seinsordnung und der prätendierten (und kosmisch gesetzmäßigen) Orientierung aller Dinge zum Besseren und Höheren hin folgert Platon, daß der Mensch notwendig den Maßstab des Wissens *vorher* gekannt haben muß.[192] Die Kenntnis des Absoluten kann für Platon nicht aus der alltäglichen Erfahrung gewonnen werden, sondern vor jeder Sinneswahrnehmung muß der Mensch die Kenntnis um diesen *Maßstab* bereits verinnerlicht haben, da er sonst etwa die "gleichen Dinge" in der Wahrnehmung nicht auf das "Gleiche selbst" beziehen könnte. Auch das "Strebevermögen" der Dinge, ihre innere Prädestination sich an den Maßstäben auszurichten, sowie die Mangelhaftigkeit der Phänomene wäre gemäß Platon nicht erklärbar, wenn das Wissen um diese Maßstäbe dem Menschen nicht gegeben wäre (75af.).

---

[191] Platons Ansatz, den Dingen eine allgemeine Begriffsbestimmung vorzulagern, ist problematisch; sicherlich ist es möglich, daß man durch Definitionen Begriffe formal festlegt, wenn nun aber der Begriff eine Klasse von Gegenständen näher nach ihrem eigentlichen und wahren "Wesen" erläutert, dann zeigt sich häufig, daß die Gegenstände doch anders zusammengehören als zunächst angenommen, und überkommene Konkretisierungen können unbrauchbar werden. Keine Begriffsbestimmung besitzt einen Gültigkeitsanspruch, denn im Progreß der Forschung müssen Definitionen oftmals weichen, weil sich die Dinge nicht nach den Begriffen richten, sondern die Begriffe richten sich oft genug nach den neuen Erkenntnissen über die Einzeldinge, die die menschliche Wahrnehmung empfängt und im Denken ausdeutet.
[192] Vgl. Phd. 74ef: "'Αναγκαῖον ἄρα ἡμᾶς προειδέναι τὸ ἴσον πρὸ ἐκείνου τοῦ χρόνου, ὅτε τὸ πρῶτον ἰδόντες τὰ ἴσα ἐνενοήσαμεν...".

2. Nachvollzug und Kritik des Anamnesisarguments

Der Argumentationsgang des Anamnesisbeweises soll nun in komprimierter Form nachgezeichnet und geprüft werden. Zunächst versucht Platon das Vorhandensein einer Grunderkenntnis (die Einsicht in das "Gleiche selbst") nachzuweisen, die aus dem Umstand der menschlichen Vergleichsfähigkeit an sich gefolgert wird. Dann möchte er zeigen, daß es sich hierbei um eine pränatale Erkenntnis handeln muß.[193] Da der Mensch jedoch nicht nur die Vorstellung eines "Gleichen selbst" besitzt, sondern auch in der Lage ist, sich in anderen Bereichen Gedanken zu machen, muß er alle Maßstäbe, an denen sich sein Denken instruiert, bereits pränatal erfahren haben.[194]

Das kann jedoch nur *vor* dem Eintritt der Seele in den Körper geschehen sein. Da der Mensch sich offensichtlich dieser pränatal erworbenen Kenntnisse nicht (vollkommen) bewußt ist, muß er sie entweder verloren oder vergessen haben. Die Wiedererinnerung besteht nun darin, daß sich der Mensch angesichts seiner Wahrnehmungen an die bereits vorhandenen, jedoch "verschütteten" Erkenntnisse erinnert (75df.).

Unbestritten besitzt der Mensch die Fähigkeit in den Einzeldingen, die er in der alltäglichen Erfahrung in seiner Umwelt vorfindet, "Ähnlichkeiten" und "Gemeinsamkeiten" zu entdecken. Desgleichen gelingt es ihm auch seine Handlungen an allgemeinen normativen Werten zu orientieren, die doch augenscheinlich nirgendwo im Bereich des Sinnlichen aufzufin-

---

[193] Vgl. Phd. 75aff. Das sinnlich Wahrnehmbare kann der Vorstellung eines "Gleichen selbst" weder gleich-, noch vorgeordnet sein, da der Maßstab *vor* jeder Wahrnehmung und *vor* jedem Vergleich bereits vorhanden sein muß. Das ist die platonische Form des Apriorismus. Zumal nun jede Sinneswahrnehmung für den Menschen erst mit seiner Geburt einsetzt, muß die Erkenntnisgewinnung der Maßstäbe jener zwangsläufig vorausgehen.

[194] Vgl. Phd. 75c: "...ἀλλὰ καὶ ξύμπαντα τὰ τοιαῦτα.". Vgl. auch die wirkungsmächtige Metaphorik in Phd. 75d : "...περὶ ἁπάντων δὶς ἐπισφραγιζόμεθα τὸ "αὐτὸ ὃ ἔστι"...". Diese Stelle im "Phaidon" ist der Ausgangspunkt für die Vorstellung der "Ideen" als "Siegel" (ἡ σφραγίς), die empirischen Phänomene sind dann die verschiedenen "Abdrücke". Vgl. HILDEBRANDT, (1959), 168f.: "Hier aber dringt Platon weiter bis zur Ideenlehre, denn zuletzt ist es ihm nicht um den logischen Beweis der Unsterblichkeit zu tun: er will die Gewalt und Umfänglichkeit der Seele zeigen – will sie verwirklichen! Die Seele trägt die Wertnorm, durch die wir, nach Platon, das Wesen der Dinge erst erkennen, das Schöne selbst und das Gute, das Gerechte, das Fromme selbst, "durch die wir das siegeln, was ist." (75C.).". Vgl. ferner BÄRTHLEIN, (1966), 74: "Hier steht für jenes allen Ideen gemeinsame Sein der Ausdruck "αὐτὸ ὃ ἔστι". Die Verallgemeinerung liegt also auch hier vor.".

den sind. Platon beschäftigte also die Problematik des Übergangs vom Einzelnen oder Aisthetischen zum Allgemeinen oder Noetischen, welches eben nicht wahrnehmbar, sondern nur denkbar ist.

Das Resultat der Anamnesislehre setzt zum einen voraus, daß Wahrnehmung und Erfahrung niemals zu Allgemeinbegriffen führen können, zum anderen, daß dieses Allgemeine vom Denken nicht produziert, sondern "irgendwo" vorgefunden wird. Ferner wird vorausgesetzt, daß das Denken dieses Allgemeine nicht vorfinden könnte, wenn es nicht selbst irgendwie am Charakter des Allgemeinen teilnehmen würde, was letztlich auf das bekannte empedokleische Prinzip der analogen Seinsweisen von "Erkennendem" und "Erkannten" zurückgeht.[195]

Freilich könnte die Erörterung dieser Positionen auch unabhängig von der Lehre der (Prä-)Existenz der Seele geführt werden. Im "Phaidon" ist jedoch eine bewußte Verknüpfung von vornherein intendiert; die Psyche hat für Platon die zum Erkennen des Allgemeinen befähigte "Potenz". Der "Phaidon" präzisiert den Gedanken des Vermögens (δύναμις) des Wissens, indem er ein πρότερον des Wissens und die "Gegenstände" (z. B. in 66df: αὐτὰ τὰ πράγματα) jenes "Vorwissens" einführt. Das Allgemeine offenbart sich in den "transempirischen Gegenständen", womit alles "wirkliche" Wissen zwangsläufig mit der Wiedererinnerung an eben diese verbunden wird.

---

[195] Vgl. DK 31 A 86; B 22; B5.

3. Die Notwendigkeit der Annahme des Intelligiblen

Sokrates stellt nun seinem Gesprächspartner Simmias zwei Alternativen zur Auswahl: Entweder ist der Mensch (d. i. seine Seele) beim Eintritt in den Körper im Besitz des pränatalen Wissens geblieben, oder er hat alles vergessen als er in den Körper einging und erinnert sich erst allmählich an dieses Wissen, so daß der Satz "Lernen ist Wiedererinnerung" Gültigkeit besäße (75ef.).

Einerseits vermag Simmias sich im Dialog nicht für eine Möglichkeit zu entscheiden, was er hingegen müßte, wenn die erste Alternative zutreffend wäre, andererseits muß ein Wissender von seinem Wissen "Rechenschaft ablegen" können (λόγον διδόναι, 75b), da jedoch nicht alle Menschen diese Leistung vermögen, folgert Sokrates, daß die Psyche tatsächlich bei der Geburt alles vergessen hat, was sie in der pränatalen Phase erfahren hat.[196]

Vorausgesetzt diese Erkenntnis ist wirklich pränatal erworben, so muß zwangsläufig auch die Seele vor der Geburt existieren, denn sonst könnte der Mensch laut Platon die Erkenntnis nicht erlangt haben. Ferner kann nicht gleichzeitig etwas empfangen und vergessen werden, infolgedessen kann die Erkenntnis nicht zum Zeitpunkt der Geburt empfangen worden sein (76bff.).

Im Folgenden versucht nun Sokrates nachzuweisen, daß die Wiedererinnerung die Unsterblichkeit der Seele voraussetzt, dazu verbindet er deren angenommene Präexistenz mit der postulierten Existenz "transempirischer Gegenstände".[197] Dazu rekurriert er nochmals auf die "Gegenstände" des pränatalen Wissens, die von einer anderen Art sind als die sinnlichen "Gegenstände"[198] und holt sich von seinem Gesprächspartner Simmias die

---

[196] Vgl. die "Nachwirkung" der platonischen Licht- und Augenmetaphorik, die das Erkennen der Wesenheiten vorrangig als "Schau" begreift bei BORMANN, (1987), 105: "Die Seele hat bei dem Eintritt in den Körper, bei der Geburt also, alles vergessen, was sie in der Präexistenz gesehen und erfahren hat. Auf Grund des Assoziationsgesetzes der Ähnlichkeit, genauer der Ähnlichkeit, der sehr viel Unähnlichkeit beigemischt ist, erinnert sie sich an ihr früheres Wissen, an die Ideen, die sie geschaut hat. Wenn sie dieses Wissen wiedererworben hat, vermag sie im Lichte dieses Wissens die Dinge der Erfahrungswelt zu beurteilen.".
[197] Vgl. RICKEN, (1979), 105: "Mit dieser Überlegung scheint Sokrates der Rechtfertigung seiner Zuversicht einen Schritt näher gekommen zu sein. Die naturphilosophische Sicht der Seele ist überwunden: Die Seele wird jetzt als Prinzip der Erkenntnis gesehen, das mit einer erfahrungsjenseitigen Wirklichkeit in Verbindung steht.".
[198] Vgl. Phd. 76df.: "...καλόν τέ τι καὶ ἀγαθὸν καὶ πᾶσα τοιαύτη οὐσια...".

Zusicherung ein, daß diese Gegenstände tatsächlich existieren (77a). Nun bleibt aber eben genau diese essentielle Präsumption, es existiere eine Klasse von Gegenständen, die nicht in der Erfahrungswelt gegeben sind, über den gesamten Dialog hin unbewiesen.[199]

Sollten jene "transempirischen Gegenstände" nicht existieren, selbst Platon läßt diese Möglichkeit scheinbar offen[200], kann die Seele sie während ihrer Präexistenz auch nicht erfahren haben, demnach gibt es auch keine Wiedererinnerung. Dann wäre auch der Schluß von der Erinnerung der Seele auf ihre Präexistenz ungültig, somit der gesamte Beweisgang nichtig.

Die tatsächliche Existenz jener "transempirischen Gegenstände", welche die geforderten Objekte der als Wiedererinnerung gedeuteten Akte darstellen, scheint nicht zwangsläufig gegeben zu sein.[201] Somit steht und fällt die Beweiskraft der Anamnesistheorie und die Faktizität der Unsterblichkeit mit der Rechtfertigung der Annahme von "transempirischen Gegenständen", die der "Phaidon" aber gerade *nicht* untermauert.

Formal folgt die Existenz der Seele demnach aus der Darlegung der Anamnesislehre *de facto* jedoch keineswegs, da die Prämissen völlig unbegründet bleiben.[202] Es ist nicht zwingend notwendig, daß apriorische Erkenntnisse dadurch zustande kommen, daß die Psyche sich an das erinnert, was sie *vor* dem Eintritt in den Körper im "Ideenreich" schaute. Der Umstand, daß der Mensch notwendige und allgemeingültige Einsichten besitzt, setzt somit ihre Präexistenz keineswegs voraus.[203] Ganz offensichtlich

---

[199] Vgl. Phd. 64d; 74af.; 78cf.; 92df.; 100bf.; 102af.
[200] Vgl. Phd. 76e: "εἰ δὲ μὴ ἔστι ταῦτα, ἄλλως ἂν ὁ λόγος οὗτος εἰρημένος εἴη;".
[201] Vgl. HEITSCH, (1979), 5f.: "Jedenfalls, daß Platon hier nicht nur die Möglichkeit, die Ideenlehre zu begründen, tatsächlich ungenutzt läßt, sondern darüberhinaus diese Lehre, die sich doch allem Anschein nach soeben wieder einmal trefflich bewährt hat, ausdrücklich in Frage stellt wird ... zur Genüge deutlich ... . Für die Beweisführung des 'Phaidon' ist die Ideenlehre eine Hypothesis, die zwar wert ist angenommen zu werden (92d6 ὑποθέσεως ἀξίας ἀποδέξασθαι), deren weitere Prüfung jedoch als notwendig in Aussicht gestellt wird.".
[202] Vgl. GADAMER, (1973), 150: "Auch dieser Beweis, der an sich ein Meisterstück anschaulicher Analyse ist und auf die Vorgängigkeit erfahrungsunabhängiger Bekanntschaft mit den wahren Wesenheiten, den Ideen, und damit auf ein Vorleben hinzielt, kann gewiß nicht als Abwehr des Zweifels befriedigen.". Vgl. auch TUMARKIN, (1926), 72: "Wer freilich in der ganzen Betrachtung einen Beweis der individuellen Unsterblichkeit sucht, wird den 'Schluss' von der Präexistenz auf das Sein nach dem Tode ebenso fehlerhaft finden wie den vorausgegangenen Beweis.".
[203] Vgl. auch die Kritik bei BRÖCKER, (1990), 180f: "Folgt aus dem hier vorgebrachten Argument die Präexistenz der Seele? Offenbar nicht, denn das Wissen von den Ideen

mißlingt der "Beweis", was auch Platon sicherlich bewußt war, gleichwohl setzt er alle Argumentationen nur als "Versuche" an, die die Existenz der Eide und damit eine Unsterblichkeitsgewißheit plausibel machen sollen.[204]

Platon verfolgt im "Phaidon" den Elementargedanken, daß mit der Erkenntnis des Intelligiblen das "wahre" Leben *erst* beginnt. Der menschliche Erkenntnisprozeß ist die Voraussetzung für die Befreiung von allen körperlichen Einflüssen und für die Gewinnung des wahren Glücks und der wahren Tugend, jenseits von Reichtum, Ehre, Macht, Geld, Ruhm und sonstigen möglichen "Äußerlichkeiten" einer irrigen Glückseligkeit und Grundbestimmtheit menschlichen Seins.[205] Platon ist im Grunde von vornherein davon überzeugt, daß die Psyche etwas Unsterbliches ist und ein überpersönliches Lebensprinzip darstellt, welches sich mit dem menschlichen Selbst gleichsam identifizieren läßt.[206] Seine Konzeption der Befreiung der Seele, ihre "Lösung und Reinigung" vom Körperlichen, wird durch rationale, theoretische Erkenntnisarbeit gewährleistet, wobei aus dem Anamnesis-Argument deutlich hervorgeht, daß sie sich dabei der quasigöttlichen Gemeinschaft mit den Eide annähert. In Verbindung mit der Auslegung von Lernen, Wissen und Erkennen im Akt der Wiedererinnerung an pränatal Gewußtes muß dieser Vorgang der "Lösung und Reinigung" als Wiederherstellung ihres ursprünglich besten Zustands gedeutet werden.[207]

---

braucht überhaupt nicht erworben zu sein, sondern es könnte dem Menschen als Naturaustattung durch den Schöpfer eingepflanzt sein. Es kann aber auch gänzlich bestritten werden, daß es ein Wissen gibt, das der Mensch von Geburt an mitbringt. Es scheint zu genügen, dem Menschen ein Vermögen zuzuschreiben, solche Vorstellungen hervorzubringen, und als dies Vermögen wird die Vernunft oder das Denken in Anspruch genommen.".

[204] Vgl. BRÖCKER, (1990), 183: "Es ist ja auch auf keine Weise zu verkennen: die Frage, wie man leben muß, muß anders beantwortet werden, wenn es mit dem Tode zu Ende ist, anders, wenn das wahre Leben mit dem Tode erst beginnt. Diese Hauptfrage aber dürfen wir nicht aus dem Auge verlieren und aus Platon einen bloßen Erkenntnistheoretiker machen.".

[205] Vgl. JAEGER, (1944), 94: "Das sokratische Erlebnis der Seele als der Quelle der höchsten menschlichen Werte gab dem Dasein die Wendung nach innen, die für die ganze spätere Antike charakteristisch ist. Tugend und Glück wurden damit in das Innere des Menschen gelegt.".

[206] Vgl. DÖRRIE, (1984), 20: "Die Seele ist ein überindividuelles, die gesamte Welt durchwaltendes Prinzip: πάντα τὸν κόσμον διοικεῖ, vgl. Phaidros 246 C.". Vgl. auch die Äußerungen Sokrates´ in Phd. 115cf., wo er sich mit seiner Psyche identifiziert und seinen Körper, der nach der Scheidung noch übrigbleibt, als "Äußeres" betrachtet.

[207] Vgl. zu der durch Erkenntnisarbeit wiederherzustellenden pränatalen Seelenordnung Tim. 90d.

Der Prozeß der κάθαρσις τῆς ψυχῆς fällt bei Platon mit ihrer philosophischen Tätigkeit der intellektuellen Forschung zusammen und beabsichtigt die Gemeinschaft mit dem "Göttlichen" als kognitive Vereinigung mit den Eide in Form einer ungetrübten, reinen "Schau" (θεωρία), die als das intellektuelle Ideal des philosophischen Lebens gedeutet wird.[208]
Die intellektuelle Erkenntnisarbeit schafft für Platon freilich nicht nur gesicherte Ergebnisse durch die Einsicht in das Wesen der "transempirischen Maßstäbe", sondern sie besitzt als rationale Betätigung selbst den Einfluß die sinnlichen und affektiven Triebe und Bedürfnisse auf das rechte Maß hin auszugleichen.[209] Sie schafft eine Seelendisposition, in der das Wahrheitsinteresse der Psyche absolute Priorität vor den sinnlichen Wahrnehmungen genießt, obgleich letztere durchaus eine notwendige und naturgemäße Disposition erfüllen.[210] Die Psyche faßt das eigentlich Seiende und die Maßstäbe nicht durch die Vermittlung der sinnlichen Wahrnehmungen, sondern durch das "reine Denken" selbst.[211] Platon bedient sich aber zur Charakterisierung dieses Erkenntnisvorgangs im "Phaidon" an zahlreichen Stellen visueller oder haptischer Metaphern, wobei die Erkenntnis auf dem "Kontakt" mit dem zu Erkennenden gründet.[212] Auf dieser Ebene der Erkenntnisgewinnung ginge es noch nicht um ein diskursiv-argumentatives Erarbeiten, sondern um ein rein rezeptives Empfangen des Wissens und der Erkenntnisse in intuitiver Erfahrung. Ein grundlegendes Merkmal einer solchen intuitiven Erkenntnis durch Anschauung wäre, daß sie *noch nicht* auf das Vermögen der argumentativen Weitervermittlung abzielt. Nun findet sich im "Phaidon" überdies auch die Forderung des λόγον διδόναι, wonach jeder Wissende für seine Wissensansprüche in Frage und Antwort einzustehen und Rechenschaft abzulegen habe.[213] Der Philosoph, der sich der Methode der διαλεκτική bedient, muß eine eindeutige Wechselbezie-

---

[208] Für Platon gehören "intellektuelle" und "sittliche" Entfaltung des Menschen unabdingbar zusammen, insofern gehören θεωρία und ἀρετή in ein korrelatives Bedingungsgefüge.
[209] Vgl. Rep. 485df.
[210] Zu Platons Äußerungen hinsichtlich der "schädlichen" Begierden vgl. Rep. 558dff. und 571aff.
[211] Vgl. λογίζεσθαι: 65c; διανοεῖσθαι: 65e; ἐννοεῖν: 73b.
[212] Vgl. die visuelle Metaphorik z.B.: θεωρεῖν, 65e; θεήσθαι, 84a. Zur Verwendung haptischer Metaphern vgl. Phd. 65b; 65d; 67b; 79a; 79d (ἅπτεσθαι - ἐφάπτεσθαι - ἐπιλαμβάνεσθαι).
[213] Vgl. auch Rep. 510c; 533c.

hung zwischen Wissen (ἐπιστήμη) und Einsicht (νοῦς) bilden, um damit der Forderung des λόγον διδόναι nachzukommen.[214]

In seiner weiteren Entwicklung wird sich die dialektische Methode Platons dadurch auszeichnen, daß sie nicht bei rational unausgewiesenen Annahmen verweilt, sondern von diesen ὑποθέσεις aus zu einem ersten, nicht weiter hinterfragbaren Anfang "ἀρχὴ ἀνυπόθετος" zurückgeht, um einen sicheren Unterbau für das λόγον διδόναι zu gewinnen.

Die erkenntnismäßige Erschließung des absoluten Fundaments, welches Platon allerdings erst in der "Politeia" einführt (im "Phaidon" ist der Gedanke eines ἀρχὴ ἀνυπόθετος noch nicht entwickelt!), liegt in der intuitiven "Schau" der ἰδέα τοῦ ἀγαθοῦ als oberster Instanz, und stellt eben diese nicht weiter analysierbare Grundlage dar.[215] Für Platon nimmt die Bewährung des Philosophen im elenktisch-argumentativen Diskurs stets eine besondere Bedeutung ein, so daß für ihn auch die Erkenntnis des obersten Prinzips stets mit der Forderung des λόγον διδόναι untrennbar verbunden bleibt, zum einen mit Bezug auf die untergeordneten Erkenntnisgegenstände, zum anderen im Hinblick auf die "Idee des Guten" selbst (Rep. 534bc)[216].

---

[214] Vgl. Rep. 490b; 511cf.; 534bff: νοῦς in der Redewendung von νοῦν ἔχειν περί ist das, was den dialektischen Forscher auszeichnet, wenn er bezüglich des Untersuchungsgegenstands mit Einsicht ans Ziel gelangt ist.

[215] Vgl. GADAMER, (1931), 60f.: "Plato sagt, daß die Idee des Guten über alles Seiende hinausgeht, weil sie Aitia ist: der Seinsgrund von Allem und damit zugleich der Erkenntnisgrund von Allem (508ff.) Sie ist es, die alles viele Gerechte und Schöne 'gut' macht und es damit in seinem Sein verstehen läßt. Der Aufstieg bis zur voraussetzungslosen Arche ist also um des Abstiegs willen: er sichert in letzter Instanz den Anspruch auf Wissen, den das Erkennen des Seins als des Grundes des Seienden jeweils erhebt (Rep. 533d). Das heißt aber offenbar nicht, daß die Idee des Guten ein inhaltlich Eines ist, auf das man in der begründenden Rechenschaft deshalb zurückkäme, weil in diesem Allgemeinsten, voraussetzungslos Gewissen Übereinstimmung herrscht. Die Idee des Guten ist überhaupt kein Seiendes mehr, sondern letztes ontologisches Prinzip.".

[216] Vgl. HEIDEGGER, (1954), 38: "τὸ ἀγαθόν bedeutet griechisch gedacht, das was zu etwas taugt und zu etwas tauglich macht. [...] Die «Ideen» machen daher, griechisch gedacht, dazu tauglich, daß etwas in dem, was es ist, erscheinen und so in seinem Beständigen anwesen kann. Die Ideen sind das Seiende jedes Seienden. [...] Das Wesen jeder Idee liegt schon in einem ermöglichen und Tauglichmachen zum scheinen, das eine Sicht des Aussehens gewährt. Daher ist die Idee der Ideen das Tauglichmachende schlechthin, τὸ ἀγαθόν. Dieses bringt jedes Scheinsame zum scheinen und ist daher selbst das eigentlich Erscheinende, das in seinem Scheinen Scheinsamste.".

Es gilt demnach festzuhalten, daß die Metaphorik der für Platon möglicherweise überhaupt nicht in einem Gegensatz zu dem elenktisch-argumentativen Charakter des dialektischen Wissens steht, weil die dialektische Erkenntnis (im Hinblick auf die spätere Konzeption des ἀρχὴ ἀνυπόθετος) eine in sich diskursiv-argumentativ ausweisende Erkenntnis bleibt.[217] Auch die Anamnesislehre im "Phaidon", die jede Erkenntnis als Wiedererinnerung eines Wissens deutet, welches die Seele pränatal erworben hat, die mit der Geburt jedoch dem Vergessen anheimgefallen ist und im Erkenntnisprozeß (in ihr selbst und von ihr selbst) wiederaufgefunden wird, steht meines Erachtens ebenfalls in keinem Widerspruch zur diskursiv-argumentativen Erkenntnisgewinnung.[218] Im Gegenteil, sie ermöglicht eine aktivere Miteinbeziehung des Menschen in den Erkenntnisprozeß und findet somit eine Anbindung zum ontologisch selbständigen Vorhandensein der zu erkennenden Eide. Gleichzeitig erfährt die Sinneswahrnehmung eine gewisse Aufwertung, obgleich die sinnlichen Wahrnehmungen dem Menschen die Wahrheit zwar nicht erschließen können, ihm aber als Auslöser der Erkenntnis als (sukzessive) Wiedererinnerung dienen.

Dessenungeachtet wird der Anamnesisbeweis von Platon im "Phaidon" erörtert, *weil* er vorgeblich ein Beleg für die Unsterblichkeit der Seele *sein soll*. Die Gesprächspartner wenden jedoch ein, daß bislang lediglich die Präexistenz der Seele, jedoch nicht ihre Postexistenz erwiesen sei (77bf.). Es sei durch die Erörterung immer noch nicht hinlänglich ausgeschlossen, daß sie sich nach der Trennung vom Körper "verflüchtige oder

---

[217] Platon verbindet in Phd. 65e zur Charakterisierung des "reinen Denkens" den Ausdruck διανοεῖσθαι und verbindet ihn mit dem Begriff des λογισμός (65c;66a), der eindeutig auf ein "kalkulierendes", "berechnendes" Denken abhebt. Es ist demnach ein rational-diskursiver Vorgang angesprochen, dessen Hervortreten aber keineswegs besagt, daß das Denken die Diskursivität hinter sich lassen muß, wenn mit dem "geistigen Auge" (τὸ τῆς ψυχῆς ὄμμα, Rep. 533d) die Idee des Guten geschaut wurde. Der intuitive Moment der Einsicht in das oberste Prinzip und die Diskursivität gehören m.E. unauflöslich zusammen, da nur im dialektischen λόγος wirkliche Einsicht möglich ist., so daß der dialektische Charakter des Denkens keinesfalls nur als ein Durchlauf begriffen werden darf, den das Denken nach der Schau der Idee des Guten hinter sich lassen kann. Einzig im vermittelnden Element des Diskurses erkennt der Mensch die Gegenstände seiner Untersuchung, so daß νοῦς und λόγος in der menschlichen Erkenntnisweise eine zusammengehörende Einheit bilden. Vgl. hierzu die Verknüpfung von νοῦς und ἀληθὴς λόγος in Tim. 51ef. Vgl. ebenfalls Phil. 62a.
[218] Im Dialog "Menon" wird ausdrücklich betont, daß die Anamnesis in der Weise einer diskursiven Einbindung in die Ursachenkenntnis erfolgt, und die Palinodie des "Phaidros" verbindet mit Nachdruck die Anamnesis mit dem λογισμός. Vgl. Men. 98a; Phdr. 249bf.

zerstiebe" und dadurch ihren Untergang finde. Zur (scheinbaren) Entkräftung dieses Einwandes verbindet Sokrates den Anamnesisbeweis mit dem vorhergehenden Antapodosis-Argument, wonach alles Werden aus seinem Gegenteil entstehe.[219] Das Anamnesis-Argument soll aufzeigen, daß der Seele vor der Einkörperung realiter Sein zukommt, verbunden mit dem κύκλος-Charakter des Werdens soll die Prä- *und* Postexistenz der Psyche gesichert werden. Dennoch gewinnt die Unsterblichkeitsgewißheit durch die Synthese der beiden "Beweise" nicht vorbehaltlose Überzeugungskraft: Nach wie vor bleibt ungeklärt, ob die Seele sich nicht schließlich doch auflöse.

Der Volksglaube mit seiner "kindlichen Furcht" denkt sich die Seele offenbar irgendwie materiell-gegenständlich, so daß die Seele beim Verlassen des Körpers möglicherweise in ihre Bestandteile zerfällt. Das "Kind in uns" fürchtet nach wie vor, die Seele könne im Tod "auseinanderwehen und zerstäuben". Dieser kindlichen Furcht will nun Sokrates in den weiteren Erörterungen die Grundlage nehmen.

---

[219] Vgl. Phd. 77c. Vgl. GAUSS, (1958), 41: "Man tut gut daran, sich zu vergegenwärtigen, dass dieses Problem nicht ganz ohne Bedenken ist; denn in einer Verkopplung von Argumenten hat die «Konklusion» immer nur so viel Beweiskraft, als der schwächsten unter ihren Prämissen innewohnt, ähnlich wie beim Bergsteigen eine Seilpartie als Ganzes nicht leistungsfähiger ist als das ungeübteste ihrer Mitglieder.".

V. Die Angleichung durch die Ähnlichkeit mit den Eide

1. Das Entstehen und Vergehen in der Natur als Zusammensetzung und Trennung

Die beiden Gesprächspartner des Sokrates Kebes und Simmias konnten durch die bisherigen Beweise des Sokrates nicht hinlänglich überzeugt werden. Sokrates gelang es bislang nicht die vulgärmaterialistische Vorstellung von der Seele als einem stofflich-körperhaften Prinzip überzeugend zu widerlegen.[220] Aufgrund der anhaltenden Todesfurcht der Gesprächspartner stellt sich nach wie vor die Schwierigkeit des Nachweises, daß die Seele tatsächlich etwas Unsterbliches ist.[221]

Der dritte "Beweis" der Unsterblichkeit der Seele[222] beginnt mit einem aufmunternden Zuspruch des Sokrates an seine anwesenden Freunde.

---

[220] Platon kennt keinen homogenen Psyche-Begriff, was sich im Hinblick auf die "Beweise" des "Phaidon" unvorteilhaft auswirkt, da die verschiedenen Argumentationen sich offenbar auf verschiedene Aspekte des Psyche-Begriffs beziehen lassen. Von einer Ausgestaltung eines begrifflichen Zusammenhang als Überführung der verschiedenen Seelenbegriffe bzw. "Seelenaspekte" in eine Einheit kann meiner Auffassung nach nirgends im "Phaidon" die Rede sein.
Vgl. die Ansätze einer gegensätzlichen Auffassung in der Interpretation von DORTER, (1977), 10: "The first two arguments show different sides of the soul: the separated soul as motive and as wise. They do not show the relationship between them; this, among other things, is accomplished in the remaining arguments.".

[221] Vgl. GADAMER, (1973), 151: "Das heißt nichts Geringeres, als daß die Bedeutung des Psychebegriffs, der durch die Wiedererinnerungslehre ausgearbeitet wurde, den beiden Freunden, mit denen er spricht, nicht wahrhaft aufgegangen ist. Und so unternimmt es der dritte Beweis ... die ontologische Grundlage des im populären Aspekt gelegenen Seelenbegriffs aufzulösen.".

[222] Zum Stellenwert und zur Überzeugungskraft des dritten "Beweises" im Kontext des Dialogs vgl. die zutreffende Deutung von DORTER, (1976), 293f.: "The third immortality argument is the most neglected of all the arguments–and perhaps even of all the passages–of the *Phaedo*, and it is easy to see why. The other arguments are set out with a good deal of formal rigour and are based on clearly exhibitable factors such as the reciprocating cycles of nature, our implicit appeal to apparently pre-empirical paradigms when we judge properties such as equality, and the entailments of such concepts as life, death, and immortality. This one, however, is set forth rather casually, is frequently weakened by qualifications and hesitancy, and is based merely on analogy, thereby being open to rejection by anyone who simply chooses to reject the analogy. ... The third argument´s importance among the arguments of immortality is, I think, like the importance, among arguments for the existence of God, of the argument from design. The argument from design is, from a logical-scientific point of view, also

Die "kindliche Todesfurcht"²²³ soll und muß nach seiner Auffassung alltäglich "besprochen" werden, damit sie ihren Schrecken verliert. Alle menschlichen Anstrengungen und Mühen sind demnach letztlich darauf zu richten, die Angst vor dem Tod im gemeinsamen Gespräch zu überwinden. Für Sokrates ist der Tod kein *mal-heur*, kein Unglück zur falschen Zeit. Sokrates versucht durch den "Zauber der Philosophie" in gewisser Weise eine "philosophische Beschwörung und Bannung" der Todesfurcht leisten.²²⁴

Der Anknüpfungspunkt der folgenden Erörterungen bleibt nach wie vor die von Kebes vorgetragene materialistische Auffassung, daß die Seele als etwas irgendwie Materielles nach dem Tode möglicherweise "verwehe und zerstiebe" (διαφυσᾷ καὶ διασκεδάννυσιν, 77df.).²²⁵ Sokrates beschäftigt vorerst die Klärung der Frage, welchen Gegenständen ein solches "Zerstieben" (τὸ διασκεδάννυσθαι, 78b) zukommt und welchen nicht. Anschließend soll dann untersucht werden, zu welchem Gegenstandsbereich die Psyche gehört, so daß es im dritten "Beweis" vordringlich um ihre wesensmäßige Beschaffenheit geht.

Alle Dinge in der Natur entstehen für Sokrates dadurch, daß sich gewisse Grundbestandteile miteinander verbinden oder mischen, so daß allem Zusammengesetztem in der Natur (aber auch künstlich gefertigten Ar-

---

the weakest of its group. ... But the argument from design, like the third argument of the *Phaedo*, is putatively justified neither by strictly observed natural processes nor by conceptual entailment, but only by loose analogical reasoning.".

²²³ Vgl. das allegorische Zugeständnis des Kebes in Phd. 77e: "... ἀλλ' ἴσως ἔνι τις καὶ ἐν ἡμῖν παῖς, ὅστις τὰ τοιαῦτα φοβεῖται·".

²²⁴ Das Vokabular des Abschnittes (77e) lehnt sich bewußt deutlich an die Sprache der Mysterienkulte an, vgl.: "'Ἀλλὰ χρή, ἔφη ὁ Σωκράτες, ἐπᾴδειν αὐτῷ ἑκάστης ἡμέρας ἕως ἂν ἐξεπᾴσηται.". Es geht um den Aspekt der Beschwörung (durch Gesänge) und um die Herausbannung der Todesfurcht. Die Angst vor dem Tod wird von Sokrates mit einem "Gespenst" verglichen (τὰ μορμολύκεια), so daß auch an dieser Stelle wieder offenkundig Bezüge zum Volksglauben vorliegen.

²²⁵ Vgl. LEIDER, (1964), 31: "Den Materialisten kommt naturgemäß nichts anderes als der Tod zu, den Idealisten allein gebührt ewiges Leben. So löst Platon das Problem der Unsterblichkeit der menschlichen Seele letztlich nicht durch ein kategorisch gebietendes und forderndes Ja oder Nein, sondern durch ein hypothetisches, unter einer Bedingung stehendes, Ja und Nein, indem die Bedingung für das Sichbekennen zur Unsterblichkeit der menschlichen Seele der Idealismus, d.h. das Wissen um die Ideenwelt, ist, während die Bedingung für das Leugnen der Unsterblichkeit der Materialismus, d.h. das Nichtanerkennen einer solchen Ideenwelt ist. Die Ideenlehre Platons gibt den eigentlichen Schlüssel für die Platonische Lehre von der Unsterblichkeit der menschlichen Seele im "Phaidon".".

tefakten) ebenso zukommen kann, daß das Ganze sich wieder in seine Einzelheiten auflöst.²²⁶ Jedes "Werden" und "Vergehen" wird demnach in naturphilosophischem Stil als ein "Zusammensetzen" und "Trennen" bestimmter Grundbestandteile gedeutet; nur was nicht entsteht und vergeht, was sich also immer gleich verhält, gilt als "Unzusammengesetztes" (ὄν ἀξύνθετον, 78c), dem weder "Werden" noch "Vergehen" zukommt.²²⁷

Nach dieser Auslegung wären Entstehen und Vergehen nichts weiter als Zusammensetzung und Trennung, wobei allerdings an dieser Textstelle unausgesprochen bleibt, was für *konkrete* Einzelbestandteile diesem Prozeß zugrunde liegen.²²⁸ Das dem Werden und Vergehen unterliegende Einzelseiende ist stets im Wandel begriffen, denn ständig verändern sich durch Trennung und Zusammenfügung der Elemente die äußeren Strukturen des Einzelseienden, so daß seine exakte Deutung unmöglich gemacht wird.

Das πολυειδές ist gekennzeichnet durch eine Mannigfaltigkeit an Determination, wodurch die Psyche in höchste Verwirrung gebracht wird,

---

²²⁶ Vgl. Phd. 78c. Die Parallelen zu den Erwägungen des Empedokles (DK 31 A 86; B 8; B 22; B 62; B 90) und des Demokritos (DK 68 B 164; A 109) sind deutlich erkennbar. Die Stoffe, die nach Empedokles in "μίξις τε διάλλαξίς" unveränderlich bleiben, sind die "vier Elemente" Feuer, Wasser, Luft und Erde. Bei Demokritos sind die Atome das Beharrliche in aller Veränderung. Vgl. ferner BRÖCKER, (1990), 184: "Das ist eine Art naturphilosophischer Hypothese, die die Veränderung der Dinge erklärt durch Verschiebung der Teile oder dadurch, daß Teile hinzukommen oder entfernt werden.".
²²⁷ Vgl. BRÖCKER, (1990), 183f.: "Wir sehen voraus, daß Sokrates versuchen wird zu beweisen, daß die Seele zu der zweiten Klasse von Dingen gehören muß, zu denjenigen, für die ein solches Zerstieben wesensmäßig nicht möglich ist. Er argumentiert: was zusammengesetzt ist, kann sich auch wieder auflösen, in seine Bestandteile zerfallen, was aber nicht, das nicht. ... Dagegen hat Kant Einspruch erhoben, indem er geltend macht, daß zwar alles, was zusammengesetzt ist, sich im Prinzip in seine Bestandteile auflösen könne, daß aber die Umkehrung des Satzes nicht gelte: aus der Unzusammengesetztheit kann nicht auf die Unzerstörbarkeit geschlossen werden. Es bliebe nämlich noch die Möglichkeit, daß die Seele zwar nicht durch Zerteilung, sondern durch allmähliche Nachlassung ihrer Kräfte in Nichts verwandelt werden könnte, etwa so wie die Helligkeit in einem Zimmer allmählich bis zur völligen Dunkelheit sich vermindern kann, ohne daß sie dabei in Teile zerfällt (Kritik der reinen Vernunft, 2.Aufl. S.414).".
²²⁸ Vgl. hierzu Diog. Laert., III, 69f.: "Er nahm zwei Urgründe des Alls an, Gott und die Materie; jenen nennt er auch Vernunft und Ursache. Die Materie sei gestaltlos und unbegrenzt; aus ihr bilde sich das Zusammengesetzte. Vormals in ordnungsloser Bewegung, habe Gott sie, sagt er (Tim. 30 A) in einen Raum zusammengeführt, überzeugt, daß Ordnung besser sei als Unordnung. Es habe sich aber dieser Wesensbestand in vier Elemente gewandelt: Feuer, Wasser, Luft und Erde; daraus sei, wie die Welt selbst, so alles, was in ihr ist, entstanden.".

so daß diese die mannigfaltigen Bestimmungen des Einzelseienden durch das λογίζεσθαι nicht festzuhalten vermag.[229] Die wahrhafte Erkenntnis und Einsicht ist für Platon bekanntlich nur möglich, wenn alles Sinnliche "durchbrochen" wird, um zu den reinen Wesenheiten "vorzudringen", die dem Denken zugänglich sind.
Diese sind die unwandelbaren νοητά.[230] An diesen νοητά gibt es keine wechselhaften Bestimmungen und keinen Wandel; sie verharren vielmehr immer gleichbleibend mit sich selbst identisch.[231] Platon definiert einfach das "Unzusammengesetzte" als das, was unveränderlich und beharrlich bleibt, was demzufolge weder entsteht noch vergeht und sich vorrangig durch Selbstidentität ausweist. In der platonischen Terminologie stellt das "Unzusammengesetzte" ein "einartiges Sein" (μονοειδὲς ὂν αὐτὸ καθ' αὑτό, 78d) dar. Da jede "Veränderung" (μεταβολή, 75d) von der Trennung und Zusammenfügung der Einzelteile abhängt, kann und darf bei Platon das Unveränderliche *per se* nicht aus Teilen bestehen.[232]

---

[229] Vgl. hierzu REALE (1996), 67: "Die Menschenseele ist fähig, ewige und unveränderliche Gegenstände zu erkennen, und muß deshalb eine ihnen verwandte Natur besitzen, andernfalls blieben jene Gegenstände außerhalb ihrer Reichweite.".
[230] Vgl. BORMANN, (1987), 108: "Die Ideen sind nur dem Denken zugänglich, nicht der sinnlichen Wahrnehmung. Die Trennung der Bereiche "Zusammengesetzt-Unzusammengesetzt, Veränderlich-Unveränderlich" ist demnach gleich der Sonderung des sinnlich Wahrnehmbaren und des nur durch den Verstand, nicht aber durch die Sinne zu Erfassenden.".
[231] Vgl. Phd 78d: "...ὡσαύτως ἀεὶ ἔχει κατὰ ταὐτά...". Vgl. auch 80b.
[232] Vgl. Phd. 78c: "Οὐκοῦν ἅπερ ἀεὶ κατὰ ταὐτὰ καὶ ὡσαύτως ἔχει, ταῦτα μάλιστα εἰκὸς εἶναι τὰ ἀξύνθετα...".

2. REKURS: DIE EIDE ALS JEWEILIGE BESTIMMTHEITEN

Unmittelbar im Anschluß folgt im "Phaidon" ein Rekurs auf im Dialog bereits Besprochenes: Es wird zum wiederholten Male die grundsätzliche Bezeichnung für die jeweilige Bestimmtheit als solche angeführt: αὐτὴ ἡ οὐσία.[233] Die im direkten Anschluß genannten Beispiele, nämlich "das Gleiche selbst" (αὐτὸ τὸ ἴσον) und "das Schöne selbst" (αὐτὸ τὸ καλόν), sind lediglich einzelne Bestimmungen des jeweiligen Gegenstandes, *was* und *wie* dieser ist, wohingegen der allgemeine Terminus für alles von dieser Art Seiende αὐτὴ ἡ οὐσία lautet. Das αὐτὸ ἕκαστον ὅ ἔστι, τὸ ὄν lese ich mit Hans Wagner als "jedwede solche Bestimmtheit, die das Seiende hat, als solche selbst".[234] Falls Platon mit αὐτὴ ἡ οὐσία tatsächlich auf eine "reine, unbegrenzte Bestimmtheit" verweisen wollte, die als genereller Terminus unbestimmten Inhalts allen Eide gemeinsam ist, dann besitzt diese οὐσία einen anderen Status als die Eide, deren Generalisierung sie dar-

---

[233] Vgl. Phd. 78cf.: "Αὐτὴ ἡ οὐσία, ἧς λόγον δίδομεν τοῦ εἶναι καὶ ἐρωτῶντες καὶ ἀποκρινόμενοι, πότερον ὡσαύτως ἀεὶ ἔχει κατὰ ταὐτά, ἢ ἄλλοτ' ἄλλως; αὐτὸ τὸ ἴσον, αὐτὸ τὸ καλόν, αὐτὸ ἕκαστον ὅ ἔστι, τὸ ὄν, μή ποτε ματαβολὴν καὶ ἡντινοῦν ἐνδέχεται;" Ferner vgl. οὐσία in 76d und 77a. Schleiermacher übersetzt "jenes Wesen selbst", Apelt und Rufener "Wesenheit (selbst)", Kassner "jene Wesen und Begriffe", Wagner "Bestimmtheit". Vgl. BÄRTHLEIN, (1966), 74: "Auch hier ist eine οὐσία bzw. ein ὄν ins Spiel gebracht, die bzw. das eine Verallgemeinerung der übrigen Ideen darstellt.".
[234] Vgl. WAGNER, (1966), 13f. Wagner sieht das αὐτὸ ἕκαστον ὅ ἔστι, τὸ ὄν im inneren Zusammenhang mit dem τὸ αὐτὸ ὅ ἔστιν in 75d. Das, was das Seiende im jeweiligen Einzelfall auszeichnet ist ὅ ἔστι τὸ ὄν, wobei Wagner das τὸ ὄν als Subjekt eines relativischen Ausdrucks versteht; das αὐτὸ ἕκαστον ὅ ἔστι, τὸ ὄν ist der mit anderen Worten generalisierte Terminus. Vgl. WAGNER, (1966), 14: "Der Kontext nun beweist, daß der Ausdruck nur so verstanden werden kann. Denn es besteht kein Zweifel, daß er genau dasselbe bedeutet wie αὐτὴ ἡ οὐσία im vorausgehenden Satz: 78 d 1 ff.; αὐτὴ ἡ οὐσία ist der generelle Ausdruck für die jeweilige Bestimmtheit selbst und als solche. Wennimmer wir sagen: "diese Tat ist gerecht" oder "diese Blume ist schön", unterscheiden wir der Sache nach (also gleichgültig, ob bewußt oder gedankenlos) den Gegenstand und seine Bestimmtheit. Falls uns dabei Sokrates begegnet, laufen wir unentwegt Gefahr, daß er uns fragt: Gut, aber was ist dies selbst: gerecht? Was ist dies selbst: schön? Er fragt uns also, generell gesagt, nach jener Bestimmtheit selbst, die wir dem und jenem Gegenstand zudenken (oder auch absprechen). ". Vgl. auch Rep. 532a: "...διὰ τοῦ λόγου ἐπ' αὐτὸ ὅ ἔστι ἕκαστον ὁρμᾶν...".

stellt und dieser besondere Status kommt vornehmlich durch ihre eingeforderte Selbstidentität zum Ausdruck.[235]

---

[235] Im "Phaidon" wird die Seele noch als *Einheit* gedacht, die Lehre von den drei Seelenteilen der "Politeia" ist hier noch nicht ausgearbeitet. Vgl. FINDLAY, (1994), 64: "Es hat den Anschein, daß das dritte Argument ursprünglich aufgebaut war auf der Tatsache, daß es sich um einen nicht-zusammengesetzten Charakter der Seele handelt, was von großer Bedeutung ist, da zusammengesetzte Wirklichkeiten dadurch vergehen können, daß sie sich in ihre einzelnen Bestandteile auflösen, während eine nicht-zusammengesetzte Wirklichkeit sich auf diese Weise nicht zerstören läßt.".
Ich folge hier den nachdenkenswerten Ausführungen von BÄRTHLEIN, (1966), 72-89, der in der *"platonischen Identitätslehre"* einen Vorläufer der Lehre vom *unum transcendentale* in der mittelalterlichen Ontologie sieht, bes. 75: "Dann müßten aber zwei Punkte festgehalten werden: a) diese οὐσία darf nicht mit anderen Ideen, die Ideen von bestimmter Gestalt sind, vermengt werden; b) hier ist mit "οὐσία" noch keineswegs "Existenz" gemeint, die auch verneint werden könnte, sondern jenes allgemeinste Etwas überhaupt, das das Minimum des gerade noch Denkbaren darstellt und daher nicht mehr verneint werden kann ... Macht nicht ein anderer Punkt an jener platonischen Identitätsthese deren Einführung viel eher verständlich: nämlich der darin gelegentlich ebenfalls zum Ausdruck gebrachte Rückbezug des Identischen eben gerade auf sich selbst. Die gemeinte Identität soll doch immer Identität mit sich selbst – nicht mit einem anderen – sein. Sie ist also einfache Identität, nicht synthetische. ... Mit der Notwendigkeit dieses Minimums an Einheit begründet Platon immer wieder den Ansatz der Ideen: mit dem Ansichsein der Idee meint er immer auch dieses Minimum an Einheit.".

3. Eine "Weltanschauung": Die zwei Arten des Seienden

Für die Fortsetzung der Argumentation setzt Sokrates δύο εἴδε τῶν ὄντων (79a), worin er zwei konträre Arten des Seienden unterscheidet, einerseits den aisthetischen Bereich des Werdenden, Wandelbaren und Sichtbaren, andererseits den noetischen Bereich des wahrhaft Seienden, ewig Unveränderlichen und Unsichtbaren. Die "aisthetischen Gegenstände" sind durch die Sinneswahrnehmung zugänglich (...ταῖς ἄλλαις αἰσθήσεσιν αἴσθοιο), sichtbar (ὁρατον) und verhalten sich niemals in derselben Weise (...μηδέποτε κατὰ ταὐτά ἔχον); die "noetischen Gegenstände" sind nur durch das Denken zugänglich (...τῷ τῆς διανοίας λογισμῷ), unsichtbar (ἀειδές) und verhalten sich immer in derselben Weise (...ἀεὶ κατὰ ταὐτά ἔχον)[236]. Die Seinsart der "aisthetischen Gegenstände" bildet nun durchweg eine Divergenz zu der Seinsart der "noetischen Gegenstände". Im "Antapodosisbeweis" waren die konträren Gegensätze aufgrund des eingeforderten zyklischen Charakters noch durch die Übergänge ausgewiesen. Der Leitgedanke dieses "Beweises" war ja gerade der stete Zustandswechsel von einem konträr Entgegengesetzten (im Sinne von ἐναντία) zum anderen.

Bei den neu eingeführten "Seinsbereichen" ist eine Durchlässigkeit in der Art eines Übergangs von einem Bereich in den anderen nicht mehr gegeben, denn die δύο εἴδε τῶν ὄντων werden keineswegs als ἐναντία eingeführt, vielmehr sind sie Verschiedenes im Sinne von ἕτερα, so daß sie in einem völlig ausschließenden Zusammenhang zueinander stehen. Auf

---

[236] Vgl. Phd. 78eff. Die platonische Gleichung lautet daher ἀόρατον = ἀειδές = νοητόν. Vgl. ferner ALT, (1982), 289f: "Die Trennung von ὁρατον und νοητόν, ἀόρατον, ἀιδές wird im Phaidon klar vollzogen und bleibt von da an bei Platon gültig. ... Während in den mythischen Aussagen der Frühdialoge und selbst des Menon die philosophische Frage nach dem Wesen der Seele und ihrem Bezug zur Wahrheit noch nicht gespiegelt sein konnte, ist nun mit der Scheidung der beiden Genera νοητόν-ὁρατον die Grundlage für ihre Beantwortung gewonnen. Jedoch ergeben sich damit auch neue Probleme für die Adaption traditioneller Seelenmythen und deren philosophische Interpretation. Um es knapp zu formulieren: im vorphilosophischen Denken meint das Jenseits eine Toten- oder Seelenwelt außerhalb unseres Lebens, den Hades, bei der philosophischen Scheidung der Genera aber etwas absolut von unserer sichtbaren Welt Verschiedenes, das νοητόν. Beide 'Versionen' von Jenseits, Hades und νοητόν, müssen nun für die Erklärung der Seelenexistenz und des Seelenschicksals in ein Verhältnis gebracht werden. Das zentrale Problem ist die Bestimmung und Einordnung der Seele selbst; wie schwierig dessen Lösung ist, zeigen die modifizierten Antworten Platons vom Phaidon bis zum Timaios.".

dieser Grundlage folgt nun durch Übertragung der bisherigen Setzungen die Klärung des ontologischen Status von Seele und Körper des Menschen.[237] *Per modum analogiae* soll eine Zuordnung zu den Seinsbereichen festgehalten werden, indem aufgezeigt wird, welchem der beiden Bereiche die Seele und der Körper "verwandter und ähnlicher" sind.[238] Durch drei Argumentationsschritte möchte Platon veranschaulichen, welchem der beiden Seinsbereiche die Psyche zuzuordnen ist; die Beweisführung basiert auf ihrer Unsichtbarkeit, ihrer Denkfähigkeit und ihrer Herrschaft über den Körper.

---

[237] Vgl. hierzu DÖRRIE, (1984), 23: "Fragt man freilich, welche Komponente als die eigentliche zu bezeichnen ist, dann muß die Antwort lauten: die Seele. Mag die Individualität an körperlichen Merkmalen, vor allem an den Gesichtszügen haften, sein Eigentliches empfängt das Doppelwesen Mensch von der Seele. ... Dank seiner Seele ist das Doppelwesen Mensch nicht nur zum Handeln im physikalischem Sinne befähigt. Sondern die Seele bewirkt vor allem die Fähigkeiten des Denkens – νοεῖν und θεωρεῖν –, weil sie Teilhabe an den Gegenständen des Denkens – τὰ νοητά – vermittelt. Darin ist für Platon wie für alle seine Nachfolger der unumstößliche Nachweis enthalten, daß das Wesen der Seele den Bereich des Individuums weit übergreift; weil sie das reine Sein, nämlich τὰ ὄντα = τὰ νοητά erfaßt und vermittelt, hat sie am Sein Anteil und gehört somit zu den seienden Wesen.".
[238] Vgl. Phd. 79b und 79e, wo Platon bewußt die Komparative συγγενέστερον und ὁμοιότερον setzt.

4. Der ontologische Status der Seele als besondere Auszeichnung gegenüber dem Körperlichen

Die Seele ist unsichtbar, der Körper hingegen sichtbar, demnach ist die Seele dem "Unsichtbaren" ähnlicher, der Körper eher dem "Sichtbaren" (79b). Durch die von Platon intendierte fadenscheinige Stringenz einer Analogiebildung soll damit bereits gleichermaßen erwiesen sein, *daß* die Seele tatsächlich unzusammengesetzt und der Körper zusammengesetzt ist. Platon hebt in dem "Beweis" aus der Ähnlichkeit mit den Eide hervor, daß die Psyche dem unveränderlich-unwandelbaren Seienden nicht "gleich", sondern eben nur "ähnlich" sei.

"Gleich" wären Seele und Eidos, wenn sie in *allen* Merkmalen übereinstimmten, dann gäbe es aber ersichtlich auch kein Kriterium der Differenz mehr, so daß sie nur in einigen Merkmalen übereinstimmen können (z. B. in dem Merkmal etwas Unsterbliches zu sein), somit nur "ähnlich" sind.[239]

Die Seele ist somit selbst keine "Wesenheit", kein Eidos, aber sie gehört auch nicht in den Bereich der "aisthetischen Gegenstände", da sie durch die Wahrnehmung nicht zu bestimmen ist.[240] Als *Lebensprinzip des*

---

[239] Zu den Aspekten des Ähnlichkeitsmoments von Seele und Eidos vgl. GRAESER, (1969), 58ff.: "Als Prinzip geistiger Erkenntnis ist die Seele ihrem spezifischen Gegenstandsbereich, den Ideen, verwandt – dem Unsichtbaren, Einfachen und Ewigen am ähnlichsten. ... Gemeint ist also, die Seele sei ideenhaft. Denn die Attribute absoluten Seins werden ihr nicht vorbehaltlos zugeschrieben, was sie zur Idee machen hieße. ... Jedenfalls partizipiert die Seele an den Seinsmodalitäten des Intelligiblen. Auch der vielzitierte Passus 80a10-b5 kann nicht darüber hinwegtäuschen, daß hier an eine an sich inferiore Seinsweise der Einheitlichkeit gedacht ist. Denn lediglich im Gegensatz zu dem Bereich des Partikularen wird der des Seelischen als durchaus einheitlich vorgestellt. Die entsprechende Abstufung gegen das Intelligible ist 80b9/10 gegeben: ἢ ἐγγύς τι τούτου.".
[240] Vgl. PIEPER, (1970), 397: "Die Seele ist Zwischenwesen kat' exochen aufgrund ihrer Mittelstellung zwischen dem veränderlichen und unveränderlichen Sein (79c-e). Faktisch ist sie immer schon sinnlich veräußert und damit den Veränderungen der Werdewelt unterworfen. Sie hat jedoch die Möglichkeit, sich zum unveränderlichen Sein zu erheben und dadurch Unsterblichkeit zu erlangen, daß sie das Faktum ihres Veräußertseins verinnerlicht, indem sie das sinnlich vorgefundene Material (ihr Im-Körpersein) auf das ideelle Sein bezieht. Die Seele ist nichts anderes als die Aktualität dieses Bezuges, der sich als Streben nach einem geläuterten, vollkommenen Menschsein darstellt.".

Körpers[241] begibt sie sich jedoch auch in den Bereich des Sinnlichen und setzt sich nach Platon der Gefahr aus selbst σωματοειδές zu werden.
Im Dialog "Phaidon" stellt Platon die Seele in ihrer Gesamtheit dem Körper konträr gegenüber. Im "Phaidon" gibt es noch keine Seelenstrukturen im Sinne der "Seelenteile" der "Politeia", welche innerpsychische Wechselwirkungen erklären könnten. Aus der Seele *en bloc* (ihrer Einheit, Ganzheit und Verfaßtheit) läßt sich dann aber "Negatives" (z. B. böse Taten eines Menschen) nur sehr unzulänglich erklären. Platon versucht aus der mangelnden "Reinheit und Lösung" der Seele vom Körper – anders gewendet aus der συνουσία τοῦ σώματος – zu veranschaulichen, warum es unterschiedliche *Seelenveranlagungen* gibt. Die Aussage, daß die "unphilosophische Seele" schwer, erdartig und sichtbar wird (81b: "...βαρὺ καὶ γεῶδες καὶ ὁρατόν."), setzt meines Erachtens voraus, daß die Seele die Möglichkeit und Fähigkeit der "Verstofflichung" besitzt, mitunter selbst eine Art "Substanz" darstellt, die eine Verbindung mit Materiellem einzugehen vermag.[242]

An dieser Stelle des Dialogs sind die Anklänge an die (materialistischen) Theorien von Mischung und Trennung bzw. Verdünnung und Verdichtung und an den "homerischen Volksglauben" mehr als offenkundig. Platon selber kommt auch auf den "Volksglauben" zu sprechen, welcher die Seelen der Verstorbenen als "Schattenwesen" (im Sinne der homerischen εἴδωλα) um die Gräber irren sieht. Durch diese bildhafte Aussage schränkt Platon aber seine eigene Theorie vom körperlosen Sein (vgl. die Wortschöpfung ἀσώματος in 85e) sofort wieder ein. Offensichtlich läßt sich ohne die Annahme multipler "Seelenstrukturen" oder einer gewissen Anzahl von "Seelenteilen" die Frage nach der Seinsart der Seele nicht beantworten. Letztlich wird alles (seelisch) Defizitäre im "Phaidon" insuffizient durch eine Art "Beimischung" mit dem Körperlichen.

---

[241] Vgl. ERBSE, (1969), 105: "Da man sich keiner falschen Umkehrung schuldig macht, wenn man sagt, wo Leben ist, ist (platonischer Auffassung zufolge) auch Seele, darf man zuversichtlich behaupten, dass der Begriff des Lebens nicht erschöpfend bestimmt wäre, falls man ihn lediglich als Prädikat der Seele auffassen wollte. Leben ist ja gleichzeitig ihr Produkt, ja Seele darf als ein Stück substantiellen Lebens bezeichnet werden.".

[242] Zu den für die Einschätzung des Bösen in der Metaphysik wichtigen Fragen, welche Instanz den "Fall" der Seele verursacht, ob im Menschen ein "tyrannischer Eros" wirkt, ob der "Trieb nach unten" ein eigentümliches Merkmal der Seele ist oder ob die menschliche Seele durch die "äußerliche Vergewaltigung der Materie" niedergezogen wird, vgl. GRAEFE, (1988), 59-81.

Auch der Körper ist nicht mit dem Bereich des sinnlich Wahrnehmbaren gleichzusetzen, vielmehr ist auch er durch eine "Ähnlichkeit" bzw. "Verwandtschaft" mit dem Bereich des Sinnlichen ausgezeichnet. Wie in einem Gefäß findet die Psyche im Körper vorübergehend ihren Platz, so daß der Körper, da er "beseelt ist", ebenfalls etwas darstellt, was über den Bereich des Sinnlichen hinausgeht.

Die Seele kann den Körper und seine Sinnesorgane auch benutzen, um etwas zu erforschen, so daß Platon in gewisser Weise einen "Werkzeugcharakter" des Körpers annimmt, denn die Seele bedient sich ja des Körpers, um Sinnliches zu betrachten.[243] Wenn die Psyche sich aber dem Sinnlichen zuwendet, dann nimmt auch sie zwangsläufig dessen Eigenarten an. Weil sie ihre Erkenntniskraft auf das Unbeständige richtet, wird sie selbst unbeständig, weil die Gegenstände und Sachlagen der Sinnenwelt sich ständig ändern, liefern sie der Seele keinen notwendigen Halt in der Betrachtung. Der Halt in der Erkenntnis des "Unveränderlich-Unwandelbaren" ist der Psyche nur gegeben durch den Rückbezug auf sich selbst. Wenn sie durch die körperlichen Sinne betrachtet, wird sie in die Sphäre des Körperlichen zurückgezogen, wo sich die Dinge niemals auf dieselbe Weise verhalten. Sie wird σωματοειδές, "schwankend" und "taumelnd", wie trunken in ihrer Erkenntnis (79c). Vielmehr soll sie den Gegenstand der Erkenntnis "aus sich selbst heraus betrachten" (αὐτὴ καθ αὑτὴν σκοπῇ, 79d) und sich dem immer Seienden und mit sich Identischen annähern. Nur im *Akt des Denkens* kann die Seele durch die Erkenntnis des Unveränderlichen zu sich selbst finden.

Durch die "Berührung" mit dem Unveränderlichen gelangt sie zu sich selbst und zur Ruhe, sie findet den Zustand der φρόνησις[244]. Hinter dieser Ausführung steckt unzweifelhaft die von Parmenides initiierte Doktrin der Identität von Denken und Sein.[245] Die Ideologie dieses "Beweises" ist metaphysisch fundiert, denn sie orientiert sich an dem eleatischen Prin-

---

[243] Vgl. Phd. 79c: "...τοῦτο γάρ ἐστι τὸ διὰ τοῦ σώματος, τὸ δι' αἰσθήσεως σκοπεῖν τι...". Vgl. zum "Werkzeugcharakter" des Körpers ferner Tht. 184c.
[244] Platon verweist in dieser Passage mit derselben Konstruktion (...ἅτε τοιούτων ἐφαπτομένη...) auf die haptische Annäherung der Seele an a.) den Körper in 79c und b.) das "Intelligible" in 79d. Vgl. Phd. 79d: "...πέπαυται τε καὶ πλάνου...". Die "Meeresstille" nach der "Irrfahrt" wird zur "sicheren Gewißheit" nach dem "Irrtum"; zur Deutung des Wegcharakters im Bilde der Schiffahrt vgl. auch FISCHER, (1990), 13ff.
Vgl. Phd. 79d: "καὶ τοῦτο αὐτῆς τὸ πάθημα φρόνησις κέκληται; – Παντάπασιν, ἔφη καλῶς καὶ ἀληθῆ λέγεις, ὦ Σκρατες."
[245] Vgl. z. B. DK 28 B 3.

zip der analogen Seinsweisen und schließt von dieser Orientierung auf die Affinität der Psyche mit dem Bereich des Intelligiblen.

Nach wie vor scheint mir aber die Essenz des "Beweises" in der eher trivialen Kontrastierung von "vergänglichen Dingen" als etwas Zusammengesetztem und Auflösbarem mit den "unvergänglichen Eide" als Einheiten und Ewigkeiten zu liegen. Seit dem "Anamnesisbeweis" wurde die Psyche von Platon als Erkenntnisinstanz vorgestellt und ihr wurden "transempirische Gegenstände" zugeordnet, die unausgesprochen bereits den Status von Eide hatten. Der Schluß von der Affinität der Seele zu dem Bereich des intelligiblen Seins führt die bekannten Akzentuierungen des Anamnesisbeweises nur dezidierter aus. Die Psyche als "Erkenntnisorgan" muß gewiß über basale Strukturen der Erkenntnisgewinnung verfügen, die sie zu Erkenntnisleistungen bestimmter Art verleiten. Fraglich bleibt jedoch, ob die Psyche mit ihren Bewußtseinsinhalten tatsächlich von Modalitäten des Seins der intelligiblen Gegenstände selbst unmittelbar bestimmt wird.

Aus diesen Erwägungen folgt für Platon, daß die Psyche dem sich stets gleich Verhaltenden "ὁμοιότερον" entspricht. Denn indem die Seele zur Erkenntnis des Intelligiblen gelangt, nimmt sie dessen wesentliche Eigenschaften an und wird somit selbst wesensmäßig (zumindest für die Dauer der Annäherung!) beständig.[246] Die Seele darf sich dem Mannigfaltigen nicht hingeben oder gar unterwerfen, da sie so keine Identität gewinnen bzw. halten würde. Platon ordnet sie dem "Invarianten" zu, um ihr durch eine Art von Selbstlegitimation insbesondere *Wesenseinheit* zu verschaffen. Der Bereich des Intelligiblen wird durch mehrere Attribute näher umschrieben, wobei Platon – zum ersten Mal im "Phaidon" – als eines der Synonyme für die Beschreibung neben dem "Reinen" (καθαρόν), "ewig Seienden" (ἀεὶ ὄν), "stets sich selbst Gleichen" (ὡσαύτως ἔχον) auch das "Unsterbliche" (ἀθάνατον) nennt (79d).

Den letzten Argumentationsschritt für die "Verwandtschaft" der Seele mit dem Intelligiblen leitet Platon aus der naturgesetzlichen Herrschaftsfunktion der Seele über den Körper her (ἄρχειν καὶ δεσπόζειν, 80a)[247]. Die Psyche ist das Gebietende und Herrschende, der Körper indessen das

---

[246] Vgl. hierzu HILDEBRANDT, (1959), 170: "Die treibende Kraft des Gesprächs ist, die Allmacht der gereinigten, dem Ewigen zugewandten Seele, die Seligkeit des Platonischen Lebens darzustellen. Der Feind ist deutlich bezeichnet: es sind die Menschen, die nur den Stoff an sich für wirklich halten und die Wirklichkeit des Geistes leugnen.".
[247] Vgl. auch die gleichlautende Formulierung in Phd. 94e.

von Natur aus Dienende, so wie analog das "Göttliche" zur Herrschaft über das "Sterbliche" bestimmt ist, also zeigt sich angeblich hierdurch die Seele dem "Göttlichen", der Körper dem "Sterblichen" ähnlicher. Die durch θεωρία und ἀρετή[248] disponierte menschliche Seele wird von Platon – im Sinne einer als Abbildrelation gedeuteten Partizipation – über die Approximation und Angleichung an den intelligiblen Bereich des wahrhaft Seienden legitimiert.

Die *quasistrukturelle Organisation der Psyche*, ihre ἀρετή, reflektiert bereits im "Phaidon" gleichsam die Ordnung des intelligiblen Bereichs der Eide. Erst in der "Politeia" gewinnt für Platon dann die ἰδέα τοῦ ἀγαθοῦ als Archetyp der gesamten Ordnung eine exponierte Stellung.[249] In späteren Dialogen nennt Platon die Entwicklung der Seele eine "Angleichung an Gott" (ὁμοίωσις θεῷ), wobei jedoch unkenntlich bleibt, welchen Sinngehalt die Behauptung einer solchen Approximation an das "Göttliche" erfüllen soll.[250] Die Rede von der "Angleichung an Gott" könnte einerseits eine rein metaphorische Formulierung sein, die darauf abhebt den gesamten Bereich des Intelligiblen oder die ἰδέα τοῦ ἀγαθοῦ als solche besonders auszuzeichnen, andererseits könnte aber auch auf einen obersten göttlichen νοῦς verwiesen sein, der die Eide "schaut", um sie als παράδειγμα auf die Ordnung des Kosmos zu übertragen. Fest steht, daß die Seele durch den kognitiven Kontakt mit dem eigentlich Seienden, den Eide, in sich selbst Wahrheit erzeugt, derweil diese Wahrheit mit der Einsicht gleichgesetzt wird. *Wahrheit* und *Einsicht* bilden dann in der Seele die *Grundlage sittlicher Ordnung* und gewährleisten die beste Daseinsform der Seele, denn ihr eigentliches Leben führt sie in der Angleichung und Ge-

---

[248] Platon setzt eine ausgezeichnete charakterlich-sittliche Grundveranlagung als Basis jeder wissenschaftlichen Betätigung im Sinne des Erkenntnisstrebens voraus (vgl. Rep. 485a). Ich verstehe unter ἀρετή hier vorrangig eine innere "sittliche" Grundordnung, die jedem sittlich-moralischen Verhalten in der Gemeinschaft vorgelagert ist (vgl. Rep. 442dff.).
[249] In Rep. 540af. sollen die Philosophen anhand der ἰδέα τοῦ ἀγαθοῦ als ihrem παράδειγμα sich selbst, die Bürger und den Staat ordnen (κοσμεῖν). In 500aff. bezeichnet Platon den Bereich der Ideen als einen Bereich der Ordnung und des Rechts schlechthin, der im Philosophen (d.h. in seiner Seele) das Verlangen der Nachahmung auslöst. Die Überlegung, daß die innere Organisation der Seele die kosmische Ordnung nachbildet, die wiederum ein bewegtes Abbild der Ideenordnung ist, führt bekanntlich der "Timaios" aus (90aff.).
[250] Vgl. Tht. 176b; Rep. 613af.; Phdr. 253af.

meinschaft mit dem eigentlich Seienden.[251] Es zeigt sich, daß die Erkenntnis des wahrhaft Seienden für Platon eine beachtlich zweckmäßige Tragweite besitzt, denn nur falls eine solche Erkenntnis sicher ist, wird das, was gemeinhin die "Doktrin des sokratischen Intellektualismus" voraussetzt, möglich: Erst die vollständige Einsicht gewährleistet rechtes und gutes Handeln.[252]

Platon setzt nun wiederum in einem Analogieverfahren die Seele und Körper des Menschen in eine Ähnlichkeitsbeziehung zu Attributen der δύο εἴδε τῶν ὄντων; die Seele ist dem "Göttlichen", "Unsterblichen", "Denkbaren", "Eingestaltigen", "Unauflöslichen" und "stets Gleichen" "am ähnlichsten" (ὁμοιότατον!), der Leib dagegen dem "Menschlichen", "Sterblichen", "Nicht-Denkbaren", "Vielgestaltigen", "Auflöslichen" und "stets Wandelbaren" (80af.).[253]

Für den weiteren Fortgang der Argumentation ist nur noch das "Attribut" der Unauflösbarkeit (ἀδιάλυτον) entscheidend, selbstverständlich in Hinsicht auf den Anlaß der Erörterung, wo Sokrates widerlegen wollte, daß die menschliche Psyche als etwas Stofflich-Körperhaftes nach dem Tode möglicherweise "verwehe und zerstiebe" (διαφυσᾷ καὶ διασκεδάννυσιν). Die Klärung der Frage, welchen Gegenständen ein solches "Zerstieben" (τὸ διασκεδάννυσθαι) zukommt und welchen nicht, kommt an dieser Stelle zum Abschluß. Schließlich versucht Platon die "Unauflöslichkeit der See-

---

[251] In Rep. 486d nennt Platon ἀλήθεια und ἐμμετρία als seelische Auszeichnungen, was m. E. wiederum auf die Funktion von "Ordnungsstrukturen" in der Seele hindeutet, die in der Einsicht erkannt und durch sie in der Seele nachgebildet werden. Vgl. HEIDEGGER, (1954), 39: "Trotz der Mühsamkeit der eigentlichen Erfassung steht die Idee, die dem Wesen der Idee zufolge griechisch gedacht «das Gute» heißen muß, in gewisser Weise doch überall und ständig im Blick, wo überhaupt irgendein Seiendes sich zeigt.".

[252] Vgl. JÄGER, (1967), 109: "Wie also νοῦς als theoretische Erkenntnis auf ὄν und ἀλήθεια bezogen ist, so ist er als praktische Erkenntnis auf ἀγαθόν bezogen. Diese Ansicht, die in der Politeia ihre Begründung erfährt, ist bei Platon schon zuvor mit voller Überzeugung im Dialog Phaidon ausgesprochen.".

[253] Vgl. HIRSCHBERGER, (1932), 158ff., der die Kennzeichnungen des "intelligiblen Seinsbereichs" (δεῖον, ἀθανάτον, νοητόν, μονοειδές, ἀδιάλυτον, ἀεὶ ὡσαύτως ἔχον) m.E. völlig zurecht als Negationen der Merkmale der Wahrnehmungsgegenstände auffaßt: "So findet Platon die Eigenschaften der intelligiblen Gegenstände nicht positiv vor, entwickelt sie vielmehr aus den Sinnendingen per modum analogiae, negationes et eminentiae und erreicht damit nur limitative Urteile zur Bestimmung des Inhalts der Idee. Das ist historischer Sachverhalt. Wäre es anders, dann müßte die philosophische Analyse auch andere positive Momente vorfinden, die mehr sind als bloß versteckte Negation, Steigerung und Analogie.".

le"²⁵⁴ durch ein *argumentum a minore ad maius* zu festigen: Da selbst der zusammengesetzte und sichtbare Körper als Leichnam (νεκρόν) nicht sofort zerfällt, denn Knochen und Sehnen²⁵⁵ und auch ägyptische Mumien sind doch sehr verfallsresistent (...ὅμως ὡς ἔπος ἀθάνατά ἐστιν), da ist es doch um so unwahrscheinlicher, daß die viel "edlere", "unzusammengesetzte" und "unsichtbare" Psyche nach dem Tod sogleich "zerstiebe". Viel wahrscheinlicher findet selbige nach dem Tod im Hades ihre von allen menschlichen Übeln befreite Glückseligkeit (80cf.). Die "philosophische" Seele wird in die Nähe des "göttlichen", "ewigen" Seins gebracht und findet dort letztlich ihre "Erlösung" und "Freiheit" (im Sinne der σῶμα-σῆμα-Perspektive) im Tode.²⁵⁶ Der Hades ist der jenseitige Bereich, der der Dominanz der Psyche entspricht, denn der Bereich des Unsichtbaren ist der adäquate Aufenthaltsort für die geläuterte und reine Seele.²⁵⁷

---

²⁵⁴ Vgl. Phd. 80b: "...ἢ ἐγγύς τι τούτου.". Vgl. BRÖCKER, (1990), 188: "Dies »fast« ist bemerkenswert, es drängt sich Plato auf, weil er eben doch nicht einfach sagen kann: die Seele ist eine Idee und also wesentlich unvergänglich. Es bleibt bei einer gewissen Verwandtschaft, die auf Unsterblichkeit hoffen lassen soll.".
²⁵⁵ Vgl. GIRARD, (1992), 376: "Die Dualität von Gut und Böse setzt sich bis in den materiellen Aspekt des Todes durch. Solange der Auflösungsprozeß des Leichnams andauert, bleibt er äußerst unrein. Wie der gewalttätige Zerfall einer Gesellschaft verwandelt auch die physiologische Auflösung nach und nach ein sehr komplexes System von Unterschieden in unterschiedslosen Staub. Die Formen des Lebendigen kehren ins Ungeformte zurück. ... Ist der Vorgang einmal zu Ende, ist die ungeheure Dynamik des Zerfalls einmal erschöpft, dann hört die Unreinheit häufig auf. Die gebleichten und trockenen Knochen besitzen in gewissen Gesellschaften tatsächlich wohltätige und fruchtbare Kräfte.".
²⁵⁶ Vgl. THEODORAKOPOULOS, (1972), 73: "Das Nachdenken über den Tod hat als Ziel nicht den Tod, sondern das Leben und seinen Sinn. Der Tod verbreitet sich im Text des *Phädon* als eine tiefe platonische Ironie, denn es gibt zwei Arten des Todes, der eine ist der natürliche Tod, den man nicht vermeiden kann, der andere aber ist der Tod des sinnlosen Lebens und der Anfang des sinnvollen Lebens. Dieser philosophische Tod ist gleichbedeutend mit dem Leben des Philosophen. Der eine, der natürliche Tod, vollzieht sich in einigen Momenten, der andere aber ist der Kampf um die grossen Probleme und Aufgaben des Lebens.".
²⁵⁷ Die etymologische Deutung, nach der Hades mit ἀιδής in Verbindung gebracht wird, soll Platons philosophische Spekulation auch von der Sprache her unterstützen, vgl. Phd. 80d. Offensichtlich endet hier die Wanderung der "wahrhaft philosophischen" Seele, die ihren wesensmäßigen τόπος gefunden hat; es findet keine neuerliche Reinkarnation statt. Vgl. hierzu auch RICKEN, (1979), 107f.: "Die mögliche Rückkehr der Seele in einen Leib will besagen, daß die Auswirkungen der menschlichen Entscheidungen über dieses Leben hinausreichen; die Reinkarnationslehre ist Ausdruck des Bewußtseins einer Verantwortung, der der Mensch sich auch durch den Tod nicht

5. DIE PHILOSOPHISCHE UND UNPHILOSOPHISCHE LEBENSFÜHRUNG

Erneut versucht Sokrates nun aus jenen im bisherigen "Beweisgang" erschlossenen Einsichten ethische Folgerungen hinsichtlich einer philosophischen Lebensführung (βίος θεωρητικός bei Aristoteles) zu entwickeln. Nur die "philosophische Seele", die das Sterben als Lösung von allen körperlichen Übeln bereits im Leben eingeübt hat, scheidet "rein" aus dem irdischen Dasein und gelangt für immer in den göttlichen Bereich, wo sie ihre Glückseligkeit findet.[258]

Die Philosophie als "Sorge um die Seele" (ἐπιμέλεια) bewährt sich in der "Einübung in den Tod" (μελέτη θανάτου, 81a).[259] Für die Selbstfindung des Menschen war unbedingt die Erkenntnis notwendig, daß die Seele das Entscheidende des "Doppelwesen" Mensch ausmacht. Der Mensch soll und kann sie durch die "Besprechungen" und den "Zauber der Philosophie" selbst als seine wesentliche Bestimmung erkennen.[260]

Das "wahrhafte Philosophieren" (ὀρθῶς φιλοσοφεῖν) wäre vorrangig ein "Auf-seine-eigene-Seele-Rückwenden", um dadurch den Tod als Trennung von Körper und Seele bereits im Leben vorwegzunehmen, um sich das eigene Sterben zu erleichtern und die Angst vor dem Tod zu verlieren.[261]

---

entziehen kann. Gegenüber dem zweiten Beweis betont Platon jetzt das Entscheidungsmoment in der menschlichen Erkenntnis. Erkenntnis und sittliche Läuterung stellen eine untrennbare Einheit dar.".

[258] Vgl. Phd. 81a: "...καὶ τῶν ἄλλων κακῶν τῶν ἀνθρωπείων ἀπηλλαγμένη...". Vgl. Phd. 82bf.: "Εἰς δέ γε θεῶν γένος μὴ φιλοσοφήσαντι καὶ παντελῶς καθαρῷ ἀπιόντι οὐ θέμις ἀφικνεῖσθαι ἀλλ' ἢ τῷ φιλομαθεῖ.".

[259] In der "Sorge für die Seele" mag die eigentlich innovative Einstellung des Sokrates zum menschlichen Verweilen im Dasein liegen. Vgl. JAEGER, (1944), 95: "Der Aufruf des Sokrates zur "Sorge für die Seele" war der eigentliche Durchbruch des griechischen Geistes zu der neuen Form des Lebens.".

[260] Vgl. BAUR, (1978), 20: "Besorgen der Seele, das meint den Gewinn der Unabhängigkeit für den in die Wahrheit seines Wesens gekommenen Menschen, die Befreiung von äußerem Geschehen und fremdem Urteil. Der Mensch als Seele, das ist die in der Arbeit philosophischer Selbstbesinnung erreichte Formel der Freiheit und der Verantwortung zugleich.". Zum sokratischen Motiv der "Sorge um die Seele" vgl. vor allem Apol. 29e; 30b.

[261] Der (philosophische) Mensch nimmt bei Platon eine bemerkenswerte Stellung zwischen Sterblichem und Unsterblichem ein, da sein Dasein durch diesen "Schwebezustand" kennzeichnend geprägt ist.
Der Mensch besitzt die Fähigkeit sein Leben - verstanden als μελέτη θανάτου - als "Vorlaufen in die Möglichkeit" zu begreifen. Vgl. HEIDEGGER, (1993), 262: "Das Sein

Die "unphilosophische" Seele glaubt einerseits, daß der Körper über die Wahrnehmung der Sinne alleiniger Maßstab der Wahrheitsbildung sei, andererseits ist sie der Auffassung, daß der Körper ebenso ausschließliche Instanz der Lustbefriedigung sei. Nach Platon irrt die "unphilosophische Seele" jedoch dabei sowohl in der theoretischen, als auch in der praktischen Hinsicht. Ein "unphilosophischer Mensch" lebt sein Leben voller Leidenschaften und bleibt dem Körperlichen verhaftet, so daß auch seine Seele "körperhaft" (σοματοειδές, 81c) bleibt bzw. wird.[262] Der glückselige Aufenthalt in einem intelligiblen Jenseits und die Gemeinschaft mit dem "Göttlichen" wird einer solchen Seele nicht gewährt, für sie gibt es nur ein Weiterleben in irdisch-körperlichen Sphären. Wenn sich der Mensch auf das Wohl seines Körpers konzentriert und sich von Vernunft, Wahrheit und Weisheitsliebe abwendet, bleibt seine Seele vom Körperlichen durchzogen und kann sich nach dem Tod nicht ablösen – diese menschliche Seele hat keine Erkenntnis gewonnen.[263]

In einer weiteren wirkungsmächtigen Reminiszenz an den "Volksglauben" sieht Platon die von den leiblichen Lüsten beherrschten Seelen dazu verurteilt, an den Gräbern herumzuirren und zur Strafe schließlich in einem (ihrem Verhalten und Charakter!) entsprechenden Tierkörper oder

---

zur Möglichkeit als Sein zum Tode soll aber zu *ihm* sich so verhalten, daß er sich in diesem Sein und für es als Möglichkeit enthüllt. Solches Sein zur Möglichkeit fassen wir terminologisch als *Vorlaufen in die Möglichkeit.*". Vgl. ferner Symp. 202dff., wo Platon m.E. dem durch den Eros bestimmten Philosophen die Möglichkeit eröffnet, sich mitten zwischen Sterblichem und Unsterblichem einzuordnen (203a: "καὶ ὁ μὲν περὶ τὰ τοιαῦτα σοφὸς δαιμόνιος ἀνήρ, ὁ δέ, ἄλλο τι σοφὸς ὤν, ἢ περὶ τέχνας ἢ χειρουργίας τινάς, βάναυσος.)".
[262] Vgl. DIE BAHGAVADGĪTĀ, 146f.: "70. In den alle Begierden einmünden wie die Wasser in den Ozean, der, obwohl immer angefüllt, doch stets bewegungslos verharrt, dieser erlangt den Frieden; nicht aber, wer seinen Begierden frönt. 71. Wer alle Begierden aufgibt, ohne Verlangen handelt, ohne Selbstsucht und Egoismus ist, dieser erlangt den Frieden. 72. Dies ist, o Pārha (Arjuna), der göttliche Zustand. Wer ihn erreicht hat, wird nicht (mehr verwirrt). Wer am Ende (in der Todesstunde) in ihm feststeht, geht in die Seligkeit Gottes (*brahmanirvāna*) ein.".
[263] Vgl. KOYRÉ, (1998), 70: "Wir haben die Erkenntnis, wenn wir in der Wahrheit sind, das heißt wenn unsere Seele in unmittelbarem Kontakt mit der Wirklichkeit – mit dem Sein – sie reflektiert und sie sich selbst offenbart. [...] Das Erfassen des Seins in seinem Wesen, in seiner Struktur und seinen Beziehungen (es ist klar, das man das, was ist, nicht begreifen kann, ohne ein solches Erfassen erfolgreich zu vollziehen), oder, was dasselbe ist, Offenbarung und Ausdruck des Seins durch die Rede und in der Wahrheit, das ist für uns Erkenntnis, Vernunft, Logos und die Schritte der Seele, die uns zu diesem Erfassen leiten, sind das, was wir die *Beweisführung* nennen.".

Menschen neuerlich ein weiteres irdisches Dasein zu fristen.[264] Nur die philosophische Beschäftigung eröffnet der menschlichen Psyche die geistige Jenseitsgewißheit nach dem Tode, denn jedes andere Verhalten genügt den hohen Ansprüchen des wahrhaften Menschseins nicht. Nur im Bewußtsein der wahren philosophischen Grundhaltung und in der Orientierung am "Denkbaren" findet die Seele ihre wahre Bestimmung und kann das Seiende durch sich selbst erkennen (αὐτὴ καθ' αὑτὴν αὐτὸ καθ' αὑτὸ τῶν ὄντων, 83af.).

Die *philosophische Lebensform* ist durch die Verachtung und die Enthaltsamkeit von Lust-, Ruhm- und Geldgewinn, den drei vorrangigen Zielen des menschlichen Begehrens, ausgezeichnet, denn die Sorge des Philosophen richtet sich nicht auf das Wohl seines Körpers, sondern auf sein "Seelenheil".[265] Diesen drei verwerflichen Gegenständen des Begehrens stellt Platon die Philosophie als Begehren nach *Einsicht*, ewiger *Wahrheit* und *Weisheit* gegenüber. Der Philosoph erkennt, daß der Körper nur ein "Kerker" oder "Gitter" darstellt, durch das die Seele das wahre Sein nur "schemenhaft" zu erkennen vermag (...ὥσπερ διὰ εἱργμοῦ διὰ τούτου σκοπεῖσθαι τὰ ὄντα..., 82e). Nochmals wird deutlich herausgestellt, daß die Philosophie eine *Lebensform* ist, in der man steht und von der man zutiefst ergriffen wird. Das "In-der-Philosophie-Sein" wird erstrangig als ein aktives Moment des Ergriffenwerdens gedeutet.[266] Ferner bemerkt die "philosophische" Seele den Trug der Sinne und gesteht ihren Gebrauch nur soweit als unbedingt notwendig ein, denn die "Selbstfesselung an den Körper" im Sinne eines Schicksals, das der Mensch sich wortwörtlichen selbst zuzieht, soll überwunden werden. Die Seele soll sich dem geläufigen Terminus nach "selbst sammeln und zusammenhalten", nur auf ihre Fähigkeiten vertrauend die Dinge im Denken erfassen, da nur

---

[264] Als Strafe für ihre Unwissenheit (ἄγνοια) und ihren schlechten Zustand, ihre schlechte Zucht (κακὴ τροφή) irren die "körperhaften Seelen" für kurze Zeit haltlos an den Gräbern umher. Die Tierinkarnationen waren in der pythagoräischen Tradition geläufiges Gedankengut. Platon variiert diesen Aspekt im "Phaidon" nach Manier der Tierfabel unter Akzentuierung des ἦθος (81e). Vgl. Rep. 620aff; Phdr. 249b; Tim. 42cff.

[265] Die Sorge des Sokrates bezieht sich ausdrücklich nicht auf seinen Leichnam, wie er seinem Freunde Kriton im "Phaidon" (Phd. 115cff.) deutlich macht. Was mit dem Leichnam geschehe sei ihm ausdrücklich vollkommen gleichgültig. Sicherlich gilt hier ferner die christliche Formel: "Was hülfe es dem Menschen, wenn er die ganze Welt gewönne und nähme doch Schaden an seiner Seele.".

[266] Vgl. Phd. 82d: "...παραλαβοῦσα αὐτῶν τὴν ψυχὴν ἡ φιλοσοφία...". Vgl. auch 83a.

so ihre Unerschütterlichkeit als auch die Konstanz des Erkenntnisgegenstandes gewährleistet ist. Die eingeforderte Befreiung der Seele von "heftiger" Lust , Begierde, Leid und Furcht deutet auf das diffizile Verhältnis von Lustmaximierung und Affektkanalisierung in der Ethik Platons hin.[267] Platon nennt an dieser Stelle (83b), in bewußter Parallelisierung zu den in 68aff. genannten "Kardinaltugenden", die vier "Kardinalleidenschaften" ἡδονή (Lust), ἐπιθυμία (Begierde), λύπη (Schmerz) und φόβος (Furcht). Er systematisiert die Affekte auf mehrfache Weise: zwei Affekte beziehen sich auf Zukünftiges (Begierde und Furcht), zwei auf Gegenwärtiges (Lust und Schmerz); zwei wirken eher negativ (Furcht und Schmerz), zwei eher positiv (Lust und Begierde). Er ordnet manchen Affekten unmittelbar bestimmte Tugenden zu, z. B. die Furcht der Tapferkeit im Dialog "Laches" oder die Begierde der Besonnenheit im Dialog "Charmides". Für Platon ist es ferner offensichtlich, daß bestimmte Affekte sich körperlich manifestieren lassen (z. B. der Zorn oder die Scham in der Röte des Gesichts). Die Affekte sind an den Körper gebunden und sind ein Detail der Körperlichkeit des Menschen. Erst wenn der Mensch sich möglichst weitgehend von der Körperlichkeit befreit, kann er im "reinen Denken" auch frei von allen Affekten sein. Indem der Mensch in seinem Leben die Wirkungsmächtigkeit der Affekte auf ein notwendiges Minimum beschränkt, kann er auf einen solchen Zustand (πάθος) des reinen Denkens hinarbeiten.[268] Der

---

[267] Vgl. GRAESER, (1969), 61: "Gerade die Tatsache, das Phd. 108a6 der Begriff der κοσμία ψυχή fällt (vgl. 68e2) und 69b2 mit συλλήβδην ἀληθὴς ἀρετή auf den Kanon der Kardinaltugenden angespielt ist, zeigt, daß im Hintergrund dieses Dialoges die ganze ethische Konzeption stehen muß.". Dieses ethische Grundkonzeption personifiziert sich zudem in der Person des Sokrates, so wie Platon ihn gesehen haben wollte und der Nachwelt übermittelte, vgl. MEHRING (1975), 20: "Demgemäß suchte Sokrates unermütlich nach dem Begriffe des Guten, ohne ihn je zu finden, so daß er immer mit dem Bekenntnisse des Nichtwissens endigte. Er wirkte in erster Reihe durch den seltenen Zauber seiner Persönlichkeit, die eine kräftige Sinnlichkeit und ein leidenschaftliches Temperament durch weise Selbstbeherrschung zu bändigen wußte; anspruchslos und bedürfnislos, mutig im Kampfe und zähe im Leiden, war er zugleich gesellig, heiter und stand bei jedem fröhlichen Trinkgelage seinen Mann.".
[268] Vgl. DIE BAHGAVADGĪTĀ, 140: "56. Wer in Leiden nicht erschüttert wird und in Freuden frei von Begierden ist, von welchem Leidenschaft, Furcht und Zorn gewichen sind, der wird ein in seinem Verstande feststehender Weiser genannt." und 144: "64. Wer aber seine Sinne im Zaum hält, wer mit gezügelten Sinnen, die frei von Anhänglichkeit und Abneigung sind, unter den Sinnesobjekten umhergeht, dieser Mensch erlangt die Lauterkeit des Geistes." und 145: "67. Wenn der Geist den schwärmenden Sinnen nachläuft, zieht er den Verstand mit sich fort, wie der Wind ein Schiff auf dem Wasser mit sich fortzieht."

Mensch soll sich der übermäßigen Leidenschaften und Begierden aber nicht nur enthalten, weil er davon bestimmte Schäden davontragen könnte, sondern zieht er sich unwissentlich das weitaus größte Übel (μέγιστόν κακῶν, 83c) zu: Die Seele wird bei einer zu großen Anteilnahme am Sinnlichen und in allzu "heftiger" Erregung in den Glauben verfallen, daß gerade dieses "Sinnliche" das Wirksamste und Wahrste (ἐναργέστατόν καὶ ἀληθέστατον, 83c) sei. Platon thematisiert den zur bleibenden Neigung gewordenen Drang der Affekte, der das Denken und den Willen des Menschen vollkommen beherrscht und ihn unfrei macht. Allzu große und heftige Begierden und Leidenschaften heften die Psyche (mit einer wirkungsmächtigen Metapher gesprochen!) wie ein Nagel (ἧλος, 83d) an den Körper und machen sie "körperhaft".

Die Begierden hindern die Seele am Umgang mit dem "Göttlichen", "Reinen" und "Eingestaltigen" und begünstigen somit den Kreislauf der Wiedergeburt. Sie lassen der Seele nicht die Möglichkeit der "Erlösung"[269]. In der Möglichkeit der "Erlösung" sieht Platon den wahren Grund für die Lernbegierigen sich geordnet-maßvoll und tapfer zu zeigen[270] und nicht wie die "Sittsamsten" unter den πολλοί, die sich lediglich hinter einem "Tugendschimmer" zu verstecken suchen.[271] Platon verkennt an dieser

---

[269] Vgl. Phd. 84b: "...ἀπηλλάχθαι τῶν ἀνθρωπίνων κακῶν.". Vgl. hierzu BRÖCKER, (1990), 189: "Ohne die Aussicht auf die Freude, die aus der Erfüllung der höchsten Sehnsucht entspringt, hätte es keinen Sinn, dem Menschen dies Ziel vorzuhalten. In dieser Hinsicht ist volle Übereinstimmung zwischen der platonischen Jenseitslehre und der christlichen Eschatologie. Beide lehren übereinstimmend: dies Leben ist Tod, und erst nach dem Tod beginnt das wahre Leben.".

[270] Vgl. Phd. 83d: "...οἱ δικαίως φιλομαθεῖς κόσμιοι εἰσι καὶ ἀνδρεῖοι, οὐχ ὧν οἱ πωλλοὶ ἕνεκά φασιν·".

[271] Vgl. hierzu das schöne Bild von ὁμότροπός und ὁμότροφος in Phd. 83d: "'Ἐκ γὰρ τοῦ ὁμοδοξεῖν τῷ σώματι καὶ τοῖς αὐτοῖς χαίρειν, ἀναγκάζεται οἶμαι ὁμότροπός τε καὶ ὁμότροφος γί γνεσθαι καὶ οἷα μηδέποτε εἰς ''Αιδου καθαρῶς ἀφικέσθαι, ἀλλ' ἀεὶ τοῦ σώματος ἀναπλέα ἐξιέναι·". Körper und Seele, die sich von der gleichen "Amme" nähren, werden zu "charakterlichen Milchbrüdern". Vgl. hierzu vor allem Phd. 68eff, wo von der "knechtischen" Tugend der Menge gesprochen wird, die nichts Wahres und Gesundes an sich hat, sondern nur ein "Schattenbild" (σκιαγραφία) der wahren Tugend darstellt. Vgl. hierzu auch GOOCH, (1974), 153-159; 153: "It is Socrates' contention in the opening pages of the *Phaedo*, that the philosopher alone has genuine virtue. Other people's virtues are only apparent, and come through the vices opposite to those virtues. They are "brave" in a given situation only because they fear some alternative more; they are "self-controlled" with respect to one pleasure only because to give in to it will mean that another more desirable pleasure will be foregone (68e f.). After stating this position, Socrates introduces a long and

Stelle des Dialogs keineswegs, daß die Affekte auch lebensnotwendige und sinnvolle Ent-Äußerungen der Natur des Menschen sein können.

Entscheidend ist an seinen Ausführungen das σφόδρα (83bf.), was darauf hinweist, daß diese Philosophie das unbeherrschte und übermäßige Ausleben der Affekte entschieden verwirft, hingegen eine absolute Affektlosigkeit – ungeachtet dessen, daß ein solcher vermeintlicher Zustand unmöglich erreichbar wäre – ebenso wenig anstreben kann, da diese gleichsam als eine Lebensschwäche des Menschen gelten müßte. Der Lebenszweck liegt im "abgeklärten" Ausleben der Affekte, d. h. aber sich ihnen möglichst wenig hinzugeben, stets auf ihr Kommen und Wirken zu achten und sich von ihnen nicht völlig umfassen und ausschließlich leiten zu zu lassen. Nur der "maßvolle" Umgang mit den Affekten ermöglicht eine gewisse reinigende Wirkung. Platon weist den Affekten in bestimmten Situationen durchaus positive Wirkungen zu, z. B. gewährleistet die Begierde nach Nahrung und Schutz das physische Überleben des Menschen, ebenso ein gewisses Maß an Furcht vor Gefahren. Die Furcht vor der Schande einer schlechten Handlung wäre so gesehen zulässig, die Begierde nach Tugend und Weisheit wird sogar ausdrücklich gewünscht.

Meines Erachtens müßte in einer positiven Wendung der Interpretation σφόδρα durch ἠρέμα ersetzt werden. Im Hinblick auf seine eigene existentielle Situation und als Entkräftung des vulgärmaterialistischen Einwandes des Kebes, der den Ausgangspunkt für die bisherige Erörterung lieferte, bringt Sokrates seine feste Überzeugung zum Ausdruck: Wenn die menschliche Seele die philosophische Lebensform annimmt, sie zuletzt ihre "Erlösung" beim "Verwandten" (τὸ ξυγγενὲς) findet, braucht sie keineswegs zu fürchten, bei der Dissoziation vom Körper zerrissen, von den Winden verweht oder zerstäubt zu werden (84b).

---

problematic string of clauses (69a6-c3) in which he tries to sharpen the distinction between true and spurious virtue.".

VI. DIE MITTE DES DIALOGS - DIE EINWÄNDE DES SIMMIAS UND KEBES, DIE WARNUNG VOR DER MISOLOGIE UND DIE WIDERLEGUNG DES SIMMIAS

1. DIE MITTE DES DIALOGS

Durch ein kleines literarisches Intermezzo wird die Mitte und eine zwingende Zäsur des Dialogs von Platon herausgehoben.[272] Er kennzeichnet sie eingängig durch ein längeres Schweigen im Aussetzen des Gesprächs. Überdies soll der Leser offenbar durch die stilistische Setzung einer Paränese darauf hingewiesen werden, daß er einerseits immer noch an den Ereignissen der letzten Lebensstunden des Sokrates teilnimmt, andererseits soll wohl auch anklingen, daß die Bilanz der bisherigen Argumentationen durchaus noch als vorläufig zu gelten haben.[273]

Eine lange Phase der stillen Besinnung stellt sich ein. Sokrates und die meisten anderen Anwesenden scheinen das bislang Vorgetragene vertieft zu überdenken.[274] Nur Simmias und Kebes, die beiden "Versucherfreunde" des Sokrates, unterhalten sich ein wenig miteinander und zeigen sich nicht hinlänglich von den bisherigen Erörterungen überzeugt. Auch Sokrates gesteht ein, daß die bisherigen Darlegungen zur Unsterblichkeits-

---

[272] Vgl. REALE, (1996), 67: "Platon trennt den ersten vom zweiten Teil durch ein glänzendes Zwischenspiel ab (84C-91D), das man entsprechend einem Intermezzo in einem großen musikalischen Werk lesen und würdigen kann. Es zerfällt in vier Phasen, zwei poetische und zwei begriffliche: die Metapher vom schönsten Gesang der Schwäne vor ihrem Tod, Symbol für das letzte Wort des Sokrates über die Unsterblichkeit der Seele vor *seinem* Tod (84C-85D); die theoretischen Zweifel von Simmias und Kebes (85E-88B); die Metapher vom Abschneiden der Haare des Phaidon als Zeichen der Trauer für den Fall, daß die argumentative Wiederholung ihr Ziel verfehlt (88C-89C); schließlich die Aufforderung des Sokrates zum Vertrauen in die Vernunft, um nicht vernunftfeindlich und skeptisch zu werden, wobei man sehr wohl versteht, sich von den Grenzen seiner Möglichkeiten Rechenschaft zu geben (89C-91C).".

[273] Zu Sinn und Zweck der beiden Paränesen (84c-85b und 88c-91c) und zu ihrer Einordnung in den Gesamtkontext des Dialogs "Phaidon" vgl. GAISER, (1959), 150-155.

[274] Vgl. TUMARKIN, (1926), 74: "Und nun tritt, nachdem Sokrates, selber hingerissen von der Schönheit der Ideenerkenntnis, seine Schilderung des Lebens der Philosophen in der Idee geschlossen hat, die grosse Stille ein, die schon äusserlich den Abschluss der vorausgegangenen und den Beginn einer neuen Untersuchung anzeigt. Sokrates denkt dem Gesprochenen weiter nach; denn für ihn beginnt erst jetzt das eigentlich philosophische Problem. Und in echt platonischer Weise führt die dramatische Darstellung in die Tiefe des neuen Problems ein.".

gewißheit der Seele noch unzureichend erscheinen und fordert deshalb die beiden Thebaner auf, ihre "Bedenken und Einwände" (ὑποψίας καὶ ἀντιλαβάς, 84c) zu formulieren und vorzutragen.[275] Zunächst jedoch zögern die beiden Pythagoräer mit der Darlegung ihrer Bedenken und Einwände, da sie dem Sokrates durch ihre Unerbittlichkeit nicht unnötig seine letzten Lebensstunden erschweren möchten. Doch dieser kündigt durch ein gutgemeintes Lächeln seine weitere Gesprächsbereitschaft an und bringt so zum wiederholten Male zum Ausdruck, daß er sein Schicksal keineswegs für einen menschlichen Schicksalsschlag hält und nach wie vor, auch und gerade im Angesicht des Todes, bereit ist die bisherigen Aporien des Gesprächs durch den "Zauber der Philosophie" in eine Euporie zu verwandeln.

Der einleitende Abschnitt der Einwände des Simmias und Kebes hebt sich schon formal von der bisherigen Folie des Dialogs ab, denn die Schilderung der Stille[276] und des introvertierten Sokrates sollen lediglich literarisch die Ruhe vor dem eigentlichen letzten "Sturm" der Philosophie andeuten. In der Paränese versucht Platon beim Leser die bedingungslose Zuversicht in die Bereitwilligkeit zum philosophischen Meinungsaustausch zu stärken. Die Sinnhaftigkeit und Zweckmäßigkeit des philosophischen Diskurses wird durch eine "kleine" Apologie des Logos deutlich herausgestellt.[277] Ferner kommt in dem Einschub eher beiläufig nochmals die Mission und Funktion des Philosophen Sokrates illustrativ zum Ausdruck: Als "Beschwörer" (ἐπᾴδειν) geht es Sokrates nach wie vor um die Sorge (ἐπιμέλεια) und Therapie (θεραπεία) der Seele und der menschlichen Ge-

---

[275] Vgl. GAUSS, (1958), 46: "Damit bekennt sich Sokrates zur These, dass kein philosophisches Argument so in Worte gekleidet werden kann, dass es zum mindesten in dieser seiner äusseren Form schon Anspruch auf endgültige Maßstäblichkeit erheben dürfte.". Vgl. ferner GADAMER, (1973), 153: "Ein zureichender Beweis wird also auch von Sokrates gar nicht versprochen, sondern nur eine Abwehr von Einwänden, die es eben an dem rechten Verständnis dessen, was »Seele« für Sokrates ist, fehlen lassen.". Vgl. STÜTTGEN, (1966), 52: "Die Wahrheit als der jeder Philosophieren immanente Anspruch, umfassende Erkenntnis zu sein, zeigt sich darin, daß sich dieses Denken zugleich als äußerste Denkmöglichkeit und darin als unvollkommen, als bloßen Versuch erfährt. [...] Der Nullpunkt ist erreicht, wenn Philosophieren sich nicht mehr bewußt ist, nur Versuch zu sein, vielmehr mit höchsten Ansprüchen im Gewande dogmatischer Aussagen auftritt, wo also das nur Versuchshafte fehlt.".
[276] Vgl. die literarische Kontrastierung von ἄνεμος und σιγή (beide in 84b). Σική eigentlich urgriechisch σϜική "das Schweigen".
[277] Vgl. Phd. 85b: "'Ἀλλὰ τούτου γε ἕνεκα λέγειν τε χρὴ καὶ ἐρωτᾶν ὅτι ἂν βούλησθε...". Vgl. in diesem Zusammenhang auch die sokratische Warnung vor der Misologie in Phd. 89c-91, die sich meines Erachtens hier bereits ankündigt.

sinnung. Die Psyche des Menschen verlangt nach einer seelenärztlichen Heilung durch den "Zauber der Philosophie". Möglich wird die Heilung durch die reinigende Wirkung des philosophischen Meinungsaustausches.[278] Auch das religiöse Moment der göttlichen Entrückung und des *Außersichseins*r (μανία) kommt in der Paränese erneut zur Wirkung. Der göttliche "Wahnsinn", die Ekstase und die seherische Prophetie (μαντική, 84e) sind Zustände der Gotterfülltheit des Philosophen, seines *Enthusiasmos*. Der euphorische Sokrates vergleicht seine Darlegungen mit dem "Singen" der Schwäne, jener dem Gott Apollon geweihten Vögel, die kurz vor ihrem Tod am schönsten singen, da sie – gleich Sokrates – vorauszuahnen scheinen, daß sie nun zu ihrem Herrn gelangen.[279] Die Schwäne und auch Sokrates sind von Apollon mit der Kunst der μαντεία ausgestattet, um von einem Leben nach dem Tode zu künden. Aus diesem Grunde bezeichnet sich Sokrates auch als einen "Mitdiener" der Schwäne und bringt durch das "Schwanengleichnis" nochmals zuversichtlich seine philosophische Grundhaltung und die Unangemessenheit von Verzagen und Kummer hinsichtlich des Todes zum Ausdruck.[280]

[278] Vgl. GAISER, (1959), 155: "Der paränetische Zuspruch des Sokrates in der Mitte des Gesprächs, sich nach dem λόγος zu richten, verlangt ein Wagnis, bei dem das ganze Leben auf dem Spiel steht. In einer solchen Lage verhilft es zu einer klaren Entscheidung, wenn sich die Forderung nicht nur in der Besinnung auf anerkannte Grundsätze, sondern auch im Blick auf Vorbilder und Beispiele als verbindlich erweist. Daher ist die Paränese von jeher in der griechischen Dichtung durch die Gnomik, aber auch durch das Erinnern an Paradeigmatisches bestimmt; und so gehört auch zur philosophischen Paränese bei Platon das παράδειγμα, nämlich der Hinweis auf das Verhalten des Sokrates, der den Philosophen verkörpert, die Selbstdarstellung des Philosophen.". Vgl. auch HILDEBRANDT, (1959), 171: "Trotz dieses Seherstolzes verteidigt Platon seine Lehre gegen die Widerkraft. Das sind nicht die zeitgebundenen Sophisten, die von ihm längst überwundenen Gegner: es ist sein gefährlichster Feind, die überindividuelle Idee des wissenschaftlichen Materialismus;".
[279] Vgl. ALBERT, (1980), 25: "Das Wesentliche des Apollinischen ist aber nicht das einzelne Seiende, sondern die Beziehung des Einzelnen auf das Unwandelbare und Ewige. Apollon ist ein Gott, in dem mehr als bei anderen Göttern der Gedanke des immerwährenden Seins in Erscheinung tritt. In seiner Abhandlung »De E apud Delphos« hat der späte Platoniker Plutarch den in Delphi aufgefundenen Buchstaben E (den er als εἶ las) auf den Gott Apollon gedeutet, von dem mit diesem Buchstaben gesagt wird »du bist«, d.h. du bist allein schlechthinnig seiend. Das Sein aber ist überindividuell. Es ist übersinnlich und überzeitlich. ... Apollon ist ja nicht zuletzt der Gott der Orakel, dessen Priesterinnen in einer Art göttlichen Wahnsinns Zukünftiges voraussagen.". Vgl. auch das platonische Wortspiel ἐξᾴδειν- ἐπᾴδειν.
[280] Vgl. Phd. 85b: "Ἐγὼ δὲ καὶ αὐτὸς ἡγοῦμαι ὁμόδουλός τε εἶναι τῶν κύκνων ..., οὐδὲ δυσθυμότερον αὐτῶν τοῦ βίου ἀπαλλάττεσθαι.".

2. Der "Harmonie-Einwand" des Simmias

Simmias erklärt im Anschluß an die "entrückten" Ausführungen des Sokrates, daß etwas "Sicheres" (τό σαφές, 85c) über die Angelegenheit (gemeint ist freilich die Unsterblichkeit der Seele bzw. ein mögliches Dasein nach dem Tod!) von einem anderen zu lernen oder selbst herauszufinden (μαθεῖν ἢ εὑρεῖν) fast unmöglich, zumindest doch sehr schwierig sei. Nichtsdestotrotz müsse eine "philosophische Natur" eine ungeheure Standfestigkeit und Tapferkeit in der Diskussion über diese existentielle Frage vorweisen.

Die "philosophische Natur" muß in der Untersuchung solcher Gegenstände in seinem Durchhaltevermögen entweder bis zum eigentlichen Wissen vordringen oder, falls ein wirkliches Wissen nicht zu erlangen ist, wenigstens versuchen die beste der menschlichen Meinung darüber zu gewinnen und an dieser festhalten.[281]

Simmias nimmt sich dieser fakultativen Forderung an und trägt als erster seinen Zweifel vor, weil ihm das bisher Dargelegte nicht "hinreichend" erwiesen zu sein scheint.[282] Der Einwand des Simmias ist strenggenommen zweigeteilt, wobei allerdings beide Teile in einem sehr engen inneren Zusammenhang stehen. Der Kontext des gesamten Einspruchs legt nahe, daß Simmias als Aufhänger seiner Kritik vornehmlich die sokratische Beweisführung im *argumentum a minore ad maius* in Phd. 80bff. in polemisch anmutender Art hinterfragt. Der erste Teil des Einwandes des Simmias besteht im Grunde darin, daß er die formale Struktur des sokratischen Beispiels beibehält, jedoch mit anderen Bildern arbeitet. In diesem Fall, vermutlich der Anschaulichkeit halber, mit Vergleichen aus der Mu-

---

[281] Vgl. Phd. 85c: "... εἰ ταῦτα ἀδύνατον, τὸν γοῦν βέλτιστον τῶν ἀνθρωπίνων λόγων λαβόντα καὶ δυσεξελεγκτότατον ἐπὶ τούτου ὀχούμενον, ὥσπερ ἐπὶ σχεδίας κινδυνεύοντα διαπλεῦσαι τὸν βίον, εἰ μή τις δύναιτο ἀσφαλέστερον καὶ ἀκινδυνότερον ἐπὶ βεβαιοτέρου ὀχήματος, ἢ λόγου θείου τινός, διαπορευθῆναι.". Vgl. zu dieser Stelle im "Phaidon" die interessanten Ausführungen von Gauss, (1958), 47f.: "Dieser Passus hat Anlaß dazu gegeben, sich zu fragen, ob Plato über das philosophische Nachdenken hinaus so etwas eingeräumt habe wie die Möglichkeit einer göttlichen «Offenbarung». ... Da Plato nicht in rationalistischer Verengerung die Philosophie als eine reine Erkenntnisangelegenheit betrachtet, stünde prinzipiell nichts im Wege einer Anerkennung göttlicher Inspiration. ... Die Sache ist die, dass bei Plato logische Reflexion und Inspiration von «oben» beide als für die Philosophie notwendig erklärt werden, dass sie bei ihm aber noch nicht als völlig voneinander getrennte Sphären auftreten, wie wir das seit der christlichen Ära anzutreffen gewohnt sind.".
[282] Vgl. Phd. 85e: "...οὐ πάνυ φαίνεται ἱκανῶς εἰρῆσθαι.".

siktheorie, welche aber eigentlich eine biologistisch-medizinische Theorie begründen helfen, um zu verdeutlichen, daß die sokratische Argumentation in Phd. 80ff. widersprüchlich bzw. unzureichend ist.
Die Bedenken des Simmias basieren zunächst darauf, daß nach seiner Meinung jemand (vor dem Hintergrund der Darlegungen des Sokrates!) erklären könne, daß die Psyche nichts weiter als die "Stimmung" (ἁρμονία, 86af.) des Körpers sei. Also sei die Seele die "Gestimmtheit" im rechten Verhältnis der einzelnen Elemente zueinander, aus denen sich der Körper als Ganzes zusammensetzt.[283] Mit dieser "Theorie" geht durchaus der sokratische Anspruch konform, daß die Seele "unkörperlich"[284], "unsichtbar", "einfach" und "göttlich" sei, denn diese Attribute der Seele lassen sich unproblematisch auch auf eine "musikalische Gestimmtheit" übertragen, die eben der Ausdruck der richtigen "Harmonie" eines materiellen Musikinstruments z. B. einer Lyra ist. Diese Lyra, auf der die ἁρμονία erzeugt wird, ist als Instrument mit ihrem Holz und ihren Saiten etwas Materielles und somit prinzipiell ein Vergängliches. Falls nun die Leier und ihre Saiten zerstört werden, so könne (analog der sokratischen Auffassung!) argumentiert werden, müsse die ἁρμονία aber dennoch weiterexistieren und könne nicht untergegangen sein, da doch unmöglich sei, daß "Holz und Saiten"[285] noch vorhanden wären, die als Materielles doch dem Vergänglichen "ähnlich" seien, hingegen die viel "edlere" ἁρμονία, die dem Göttlichen und Unsterblichen "gleichartig und verwandt" sei, nicht mehr existiere.[286]

---

[283] Auch Philolaos aus Kroton lehrte eine solche Theorie. Vgl. Diog. Laert. VIII, 85: "Er lehrt, alles geschehe nach dem Gesetz der Notwendigkeit und der Harmonie.". Der von Simmias vorgetragene Einwand erinnert ebenfalls an die Auffassung des Empedokles z. B. DK 31 B 107f.; vgl. auch Arist., De anima 407b 27 bzw. 408a13. Eventuell vertrat schon Zenon aus Elea diese Mischungs- bzw. Verdichtungstheorie, vgl. auch Diog. Laert., IX, 29.
[284] Zum Ausdruck der "Unkörperlichkeit" der Seele vgl. ferner Phil. 64b; Polit. 286a; Soph. 246b, 247c. Zu einer möglichen Herleitung der Begrifflichkeit ἀσώματος aus der Vorsokratik vgl. GOMPERZ, (1932),155-167; bes. 164: "σῶμα bedeutet, wie bekannt, ursprünglich den Leichnam, dann den Leib überhaupt. Dem entspricht eine erste Bedeutung von ἀσώματος: 'unverkörpert, nicht an den Leib gebunden'. In diesem Sinn hat vermutlich Philolaos von einer * der Seele nach dem Tod gesprochen (*vita incorporalis* in der Übertragung des Claudianus Mamertus)."
[285] Vgl. die von Platon angeführten Metaphern der Materialität und ihre Parallelisierung: "Knochen und Sehnen" zu "Körper", wie "Hölzer und Saiten" zu "Leier" (80cf.; 86b).
[286] Vgl. Phd. 86b: "...ἀλλὰ φαίν ἀνάγκη ἔτι που εἶναι αὐτὴν τὴν ἁρμονίαν, καὶ πρότερον τὰ ξύλα καὶ τὰς χορδὰς κατασαπήσεσθαι πρίν τι ἐκείνην παθεῖν.".

Im zweiten Schritt des Einwandes gibt Simmias zu bedenken, daß man sich die Seele als eine Übereinstimmung in der Mischung bzw. des Mischungsverhältnisses der einzelnen Komponenten und Elemente denken könne.[287] Wieder liegt hier eine sinnfällige Analogie zugrunde, die das Verhältnis des menschlichen Körpers zur Seele veranschaulichen soll: Wie sich "Leier" und "Mischung" zueinander verhalten, so verhalten sich auch "Körper" und "Seele" zueinander.

Es ist für Simmias denkbar, daß dasjenige, was man üblicherweise als "Psyche" bezeichnet, ausschließlich eine Art *Formel* der richtigen Zusammensetzung der Stoffe, also eine besondere Konstellation ihrer jeweiligen Quantitäten darstellt. Die Psyche ist demnach also die "Stimmung und Mischung" des Gesamtgefüges *Mensch*, das sich möglicherweise auch im Sinne des *temperamentum* ausdrückt.

Bei einem Musikinstrument bewirkt der schlechte Zustand der materiellen Grundstoffe (z. B. schlechtes Holz oder mürbe Saiten, in ihrer Zusammenfügung beim Bau des Instruments) bereits eine schlechte Wechselbeziehung der Teile zum Ganzen. Wenn bestimmte Teile des Körpers in schlechtem Zustand sind oder in einen solchen geraten, dann wirkt sich das zugleich auch immer auf das ideale Arrangement des Gesamtgefüges aus. In Analogie ist dies nach dieser Anschauung nichts anderes als die "Psyche" selbst. Wenn einige körperkonstituierende Komponenten in ihrer "Gestimmtheit" gestört sind (z. B. bestimmte Organe durch eine Krankheit), dann "stimmt" auch das Gesamtgefüge Mensch nicht mehr. Eine "Gestimmtheit" ist nur solange "Gestimmtheit", wie ihre Teile im "schönen und rechten Verhältnis" zueinander gemischt sind. Ist die Seele tatsächlich eine solche "Gestimmtheit", dann überdauert sie Störungen dieses

---

[287] Vgl. Phd. 86bc: "...ὅτι τοιοῦτόν τι μάλιστα ὑπολαμβάνομεν τὴν ψυχὴν εἶναι, ὥσπερ ἐντεταμένου τοῦ σώματος ἡμῶν καὶ ξυνεχομένου ὑπὸ θερμοῦ καὶ ψυχροῦ καὶ ξηροῦ καὶ ὑγροῦ καὶ τοιούτων τινῶν, κρᾶσιν εἶναι καὶ ἁρμονίαν αὐτῶν τούτων τὴν ψυχὴν ἡμῶν, ἐπειδὰν ταῦτα καλῶς καὶ μετρίως κραθῇ πρὸς ἄλληλα.". Etwas ist ἄκρατος ("ungemischt"), wenn es "rein" als solches vorliegt, wie z.B. der Wein (οἶνος), der nicht mit Wasser gemischt wird, was im alten Griechenland jedoch keineswegs der Regel entsprach, vgl. deshalb auch das neugriechische κρασί ("Wein"). Vgl. RICKEN, (1979), 108: "Der Schluß von der Immaterialität auf die Unvergänglichkeit, so wendet Simmias ein, ist nicht zwingend. Mit demselben Argument ließe sich beweisen, daß die Harmonie (das Gestimmtsein) einer Leier unvergänglich ist. Auch sie ist unkörperlich und einfach, aber sie hat ihr Sein nur an dem materiellen Gebilde der Leier und geht mit diesem zugrunde. Weshalb soll die Seele mehr sein als das Mischungsverhältnis und die Harmonie der materiellen Elemente, aus denen der Leib besteht, des Warmen und Kalten, des Feuchten und Trockenen usw. ?".

Mischungsverhältnisses (vielleicht ein ausgewogenes Gleichgewicht der Komponenten!) nicht und geht zwangsläufig zugrunde, sogar noch bevor der Körper als Ganzes zerstört sein muß. Diese Darstellung ähnelt der materialistischen Auffassung, die die Seele als Epiphänomen körperlicher Zustände bzw. als reine Funktion des Körpers deutet. In beiden Vorstellungen gibt es ersichtlich überhaupt keine "metakörperliche" Seele, denn das, was die "Seele" im Sinne Platons auszeichnet, nämlich als immaterielles Prinzip allererst Vitalität und geistigen Aktivismus zu ermöglichen, wird schlichtweg geleugnet. Mit dem Einwand des Simmias wird in letzter Konsequenz bestritten, daß der Seele überhaupt so etwas wie Eigenständigkeit oder Souveränität zukommt.

Dieser Einwand des Simmias kann jedoch gleichermaßen als theoretischer Vorgriff der "Seelenkonzeption" der modernen psychologischen Aktualitätstheorie gedeutet werden. Diese lehnt sowohl die materialistische Zurückführung des "Seelenlebens" auf physiologische Prozesse, als auch die Lehre von einer immateriellen Seelensubstanz durchweg ab. Statt dessen propagiert sie psychische Akte, Tätigkeiten und Funktionsabläufe (Entwicklungen) ohne jede zugrundeliegende Substanz anzunehmen. Die "Seele" ist nach dieser Theorie zwar einheitlich, aber nicht einfach, sie ist zwar Subjekt, aber durchaus nicht Substanz. Diese vor allem von W. Wundt erhobene Ansicht, daß die Seele keine den psychischen Erscheinungen zugrundeliegende Substanz ist, sondern allein in den *aktuellen seelischen Vorgängen* (den psychologischen Funktionsabläufen) gegeben ist, setzte sich in der naturwissenschaftlich-experimentell ausgerichteten Psychologie durch. Aus der Psychologie als einer "Lehre von der Seele" wurde die "Psychologie ohne Seele".[288]

---

[288] Vgl. ULICH, (1989), 67: "Im Zentrum von Wundts Interesse stehen die psychischen Vorgänge, vor allem Empfindungen, Vorstellungen und Gefühle. [...] Alle Erlebnisse sind stets etwas Neues, vorher nicht Dagewesenes, Einmaliges und Originelles; Psychisches befindet sich stets im Fluß. Die »Seele«, nicht als Substanz gedacht, beschreibt Wundt als »Gesamtinhalt unserer inneren Erlebnisse selbst, unseres Vorstellens, Fühlens und Wollens [...]. ".
Vgl. hierzu ferner BORMANN, (1987), 115: "Ist ... die Seele wie eine Harmonie durch die Bestandteile des Körpers bedingt und hervorgebracht, dann ist sie dem Körper gegenüber sekundär, ähnlich wie die Harmonie seinsmäßig später ist als das Instrument. Wie die Harmonie zugrunde geht, wenn das Instrument zerstört wird, so muß auch die Seele als eine Übereinstimmung in der Mischung der Elemente des Körpers zugrunde gehen, wenn der Körper sich auflöst. Und noch mehr: Das Instrument braucht nur zu einem Teil beschädigt zu werden, wenn es keine Harmonie hervorbringen soll. Das Instrument kann also die Harmonie überdauern.". Vgl. ferner WIPPERN, (1970), 283: "Die Seele sei eine Harmonie der elementaren Zusammensetzung ihres Körpers, d.h.

in der Sprache des neuzeitlichen Materialismus: eine Funktion ihres Leibes.".Zur Möglichkeit einer solchen Deutung des Einwandes des Simmias vgl. ebenfalls BORMANN, (1987), 116: "Die "Seele" ist nichts anderes als der sich stets wandelnde Komplex von innerlichen Tätigkeiten und Erlebnissen, ein nicht substanzielles Schnittbündel von Relationen. Zu behaupten, dieser Komplex von innerlichen Tätigkeiten und Erlebnissen, dieser Schnittpunkt von Relationen könne existieren, nachdem der menschliche Körper gestorben ist, wäre eine absurde Aussage. Was kann Platon hiergegen vorbringen?".

3. DER "WEBER-EINWAND" DES KEBES

Nachdem Simmias seine Bedenken formuliert hat, erfolgt nun der Einwand des Kebes. Dieser Einwand des Kebes ist in seiner argumentativen Stringenz einschneidender als der des Simmias und philosophisch bedeutsamer.[289] Grundsätzlich hält Kebes an der bisher dargelegten Beschaffenheit der Psyche fest und konzediert ihr sogar eine Präexistenz.[290] Auch gesteht er im Gegensatz zu Simmias ein, daß die Seele stärker und dauerhafter (ἰσχυρότερον καὶ πολυχρονιώτερον, 87af.) sei als der Körper. Die Überzeugung des Kebes basiert auf dem medizinisch-physilogischen Tatbestand des "Stoffwechsels" als dauernder periodischer Erneuerung der Körpersubstanzen (Haut, Haare u. ä.), wohinter letztlich der ein wenig paradox anmutende Umstand steht, daß jedes einzelne Lebewesen über die Dauer seines Lebens zwar seine Selbstidentität zu wahren scheint, dennoch aber regelmäßig immer wieder bestimmten physiologischen Veränderungen unterworfen bleibt (durch Wachstum, Altern oder allgemeine physiognomische Modifikationen). Trotz des Beharrungsvermögens in der Subjektsidentität stellt der Mensch folglich immer auch etwas "Neues" dar, zumal die innere Persönlichkeit des Menschen durch den Wandel der charakterlichen Gesinnung ebenfalls variiert.[291] Kebes billigt theoretisch selbst das Überleben der Psyche nach der Dissoziation vom Körper, dessenungeachtet sei bislang jedoch keineswegs erwiesen, daß die Seele nach mehreren Einkörperungen und Absonderungen eine *letzte* Abtrennung vom Körper tatsächlich überlebe, denn ihre immanente Kraft könnte durch die vielen Reinkarnationen durchweg aufgebraucht sein. Gemäß der Hypothese eines solch irre-

---

[289] Vgl. GADAMER, (1973), 153: "Beide Argumentationen haben ihren ernsthaften wissenschaftlichen Grund, wie wir uns nicht verbergen sollten: sie sind Metaphern echter wissenschaftlicher Fragen ... ".
[290] Vgl. die ironisch-mokanten Bemerkungen des Kebes, mit denen er seinen Einwand einführt in Phd. 87a: "'Ὅτι μὲν γὰρ ἦν ἡμῶν ἡ ψυχὴ καὶ πρὶν εἰς τόδε τὸ εἶδος ἐλθεῖν, οὐκ ἀνατίθεμαι μὴ οὐχὶ πάνυ χαριέντως, καί, εἰ μὴ ἐπαχθές ἐστιν εἰπεῖν, πάνυ ἱκανῶς ἀποδεδεῖχθαι.".
[291] Vgl. RICKEN, (1979), 109: "Kebes gesteht, ausgehend von physiologischen Beobachtungen, der Seele eine relative seinsmäßige Überlegenheit über den Leib zu. Während unseres Lebens befindet unser Leib sich in einem ständigen Prozeß des Zerfalls und Regeneration. Seine Bestandteile werden ständig gegen neue ausgetauscht. Die Seele ist das biologische Prinzip, das diesen Austausch leistet. Vielleicht, so interpretiert Kebes die Reinkarnationslehre, ist die Lebenskraft einiger Seelen so stark, daß sie mehrmals wiedergeboren werden; einmal wird jedoch auch sie erschöpft sein und die Seele zugrunde gehen.".

versiblen und obligatorischen Untergangs der Psyche nach einer hohen Anzahl von Einkörperungen, wäre es denkbar, daß schlechthin kein Wissen und Empfinden zurückbliebe, was dann einer vollständigen Ver-Nichtung der Seele in ein "Nichts" gleichkäme.[292]

In Anlehnung an das bekannte *argumentum a minore ad maius* (80bff.) bzw. an den parodierenden Versuch der Widerlegung durch Simmias (86af.) setzt Kebes nun wieder den Körper mit dem Schwächeren (τό ἀσθενέστερον) gleich, die Seele mit dem Stärkeren (τό πολυχρονιώτερον, 87af.). Er folgert in einem eher regressiven Sinne der Erörterung – aber zunächst in Übereinstimmung mit der sokratischen Auslegung –, daß die "dauerhaftere" Psyche sich gegenüber dem "schwächeren" Körper länger erhalten muß, womit fürs erste also wiederum eine Adaption des sokratischen Aspekts in die Diskussion gelangt.

Kebes bedient sich aber zur Illustration seines Einwandes, wie zuvor schon Simmias, eines neuen Bildes (εἰκόνος, 87b)[293], indem er im "Webergleichnis" durch eine *reductio ad absurdum* die bisherigen Resultate des Sokrates hinterfragt.[294] Auch dieser Einwand arbeitet wieder mit dem Nachdruck einer Analogie: Die Seele verhält sich zum Körper wie ein verstorbener Weber zu seinem letzten selbstgewebten Kleid.[295] Das *argumentum a minore ad maius* ging davon aus, daß die Seele aufgrund ihrer Beziehung zu den Eide "verfallsresistenter" als der Körper sei und deshalb

---

[292] Vgl. BORMANN, (1987), 120f.: "Die Seele besteht gemäß diesen Prämissen vor und nach dem Leib. Was wird dann aber bestritten? Bestritten wird, daß sie überhaupt nicht sterben kann, daß sie ein athanaton ist, d.h. etwas, das dem Tod keinen Zugang gestattet.".

[293] Vgl. hierzu vor allem die Aussagekraft der Bedeutungsvariante von εἰκάζω "ich vergleiche".

[294] Vgl. auch FINDLAY, (1994), 65: "Der Weber-Einwand, den Kebes vorträgt, ist nichts anderes als eine Wiederholung seines früheren Einwandes gegen das Wiedererinnerungsargument (77c-d). Daß die Seele vor der Geburt existierte, beweist nicht, daß sie in ihrer Existenz fortfährt, wenn ihre Teile sich vom Körper lösen.".

[295] Beide Einwände nutzen die bereits von Sokrates vorgebrachte Einschränkung der Unsterblichkeitsgewißheit in 80b: "...ἢ ἐγγύς τι τούτου; — Πῶς γὰρ οὔ;". Vgl. auch WIPPERN, (1970), 283: "Denn damit wird sowohl die Präexistenz der Seele als auch ihre Kraft, einzelne Leibesauflösungen (= θάνατοι) zu überdauern, eingeräumt. So zielt die Spitze dieses Einwurfs gerade vom wirklich erreichten Sicherheitsgrad der bisherigen Beweise aus gegen jenes noch ausstehende ἢ ἐγγύς τι τούτου.".
Vgl. ferner BORMANN, (1987), 121: "Bei der Ausgestaltung dieser Analogie benutzt Platon Argumente, die zuvor bei den Beweisen für die Unsterblichkeit der Seele verwendet wurden; er weist also selbst auf Schwächen der voraufgegangenen Demonstration hin.".

diesen notwendig überlebe. Aus der empirischen Tatsache, daß der Körper des Menschen sich beim Eintritt des Todes nicht sogleich auflöst, wurde geschlossen, daß die Seele sich aufgrund der ihr zugeschriebenen Attribute viel *überlegener* und *überlebender* als der Körper zeigt und sie deshalb eine Auflösung überhaupt nicht beträfe.[296] Nun koordiniert Kebes die sokratischen Erwägungen mit dem "Webergleichnis": Der Weber ist seinem selbstgefertigten Kleid seinsmäßig vorgeordnet, denn er hat es geschaffen. In seiner handwerklichen Tätigkeit und durch den Schaffensprozeß ist er gleichsam die *Ursache* für das Vorhandensein des Kleides. Der philosophische Begriff der Ursache, der hier in die Nähe des platonischen τέχνη-Denkens gebracht wird, unterscheidet sich von der bloßen Meinung oder einem Erfahrungswissen dadurch, daß jene lediglich Tatbestände feststellen, dieses hingegen *die Ursachen* der Tatbestände anzugeben weiß, mit anderen Worten der Weber kann sich und seinen Mitmenschen hinsichtlich der Fertigung eines Kleides Rechenschaft geben.[297]

Das Kleid unterliegt jedoch dem Verschleiß der Zeit, so wie der Körper des Menschen über die Dauer des Lebens sich auch ständig regenerieren muß, so ist auch der Weber genötigt immer wieder neue Kleider für sich herzustellen. Insofern gilt es zunächst festzuhalten, daß gemäß der Analogie (Weber zu Seele wie Kleid zu Körper) der Weber von längerer Beständigkeit ist als ein einzelnes seiner Kleider. Der Weber wird nun älter und stirbt zuletzt, so daß er zum Zeitpunkt des Todes bereits viele Kleider verbraucht hat, sein letztes Kleid hingegen ist beim Tod des Webers noch vorhanden. Kebes schließt nun, daß es abstrus wäre, wenn jemand behaupten wollte, daß der Weber nicht tot sei, sondern notwendig noch lebendig sein müsse, da dessen letztes Kleid auch noch vorhanden sei. Die fehlerhafte Konklusion der Parabel läuft der Stringenz nach auf derselben formalen Ebene ab wie die sokratische Schlußfolgerung in Phd. 80bff.

Die Stoffe, aus denen der Körper besteht, unterliegen wie die Kleider des Webers dem Verschleiß der Zeit. Nach der Auffassung des Kebes ersetzt die Seele die aufgebrauchten Körper, indem sie sich bildlich gesprochen stets neue Körper "webt". Im Verlauf eines Menschenlebens "webt" sich die Seele mehrere Körper, da sie verbrauchte Materie durch neue er-

---

[296] Vgl. hierzu nochmals die Argumentation in Phd. 80d: "Ἡ δὲ ψυχὴ ἄρα, τὸ ἀειδές, τὸ εἰς τοιοῦτον τόπον ἕτερον οἰχόμενον γενναῖον καὶ καθαρὸν καὶ ἀειδῆ, εἰς Ἅιδου ὡς ἀληθῶς...".
[297] Vgl. hierzu auch Phd. 98b-99a, wo die Ursache eines Vorganges als die Absicht und der Zweck, die in einem solchen Vorgang verfolgt werden, charakterisiert wird. Vgl. ferner Gorg. 465a und Men. 98a.

setzen muß.²⁹⁸ Wenn die Seele stirbt, ist ihr letzter Körper jedoch noch nicht verbraucht, so daß er sich bis zum vollständigen Zerfall noch einige Zeit erhält. Jedoch könne laut Kebes aus dem Umstand des zeitweiligen Vorhandenseins des Körpers nicht geschlossen werden, daß die Seele ebenfalls noch "irgendwo" (που, 87e) existiere. Selbst unter dem Zugeständnis der Metempsychose sei auf keinen Fall die Unsterblichkeit der Seele erwiesen, sondern nur ihre *relative* Langlebigkeit und Beständigkeit.²⁹⁹ Falls die Seele bei der Dissoziation vom Körper A nicht untergeht, sondern eine erneute Einkörperung in einen anderen Körper B vollzieht, kann nach wie vor angenommen werden, daß sie irgendwann dennoch ihre Kraft (ἰσχύς) aufgebraucht hat und somit nach längerer Existenz zwangsläufig doch irgendwann stirbt. Der meinigen Seele sind dieser Ansicht nach schon mehrere meinige Körper zugeordnet gewesen, allerdings belebte "meine" Seele auch schon viele andere Körper.

Grundsätzlich muß also nach Maßgabe dieses Einwandes nach wie vor die prinzipielle Unauflöslichkeit und Todlosigkeit der Seele nachgewiesen werden (...ὅτι ἔστι ψυχὴ παντάπασιν ἀθάνατόν τε καὶ ἀγώλεθρον, 88b). Dieser Nachweis besitzt für Sokrates eine besondere Bedeutung, da die Möglichkeit des Zugrundegehens *seiner* Seele vor dem Hintergrund der herannahenden Hinrichtung unmittelbar bevorsteht. Hiermit gelingt Platon eine Verbindung der inneren Erwägungen und äußeren Gegebenheiten oder Rahmenbedingungen zu einer literaisch erstrangigen Dynamik und Brisanz, die den Verlauf des gesamten Dialog einschneidend prägen.

---

²⁹⁸ Vgl. Phd. 87df.: "εἰ γὰρ ῥέοι τὸ σῶμα καὶ ἀπολλύοιτο ἔτι ζῶντος τοῦ ἀνθρώπου, ἀλλ' ἡ ψυχὴ ἀεὶ τὸ κατατριβόμενον ανυφαίνοι·".
²⁹⁹ Vgl. GAUSS, (1958), 49: "Das Argument von Sokrates habe nur dargetan, dass die Seele aller Wahrscheinlichkeit nach langlebiger sei als der Körper oder der Leib; es habe nicht ihre völlige Unzerstörbarkeit über jeden Zweifel erheben können.".

4. DIE WARNUNG VOR DER MISOLOGIE

Die Einwände der beiden Thebaner haben zur Folge, daß die anwesenden Freunde im Hinblick auf die Rede des Sokrates unvermittelt in den Zustand der ἀπιστία geraten, so daß das Gewicht und die Vertrauenswürdigkeit der Todesgewißheit völlig verloren geht und die zuversichtliche Haltung hinsichtlich des Todes erneut zur Aussprache steht.[300] Aber nicht nur die vorhergehende Argumentation über die Unsterblichkeit der Seele büßt durch die Skepsis der Pythagoräer ihre Überzeugungskraft ein, sondern darüber hinaus wird der Glaubwürdigkeitsstatus der λόγοι generell in Frage gestellt (...τὰ ὕστερον μέλλοντα ῥηθήσεσθαι, 88c). In Anbetracht der noch ausstehenden Diskussion scheint sogar das Vertrauen der Anwesenden in ihr eigenes Urteilsvermögen, also in ihren gesunden Menschenverstand gebrochen zu sein.[301]

Gewissermaßen als Anreiz zur Methodenreflexion nimmt Sokrates die Einwände seiner "Versucherfreunde" mit Gefallen auf, um schließlich durch "seelenärztliches Wirken" und "Mutzuspruch" die verwirrten und schwankenden Freunde gleichsam von der ἀπιστία zu "heilen", um mit ihnen weiterhin im rehabilitierten λόγος die Untersuchung vorantreiben zu können.[302]

---

[300] Vgl. Phd. 88c: "...εἰς ἀπιστίαν καταβαλεῖν...". Nachdem Phaidon die Bestürzung und Bedrückung der Anwesenden aufgrund der Einwände geschildert hat, bittet ihn der Pythagoräer Echekrates nachdrücklich die nun folgenden Ausführungen des Sokrates so genau als möglich wiederzugeben. Der Dialog kehrt für kurze Zeit auf die Ebene der Rahmenerzählung zurück. Eine höchst ideenreiche Zäsursetzung. Vgl. hierzu die Ausführungen von GAISER, (1959), 151: "Indem Platon an dieser Stelle den Berichterstatter Phaidon und seinen Zuhörer in Phleius einbezieht (88 Cff.), erreicht er den Eindruck einer besonders durchschlagenden Wucht des Gesprochenen; und dadurch, daß sich Sokrates mit der nun folgenden Trostparänese an den zu seinen Füßen sitzenden Phaidon wendet, gewinnt sie eine besondere Innigkeit und Verbindlichkeit.".

[301] Vgl. GADAMER, (1973), 154: "Und es gehört gewiß in dieselbe Sachlage, daß Sokrates über die Gefahr der Skepsis Worte findet, die Misologie, die sich dort einzustellen pflege, wo das Bemühen um klare Einsicht immer wieder scheitert, eine Gefahr, die Platon offenkundig – und mit historischem Recht – in den verwirrenden Künsten der Sophistik erblickt. Wir werden dies als den eigentlichen Sinn der Hypothesislehre des Eidos erkennen.".

[302] Vgl. auch die Metaphern aus dem Militärwesen in Phd. 89a: "καὶ ὥσπερ πεφευγότας καὶ ἡττημένους ἀνεκαλέσατο καὶ προύτρεψε πρὸς τὸ παρέπεσθαί τε καὶ συσκοπεῖν τὸν λόγον.". Vgl. ferner GAISER, (1959), 151: "Das ärztliche und protreptische Wirken des Sokrates gilt hier also der ἀπιστία. Dieser Affekt war schon zu Beginn des Gesprächs latent da, ist aber nun in der Mitte des Dialogs wie eine Krankheit

In einer intimen Wendung an den jungen Phaidon beginnt nun Sokrates seine Apologie des λόγος.[303] Er zeigt auf, daß sich beim Menschen aufgrund seiner Veranlagungen sehr rasch ein παθός (89c) einstellt, der in eine Rede und in die Vernunft des Menschen zuviel Vertrauen hineinlegt. Wird nun dieses übermäßige Vertrauen häufig enttäuscht, so entwickelt der betroffene Mensch im Überdruß eine Antipathie auf alle Reden und auf alles Vernünftige, schlußendlich wird er zum μισόλογοι. Dieser Mensch macht also nicht seine falsche Herangehensweise, nämlich seine unangemessene und übertriebenen Gutmütigkeit bzw. seine zu immense Vernunftsgläubigkeit, verantwortlich, sondern versteift sich darauf allen λόγοι prinzipiell keinen Glauben mehr zu schenken. Da er sich der Angelegenheit in einer recht kunstlosen Weise (ἄνευ τέχνης, 89df.) übergibt, verkennt er die wahren Gründe seines Scheiterns. Als einen Ausweg offeriert Sokrates den sachgerecht-kunstgemäßen Umgang mit den vernünftigen Reden. Aus der Erörterung des Sokrates wird deutlich, daß man zur Auffindung der wahren λόγοι eine spezielle Fertigkeit benötigt, nämlich eine τέχνη περὶ τοὺς λόγους, mit der Sokrates glaubt die ἀπιστία seiner Freunde überwinden zu können.[304] Die Bestimmung dieser τέχνη geschieht an dieser Stelle des Dialogs nur sehr vage in der Kontrastierung mit der Vorgehensweise der ἀντιλογικοί, die sich als ἀπαίδευτοι zu erkennen geben, da sie nur darauf bedacht sind in allen Angelegenheiten möglichst recht zu behalten.[305]

Sokrates bezeichnet seine Grundhaltung ironisierend als πλεονεξία, es geht ihm aber um ein "Mehrhabenwollen" von Wahrheit, nicht um die bloße Meinung (δόξα) und den Schein von Wissen oder gar um die Aner-

---

akut ausgebrochen. Sokrates überwindet die Gefahr durch sein paränetisches Zureden und durch seine paradeigmatische Haltung.". Vgl. ferner Phd. 69e: "Τοῖς δὲ πολλοῖς ἀπιστίαν παρέχει.". Auf das Verständnis der "Vielen" rechnet Sokrates nicht mehr, aber wenigstens seine anwesenden Freunde möchte er davon überzeugen, daß seine zuversichtliche Haltung betreffs des Todes berechtigt ist. Durch die Einwände ist die erfolgversprechende Wirkung der Rechtfertigung wieder in weite Ferne gerückt.".
[303] Vgl. Phd. 90df.: "Πρῶτον μὲν τοίνυν, ἔφη, τοῦτο εὐλαβηθῶμεν, καὶ μὴ παρίωμεν εἰς τὴν ψυχὴν ὡς τῶν λόγων κινδυνεύει οὐδὲν ὑγιὲς εἶναι...". Vgl. auch Anm. 1 zu diesem Kapitel.
[304] Vgl. GAISER, (1959), 153: "Im Grunde beruht die "τέχνη" des Sokrates, sein Vertrauen auf die Gesundheit der λόγοι und πράγματα auf die "Ideenlehre".".
[305] An einer späteren Stelle des "Phaidon" (99c-102a) wird das Konzept der philosophischen Wahrheitssuche des Sokrates mit Hilfe der λόγοι noch weiter ausgeführt. Auf diese Passage wird in diesem Buch an anderer Stelle noch einzugehen sein.

kennung der anderen.³⁰⁶ An dieser Stelle des "Phaidon" wird ein persönliches Moment des sokratischen Philosophierens von Platon herausgestellt: Sokrates will vorrangig *keine* Überzeugungsarbeit nach außen hin leisten, er will nicht, in bewußter Abhebung zu der Antilogik und Eristik der Sophisten, die anderen um jeden Preis für seine Positionen gewinnen. Er möchte vielmehr zunächst erreichen, daß seine λόγοι ihn selbst überzeugen, weil sie erst dann wert sind auch anderen mitgeteilt zu werden. Er hofft, daß er sich mit seinen λόγοι auf die Wahrheit bezieht, falls nicht, so gehe seine Unwissenheit schließlich bald mit ihm zugrunde.³⁰⁷

In der philosophischen Bereitschaft, dem φιλοσόφως ἔχειν (91a), ist für den Wahrheitssuchenden die Möglichkeit angelegt sich der μισολογία zu widersetzen, denn in dieser philosophischen Grundhaltung als solcher, die über den gesamten "Phaidon" durch Sokrates personifiziert wird, findet sich ein "Heilmittel" gegen die vermeintliche Unsicherheit und Relativität der λόγοι und πράγματα.³⁰⁸

Die τέχνη περὶ τοὺς λόγους des Sokrates basiert letztlich auf dem hohen ideellen Vorschuß, den Sokrates den λόγοι gewährt. Er verlangt, daß es bei der Suche nach der Wahrheit eines Sachverhaltes nicht zum Stillstand kommen darf. Er ist fest davon überzeugt, daß es für den schwierigen Weg zur Wahrheit nur ein "festes und verläßliches Fahrzeug" gibt: die "Diskursivität" der λόγοι. Nur in der Auseinandersetzung im philosophischen, vernünftigen Dialog sieht er die Notwendigkeit des ständigen Hinterfragens und Weiterforschens in der Sache gewährleistet, denn im διαλέγομαι des Forschenden erblickt Sokrates das einzige probate Mittel sich einer vorzeitigen, selbstgefälligen Zufriedenheit im Hinblick auf die Wahrheitssuche zu widersetzen.³⁰⁹ Diese Ausführungen reflektieren

---

³⁰⁶ Vgl. hierzu auch den "Missionsauftrag" des Sokrates in 91bf.: "'Ὑμεῖς μέντοι, ἂν ἐμοὶ πείθησθε, σμικρὸν φροντίσαντες Σωκράτους, τῆς δὲ ἀληθείας πολὺ μᾶλλον...".
³⁰⁷ Vgl. Phd. 91b: "...ἡ δὲ διάνοιά μοι αὕτη οὐ ξυνδιατελεῖ ..., ἀλλ' ὀλίγον ὕστερον ἀπολεῖται.".
³⁰⁸ Vgl. hierzu GAISER, (1959), 153, Anm.5: "Wir bekommen den Eindruck, daß Sokrates bei der Überwindung der ἀπιστία und μισολογία wie der Arzt vorgeht, der bei einem Kranken vor allem Zutrauen zur ärztlichen τέχνη und den Glauben an die Möglichkeit der Gesundung und damit den Willen zum Gesundwerden wecken will. Das Leiden der μισόλογοι, die die Schuld (αἰτία) von sich wegschieben, bedeutet nicht nur eine Gefahr für den Kranken, sondern auch eine Krise der philosophisch-ärztlichen τέχνη selbst.".
³⁰⁹ Vgl. STÜTTGEN, (1966), 92f.: "Außerhalb dieses abgesteckten Raumes der Wissenschaft versucht ein auf solche Endgültigkeit und Festigkeit absehendes Denken dann

nochmals die grundsätzliche Darlegung des Simmias, wo zum Ausdruck kommt, daß es in diesem Leben unmöglich oder geringstenfalls sehr schwierig ist von bestimmten Angelegenheiten wirkliches Wissen zu erlangen. Im Vordergrund steht hier die Verpflichtung des Menschen in permanenter philosophischer Kritik seine Ansichten zu gewinnen und hinterfragend-weiterforschend abzusichern. Die philosophische Betrachtung kann auf manchen Gebieten keine strikten Beweise und Resultate liefern, sondern nur Gewißheit und hohe Wahrscheinlichkeiten vermitteln. Das Postulat der vollkommenen Erkenntnis durch die philosophische Reflexion bleibt unerfüllt, da es ein prinzipielles Allwissen des Menschen voraussetzen würde. Dieser Textabschnitt handelt aber auch von der Überheblichkeit der Einforderung bestimmter Erkenntnisgewinne durch die Philosophie. Manche der an das φιλοσόφως ἔχειν gerichteten Erwartungen können überhaupt nicht erfüllt werden, weil derartiges einfach die Grenzen des Machbaren überschreiten. Hier übt Platon in der Tat Kritik am "Machbarkeitswahn" einer falsch verstandenen rationalistischen Grundhaltung, welche die Fähigkeiten und Kompetenzen des menschlichen Geistes maßlos überschätzt. In einer realistischen Gesinnung und Grundhaltung wird Sokrates nun die Einwände der beiden Pythagoräer prüfen und zu widerlegen versuchen.

Ideologie zu entwickeln als unantastbare Buchstabenwahrheit. Gegen diese seit jeher vorherrschende Tendenz des Denkens hat sich Philosophie als Außenseiterin immer mühsam behaupten müssen. [...] Es bedürfte einer weiteren Untersuchung, aufzudecken, inwieweit philosophische Denker selbst versucht waren, das, was nur Weg bedeuten konnte, zeitweise als Ziel oder Endresultat anzusehen. In jedem Fall erscheint es aber als Aufgabe philosophischen Forschens, hinter vermeindlichen Endgültigkeiten den eigentlichen philosophischen Fragegrund aufzureißen, nicht aber angebliche Lösungen zu tradieren.".
Vgl. BRÖCKER, (1990), 194f.: "Das Scheitern eines Beweises beweist nichts gegen das Beweisen, denn wenn sich nachher herausstellt, daß sich die Sache doch anders verhält, so liegt das nicht am Beweisen, sondern gerade am Nicht-Beweisen, d.h. daran, daß wir nicht richtig bewiesen haben, daß wir dabei irgend etwas vernachlässigt und versäumt haben. Daß der Mensch immer wieder Schlußfehler begeht, beweist nicht, daß die Logik eine Wahnidee ist. ... Man kann Trugschlüsse begehen, weil man gegen die Regeln verstoßen hat, und man kann sich außerdem der Sache nach irren, weil die Voraussetzungen, aus denen man gefolgert hat, nicht stimmen, oder weil man irgend etwas zu berücksichtigen vergessen hat, ... das Vergessene kann nachgeholt werden, und so schreitet die Erkenntnis fort, wenn sie sich auch damit bescheiden muß, sich nicht vollenden zu können.".

5. Die drei Widerlegungen des Sokrates gegen den Harmonie-Einwand des Simmias

Nach einer kurzen Rekapitulation der Einwände des Simmias und Kebes folgen im "Phaidon" nun drei sokratische Entkräftungen der "Harmonie"-These des Simmias.[310] Die drei sokratischen Entkräftungen weisen nach, daß die Bedenken des Simmias in einer "logischen", "ethischen" und "empirischen" Antinomie mit dessen eigenen Auffassungen stehen.

Vor dem ersten Gegenbeweis holt sich Sokrates in einer Nachfrage von den beiden Pythagoräern ein Zugeständnis ein: Sowohl Simmias, als auch Kebes billigen ausdrücklich die Rede des Sokrates, daß alles Lernen in der Wiedererinnerung besteht (92a). Nach dieser Lehre müssen die Seelen aber bereits *vor* (πρότερον, 91e) ihren Einkörperungen existiert haben, da sie vor dem Zeitpunkt der Einkörperung das Wissen um die Maßstäbe – die Eide – erhalten haben müssen, an das sie sich im späteren "Leben" lediglich wiedererinnern.

Sokrates möchte im ersten, dem "logischen" Gegenbeweis darlegen, daß die "Harmonie"-These bei gleichzeitiger Akzeptanz der Anamnesislehre nicht haltbar ist: Wenn Simmias seinen Einwand noch immer vertritt, dann muß er nach der Auslegung des Sokrates zwangsläufig die Lehre von der Wiedererinnerung verwerfen. Die Präexistenz der Seele war bereits in der Demonstration der Anamnesislehre von allen Beteiligten zur Bedingung der Annahme apriorischen Wissens gemacht worden. Wenn nun gemäß der Anamnesislehre die Psyche *vor* ihrer Kombination mit dem Körper bereits existierte, dann kann sie nicht als ein Mischungsverhältnis materieller Bestandteile gedacht werden. Sokrates verweist darauf, daß nach der "Harmonie"-These die ἁρμονία[311] nur *mit* dem Körper entstehen kann, sie kann daher keine Existenz und keine Erfahrung *vor* dieser Körperlichkeit haben, was der Anamnesislehre mit ihrer Hypothese einer temporalen Priorität der Psyche vor dem Körper offenkundig widerspricht.[312]

---

[310] Vgl. STEINER, (1992), 66: "Diese Widerlegung, die ausführlicher ist als eigentlich erforderlich, liefert ein eindringliches Beispiel für die Warnung vor der Misologie und die Bedeutung einer Kunst, Logoi unterscheiden zu können.".

[311] Sokrates greift hier nur den Terminus ἁρμονία auf und vermeidet die Wiederaufnahme des Begriffs κρᾶσις. Erst in 92e wird der ἁρμονία anstatt der "Mischung" die σύνθεσις beigeordnet.

[312] Vgl. Phd. 92af.: "οὐ γάρ που ἀποδέξει γε σαυτοῦ λέγοντος ὡς πρότερον ἦν ἁρμονία συγκειμένη, πρὶν ἐκεῖνα εἶναι ἐξ ὧν ἔδει αὐτὴν ξυντεθῆναι. Ἢ ἀποδέξει ; — Οὐδαμῶς, ἔφη, ὦ Σώκρατες.".

Der Einwand des Simmias steht der Lehre von der Wiedererinnerung entgegen, *weil* er die der Anamnesislehre vorausgesetzte, temporal vorgelagerte Transzendenz des menschlichen Erkenntnisorgans "Psyche" unberücksichtigt läßt; er verkennt die von den Gesprächsteilnehmern ausgewiesene Faktizität der wahren Erkenntnisgewinnung durch die Anamnesis. Die Psyche ist nach der sokratischen Auffassung also etwas anderes als die ἁρμονία, wodurch die Analogiebildung des Simmias, die sich in diesem Fall einer nutzlosen, "unstimmigen" Metapher bediente, als hinfällig ausgewiesen ist.[313] Die These des Simmias, die Psyche sei als eine ἁρμονία zu denken, bleibt eine unbewiesene Behauptung, die ein Modell aus der Musiktheorie ohne Zusammenhang und Begründung auf eine andere Ebene überträgt. Die These von der Anamnesis, die die Bedingung der Möglichkeit des apriorischen Wissens klärt, ist aufgrund einsichtiger und richtiger Begründung letztlich auch für Simmias akzeptabler, so daß er seinen Einwand zum erstenmal verwerfen muß.[314]

Sokrates fügt zur Konsolidierung seiner Widerlegung noch ein zweites, "ethisches" Argument an. Er führt aus, daß es hinsichtlich der ἁρμονία eines Musikinstrumentes durchaus *Grade* der "Gestimmtheit" gibt, ein Instrument kann durchaus mehr oder weniger gut "gestimmt" sein. Diese Tatsache läßt sich jedoch nicht in analoger Weise auf den Körper übertragen, da der Körper keineswegs mehr oder weniger "beseelt" ist.[315] Es

---

[313] Vgl. die Hinweise bezüglich der Metaphorik und Analogiebildung bei FRIEDLÄNDER, (1975), 46: "Aber auch so noch, wenn man nicht jedem Ja und Nein des Simmias zustimmen und aus dem Widerspruch zu lernen sucht, wird man einsehen müssen: das In-eins-setzen von Seele und Harmonie ist eine Metapher. Aristoteles hat über Wesen und Formen der Metapher gründlich nachgedacht und spricht darüber eingehend in der *Poetik* und der *Rhetorik*. In den Bezirken, die er dort behandelt, können Metaphern erhaben oder nützlich oder lächerlich sein.".

[314] Vgl. Phd. 92cf.: "ὅδε μὲν γάρ μοι γέγονεν ἄνευ ἀποδείξεως μετὰ εἰκότος τινὸς καὶ εὐπρεπείας ... . [...] Ὁ δὲ περὶ τῆς ἀναμνήσεως καὶ μαθήσεως λόγος δι' ὑποθέσεως ἀξίας ἀποδέξασθαι εἴρηται· ἐρρήθη γάρ που οὕτως ἡμῶν εἶναι ἡ ψυχὴ καὶ πρὶν εἰς σῶμα ἀφικέσθαι, ὥσπερ αὐτῆς ἐστιν ἡ οὐσία ἔχουσα τὴν ἐπωνυμίαν τὴν τοῦ « ὃ ἔστιν »·". Vgl. auch die Anmerkung bei BÄRTHLEIN, (1966), 74: "Aus dieser Stelle geht wiederum nicht bloß hervor, daß der Ausdruck bereits ein Terminus technicus geworden ist, sondern auch dies, daß Platon die – übrigens unvermeidbare – Verallgemeinerung der Ideen sehr wohl kennt.".

[315] Die sokratische Arbeitsformel lautet μᾶλλόν τε ἁρμονία εἴη καὶ πλείων. Im Grunde ergeben sich zwei Probleme: Unplatonisch formuliert können "Wesenheiten" ihrerseits "Qualitäten" besitzen, hingegen können "Qualitäten" keinesfalls wieder Qualitäten beinhalten; ferner kann man von "Qualitäten" den Umfang bestimmen, man

scheint unmöglich, daß eine Seele mehr oder weniger Seele *sein* kann als eine andere, so wie es "gestimmte" und "ungestimmte" Instrumente gibt (93af.). Vorausgesetzt, es gäbe eine solche ontische Differenz zwischen den einzelnen Seelen, dann müßte diese Differenz in der ἁρμονία der Seelen durch eine weitere, zusätzliche ἁρμονία der ersten ἁρμονία bestimmt sein. Unter der Annahme einer ontischen Differenz, wie sie im "Harmonie"-Einwand des Simmias angelegt ist, müßten auch "gute" und "schlechte" Seelen, die, wie das alltägliche Miteinander der Menschen zeigt, zweifelsohne vorhanden sind, erklärt werden.

Die gute Seele bzw. der ihr korrespondierende "gute Mensch" würde sich durch Vernunft (νοῦς) und Tugend (ἀρετή) auszeichnen, die schlechte Seele bzw. der "schlechte Mensch" durch Unvernunft (ἄνοια) und Schlechtigkeit (μοχθερία).

Die ἀρετή als *Tugend* oder *Tauglichkeit* von etwas bezieht sich in Platons Denken auf den *Grad der Vollkommenheit und Ordnung* der im einzelnen Gegenstand angelegten Fähigkeiten. Auch die Tauglichkeit der Psyche würde sich dahingehend auszeichnen, daß sie die in ihr angelegten Fähigkeiten in möglichst hohem Umfang zur Verwirklichung bringt. Durch νοῦς und ἀρετή der Psyche drückt sich aber gleichsam ihr rechtes Gefüge und ihre Ordnung aus, mit anderen Worten ihre ἁρμονία. Platon denkt die Tugendhaftigkeit und Tauglichkeit der Psyche vornehmlich im rechten Maß ihrer eigenen Ordnung und Fügung.[316]

Platons Sokrates bringt zum Zweck der Widerlegung des "Harmonie"-Einwands die Begriffe ἀρετή und ἁρμονία in inhaltliche Kongruenz: Eine Seele, die ἁρμονία im Sinne von vollkommener Ordnung und Tugendhaftigkeit besitzt, kann niemals an der "Verstimmtheit" im Sinne von μοχθερία teilhaben.[317]

Wenn die Psyche laut des Einwandes des Simmias eine ἁρμονία ist, dann muß unter Berücksichtigung der Faktizität von ἀρετή und μοχθερία

---

kann von ihnen ein Mehr oder Weniger aussagen, was bei "Wesenheiten" nicht möglich ist.

[316] Platon bezeichnet mit dem Ausdruck "ἁρμονία" zweierlei, zum einen die ἁρμονία als Mischungsverhältnis materieller Elemente im Sinne des Simmias, zum anderen spekulativ als Synonym für die Tugend der guten Seele im Sinne ihrer Ordnung (κόσμος). Vgl. auch GADAMER, (1973), 155: "Seele muß vielmehr mit Sokrates von unserem menschlichen Selbstverständnis aus verstanden werden, und das schließt ein, daß sie eine Harmonie haben und verlieren kann. Denn das zeichnet die menschliche Seele aus, um ihre eigene Ordnung bemüht zu sein.".

[317] Vgl. Phd. 94a: "...ἀναρμοστίας οὔποτ' ἂν μετάσχοι; — Οὐ μέντοι.

eine übergeordnete Instanz angenommen werden, also eine Meta-ἁρμονία (im Sinne einer rechten Ordnung) der ersten ἁρμονία, denn einerseits wären die Seelen durch die synthetische ἁρμονία bzw. die harmonische σύνθεσις ihrer materiellen Elemente bestimmt, andererseits müßte zur Erklärung von "guten" und "schlechten" Seelen eine weitere "Metaharmonie" angenommen werden, die dann die "guten" Seelen vor den "schlechten" Seele auszeichnen und abheben würde.[318] Diese sokratische Einwendung könnte nur dadurch aufgehoben werden, wenn die Diskussionsteilnehmer die Diskrepanz von "guter" und "schlechter" Psyche als hinfällig erklären würden, was jedoch bedeuten würde, daß alle Seelen auf einer ethisch-moralischen Ebene gleichzusetzen wären. Eine solche Annahme negiert jedoch die Realität, da es nachweislich "gute" und "schlechte" Menschen gibt. Da deren Seelen moralisch nicht ohne Unterschied sind, muß die Analogie von Seele und ἁρμονία aufgegeben werden. Psyche und ἁρμονία sind insofern *ex sensu constat* nicht identisch, sondern die ἁρμονία ist lediglich ein vorrangiger Anspruch an die Psyche als ein geordnetes Gefüge.[319]

Einen dritten und letzten Einwand gegen die "Harmonie"-These des Simmias entwickelt Sokrates aus dem Verhältnis von Seele und Körper, wie es sich dem Menschen in der alltäglichen Erfahrungswelt zeigt. Diese

---

[318] Vgl. BORMANN, (1987), 119f.: "Die Annahme, die Seele sei eine Harmonie, hätte folglich die Konsequenz, daß eine Harmonie Träger einer anderen Harmonie sein müßte. Bei der guten Seele träte zu der ontischen Harmonie die Harmonie der arete hinzu, bei der schlechten Seele jedoch nicht. Bei der guten Seele bestände also die ontische und die moralische Harmonie nebeneinander, bei der schlechten Seele gäbe es nur die ontische Harmonie. Die Seele als Harmonie ließe also ein Mehr oder Minder an Harmonie zu. Und da wir versuchsweise Seele und Harmonie gleichsetzen, wäre die Konsequenz, daß es bei der Seele, insofern sie Harmonie ist, ein Mehr oder Minder gäbe. Nun muß aber zugestanden werden, daß die Seele, insofern sie Seele ist, keinesfalls ein Mehr oder Minder zuläßt. Die Seele eines guten Menschen ist nicht in höherem Maße Seele als die eines Übeltäters.".
Der argumentative Hintergrund der gesamten Darlegung beruht vermutlich auf der Unterscheidung von "Stimmung *sein*" und "Stimmung *haben*", wie es in Phd.93c prägnant zum Ausdruck kommt: "καὶ τὴν μὲν ἡρμόσθαι, τὴν ἀγαθήν, καὶ ἔχειν ἐν αὑτῇ, ἁρμονίᾳ οὔσῃ, ἄλλην ἁρμονίαν, τὴν δὲ ἀνάρμοστον αὐτήν τε εἶναι καὶ οὐκ ἔχειν ἐν αὑτῇ ἄλλην;".
[319] Vgl. RICKEN, (1979), 111: "Jede Seele muß in demselben Ausmaß Harmonie sein. Das aber widerspricht der Tatsache, daß es tugend- und lasterhafte Seelen gibt. Tugend und Laster sind Harmonie und Disharmonie der Seele. Harmonie ist also nicht das Wesen der Seele; Harmonie und Disharmonie sind vielmehr Zustände der Seele.".

"empirische" Erwägung basiert auf der Besonderheit der menschlichen Autonomie und des freien Willens.[320]

Offenbar kann die Seele bestimmten Bedürfnissen des Körpers z. B. Hunger und Durst nachgeben oder ihnen auch im Sinne eines Bedürnisaufschubs temporär widerstehen[321], die Alternative liegt aber letztlich ganz allein bei der Seele als Entscheidungsinstanz. Sokrates versucht in seinen Widerlegungen zu demonstrieren, daß nicht die Seele vom Körper abhängig ist, sondern gerade umgekehrt, daß alle körperlichen Funktionen von der Seele abhängen. Aus der Resistenz der Seele gegenüber den körperlichen Affekten, Begierden und Leidenschaften schließt Sokrates ihren Führungsanspruch gegenüber allem Körperlichen.[322]

Die Seele besitzt die Herrschaft (ἄρχειν in 93b; ἄγειν καὶ δεσπόζειν in 94e) gegenüber dem Körperlichen, woraus sie sich laut des Einwands allererst zusammensetzt, was offenkundig sinnwidrig zu sein scheint.[323]

Der Einwand des Simmias, der gewissermaßen den Dualismus von Körper und Psyche leugnete, da er der Seele kein selbständiges Sein zusprach, sondern sie nur als ein Epiphänomen des Körpers betrachtete, ist durch die Gegenbeweise des Sokrates widerlegt. Sokrates wendet sich nun

---

[320] Vgl. HILDEBRANDT, (1959), 173: "Platons Leidenschaft fordert eine Seele, die im Leibe, über die Körper herrscht: die persönliche Willensfreiheit. Ohne sie bleibt das Trachten nach der Lebensnorm sinnlos und der Platonische Weg das Volk zu retten, versperrt.".

[321] Vgl. BORMANN, (1987), 118: "Das, was begehrt, muß ein anderes sein als das, was sich widersetzt. Wenn der Leib begehrt, kann nicht auch der Leib sich dem gleichen Begehren widersetzen. Folglich muß das sich Widersetzende vom Leib verschieden sein, es kann nicht eine Funktion des Körpers sein: Der Körper begehrt etwas, die Seele kann sich dem widersetzen, und sie kann hierbei sogar Erfolg haben. Wäre die Seele aber nur eine Funktion des Körpers, dann wäre das nicht möglich.". Vgl. hierzu ferner die kontroverse Argumentation bei BRÖCKER, (1990), 197: "Alle Vorgänge in unserem Leibe, die durch unsere Seele bestimmt werden, werden gesteuert durch das Zentralnervensystem. Aber wie verhält sich die Seele zum Zentralnervensystem? Was hindert nun hier zu sagen, sie sei dessen Harmonie oder dessen Selbstbewußtsein? Daß sie den Körper beherrscht, das heißt dann nichts anderes als daß dieser Teil des Leibes den übrigen Leib beherrscht, woran ohnehin kein Zweifel sein kann. Nur darüber kann Zweifel sein, ob dieser Teil des Leibes, das Gehirn, so wie es den übrigen Leib beherrscht, selbst wiederum von der Seele beherrscht wird, oder ob die Seele dessen Selbstbewußtsein ist.".

[322] Vgl. Phd. 94bf.: "...καὶ ἄλλα μυρία που ὁρῶμεν ἐναντιουμένην τὴν ψυχὴν τοῖς κατὰ τὸ σῶμα.".

[323] Vgl. bereits Phd. 93a und 94bf; vgl. 94b: "Τῶν ἐν ἀνθρώπῳ πάντων ἔσθ' ὅτι ἄλλο λέγεις ἄρχειν ἢ ψυχὴν ἄλλως τε καὶ φρόνιμον ; — Οὐκ ἔγωγε.".

der Widerlegung der "Weber"-These des Kebes zu, wobei dieser Einwand von anderen Voraussetzungen ausging als der des Simmias. Um den Einwand des Kebes zu entkräften, muß Sokrates zuvor auf einige grundlegende Fragen eingehen, welche die Natur von Werden und Vergehen betreffen, da nur dadurch eine Klärung der Unsterblichkeitsfrage der Seele möglich zu sein scheint.

VII. Der philosophiehistorische Exkurs des "Phaidon" und das Hypothesis-Verfahren

1. Die Kausalerklärungen einiger Naturphilosophen

Wesentlich umfangreicher als die Widerlegung der "Harmonie"-These des Simmias gestaltet sich nun der Entkräftungsversuch der "Weber"-These des Kebes.

Nach Kebes´ Überzeugung war der Seele lediglich eine relative Langlebigkeit, Beständigkeit und Kraft zugesprochen worden, die sich letztlich auf das medizinisch-biologische Phänomen des "Stoffwechsels" stützte. Als befriedigendes Resultat für einen Unsterblichkeitsnachweis reicht aber eine solche *relative* Langlebigkeit nicht aus, vielmehr soll nach wie vor die *radikale* Unauflöslichkeit und *prinzipielle* Todlosigkeit der Seele nachgewiesen werden. Mit anderen Worten muß Sokrates darlegen, daß die Psyche den Tod im allgemeinen nicht annimmt.[324]

In einer kurzen Rekapitulation der These des Kebes vergleicht Sokrates (καὶ ἐξεπίτηδες πολλάκις ἀναλαμβάνω, 95e) das Dasein der Seele mit einer Krankheit (νόσος), der – modern gesprochen – eine sehr lange Inkubationszeit zugrunde liegt. Der Anfang des Untergangs der Seele liege demnach bereits in ihrer ersten Einkörperung, wobei es vollkommen nebensächlich ist, in wie vielen Körpern die Seele ihre Verortung findet, irgendwann kommt die "Krankheit" zum Ausbruch, in dem Sinne, daß die "Kraft" (ἰσχύς) der Seele schwindet und selbige nach gewisser Dauer im Tod zugrunde geht. Die Seele hat sich sozusagen bereits bei ihrem ersten Arrangement mit einem Körper mit der "Krankheit" Tod angesteckt. Gefordert wird im Einwand des Kebes der Nachweis einer generellen Todlosigkeit, einer absoluten Unsterblichkeit, wobei dieses Anliegen laut Sokra-

---

[324] Vgl. Phd 95bf.: "ἀξιοῖς ἐπιδειχθῆναι ἡμῶν τὴν ψυχὴν ἀνώλεθρόν τε καὶ ἀθάνατόν οὖσαν,...". Vgl. ebenfalls Phd. 88b : "...ὅτι ἔστι ψυχὴ παντάπασιν ἀθάνατόν τε καὶ ἀνώλεθρον...". Vgl. ferner die zusammenfassenden Ausführungen von Erbse, (1969), 101ff.: "Kebes nun hat der Seele ausdrücklich Stärke und Langlebigkeit zugesprochen (87 a 5). ... Nur lasse sich eben nicht wissen, ob das immer so bleibe. Deswegen sollte Sokrates den zusätzlichen Beweis führen, dass die Seele unter allen Umständen ohne Tod und unzerstörbar sei. ... Dieser Tod aber, der nach Kebes´ Ansicht der Seele Verderben werden könnte, ist platonischer Lehre zufolge nie etwas anderes als Trennung von Leib und Seele, d.h. Scheidung zweier Substanzen, die im Diesseits ein erzwungenes Miteinanderleben fristen. ... Sokrates soll dartun, dass die Seele dem Angriff des Todes nicht erliegt, also im Augenblick der Trennung vom Leib keinen Schaden erleidet (vgl. 91 d 6)."

tes nur dann verwirklicht werden kann, wenn die philosophische Erforschung den engen Rahmen der naturwissenschaftlichen Analyse durchbricht.[325]

Das Prinzip "Leben" soll nicht länger als episodisches Kriterium der Seele begriffen werden, sondern "Leben" muß ontologisch als *das eigentliche Wesensmerkmal der Seele* nachgewiesen werden. Die folgende Rechtfertigung des Sokrates (λόγον διδόναι, 95d) enthält, über die Widerlegung des "Webereinwands" hinaus, eine prinzipielle Gegenüberstellung von Naturphilosophie und Ontologie.

Die vorbereitende Ausweitung innerhalb der sokratischen Widerlegung wird nur verständlich, wenn man sich die Wirkung des vorgebrachten Einwandes auf die existentielle Situation des Sokrates bewußt macht. Nach der Auffassung des Pythagoräers kann Sokrates nicht zuversichtlich und tapfer in den Tod gehen, da er bislang keine überzeugende Begründung für seine persönliche Gelassenheit hinsichtlich des Todes nachweisen konnte. Wer nun den Tod vorgeblich nicht fürchtet, aber nicht begründen kann, daß die Seele tatsächlich unsterblich ist, der ist letzten Endes unwissend. Aus einem Unwissen läßt sich jedoch prinzipiell keine zuversichtliche Überzeugung gewinnen. Allgemein wird an dieser Stelle des "Phaidon" eine *Methode der unwiderleglichen Begründung* eingefordert, welche das persönliche Todesmotiv des Sokrates als Paradigma nutzt, es dennoch gleichsam in den Hintergrund treten läßt und die Methode als solche exponiert.

Sokrates stellt seinen anwesenden Freunden in einem philosophiehistorischen Exkurs einige Thesen über die *Ursachen des Entstehens und Vergehens* vor, wie sie in den traditionellen Lehren der älteren Naturphilosophie vorliegen. Seinen eigenen Ursachenbegriff entwickelt Sokrates nach der Darlegung der eigenen wissenschaftlichen Biographie in der kritischen Auseinandersetzung mit der Naturphilosophie, im besonderen mit der Νοῦς-Lehre des Anaxagoras, gewissermaßen in einer Art methodischer Retrospektive.[326]

---

[325] Vgl. WIPPERN, (1970), 283: "Die Kritik des Kebes, die den dritten Beweis hervortreibt, zwingt Sokrates zunächst, in einem mächtigen Vorbau (95E-102D), nämlich in einer weit ausholenden Reflexion περὶ γενέσεως καὶ φθορᾶς τὴν αἰτίαν (95E9) zu behandeln, d.h. »wodurch jedes Einzelne entsteht, wodurch es vergeht und wodurch es ist« (96A9f., vgl. 97B5f., C7).".

[326] Vgl. REALE, (1996), 68: "Insbesondere erfordert eine systematische Antwort auf den Einwurf nach Ansicht Platons die Diskussion der *allgemeinen Frage nach der wahren Ursache der Dinge* mit der Widerlegung der Naturphilosophie und der *Aneignung der Dimension des überphysischen Seins.*"

Sokrates beginnt seine Widerlegung mit der Darlegung der älteren Naturphilosophie und trägt in einer Stellungnahme seinen eigenen Weg der kritischen Auseinandersetzung mit ihren naturwissenschaftlichen Lehrinhalten vor.[327] Dazu stellt er zunächst die Frage nach den allgemeinen Ursachen des Entstehens und Vergehens (ὅλως γὰρ δεῖ περὶ γενέσεως καὶ φθορᾶς τὴν αἰτίαν διαπραγματεύσασθαι, 95ef).

Von Jugend an, so läßt Platon seinen Sokrates berichten, hätte er zu der Naturwissenschaft (περὶ φύσεως ἱστορία, 96a) eine große Zuneigung entwickelt, denn die Naturwissenschaft kam ihm als etwas Herrliches vor. Es reizte ihn über die Ursachen von allem Seienden, über das Werden, Vergehen und Sein, Kenntnisse zu besitzen.[328]

Nun repetiert Sokrates eher stichwortartig verschiedene Lehren, die die Ursachen für das Leben, für den menschlichen Geist und seine Denkfähigkeit und für bestimmte kosmische Erscheinungen verdeutlichen wollen.[329] Zunächst hätten ihn die Ursachenerklärungen jener ersten weisheits-

---

[327] Die Frage, *ob* und *inwieweit* diese "wissenschaftliche Vita" des Sokrates authentisch ist, kann endgültig wohl kaum je beantwortet werden. Es läßt sich schwerlich nachweisen, wo die Grundwahrheit aufhört und eine mögliche stilistische Fiktion Platons einsetzt.

[328] Vgl. Phd. 96a: "ὑπερήφανος γάρ μοι ἐδόκει εἶναι, εἰδέναι τὰς αἰτίας ἑκάστου, διὰ τί γίγνεται ἕκαστον καὶ διὰ τί ἀπόλλυται καὶ διὰ τί ἔστιν.".

[329] Sokrates orientiert sich bei seiner Aufzählung sicherlich an mehreren naturphilosophische Lehrmeinungen. Mit den Andeutungen des Sokrates stehen voraussichtlich folgende fragmentarisch tradierte Theorien im Einklang:
1. Die Zeugung von Tieren durch "Fäulnisbildung" des Warmen und Kalten; dieser Lehrsatz ist für Archelaos bezeugt, vgl. zu Leben und Lehre des Archelaos vor allem Diog. Laert. II, 16: "Archelaos aus Athen oder aus Milet, Sohn des Apollodoros oder nach anderen des Midon, war Schüler des Anaxagoras und Lehrer des Sokrates. Er verpflanzte zuerst die Naturphilosophie aus Ionien nach Athen und ward Physiker genannt, wie denn mit ihm die Naturphilosophie erlosch und der Ethik Platz machte, die durch Sokrates eingeführt ward. Doch scheint auch schon Archelaos sich mit Ethik befaßt zu haben; denn er hat über Gesetze, über Schönheit und Gerechtigkeit philosophiert. Von ihm empfing, wie man annahm, Sokrates seine Anregungen und bildete sie bis zu diesem Grade aus, daß man ihn auch für den eigentlichen Erfinder hielt. Er stellte zwei Urgründe des Werdens auf, Wärme und Kälte. Die lebenden Wesen sind nach ihm aus dem Schlamm entstanden. ... Die lebenden Wesen, sagt er, entstehen aus der Erde, die in (durch die Sonne) erwärmtem Zustand einen milchähnlichen Schlamm als Nahrungsstoff hervortreten läßt; und das hat dann auch zur Menschenschöpfung geführt. Vgl. ferner DK 60 A 4.
2. Das Lokalisieren des Denk- und Erkenntnisorgans, der Erinnerung und des Gedächtnisses a. im Blut, wie Empedokles annahm (vgl. DK 31 B 105: "...αἷμα γὰρ ἀνθρώποις περικάρδιόν ἐστι νόημα."); b. in der Luft, wie Diogenes von Apollonia

beflissenen Naturkundigen (φυσιολόγοι) gebannt und zu eigenem Nachdenken angeregt, schließlich sei er aber aufgrund der zahlreichen Theorien in arge Zweifel und Sinnschwierigkeiten geraten, so daß plötzlich jedwede Sicherheit in der naturwissenschaftlichen Betrachtung verloren ging. Da er sich mit den verschiedensten, teilweise widersprüchlichen und daher sich gegenseitig relativierenden Lösungsvorschlägen der φυσιολόγοι auseinandersetzte, verlor er am Ende selbst die Kenntnisse und Einsichten, die er bisher mit Bestimmtheit zu wissen glaubte.[330]

Bei dem Ursachenbegriff, der hier mit den Überlegungen περὶ γενέσεως καὶ φθορᾶς τὴν αἰτίαν vorgestellt wird, handelt es sich um den Ursachenbegriff der empirischen Forschung und nicht länger um den im reinen Denken konstruierbaren Begriff des zyklischen Werdenszusammenhangs, wie er bereits im "Antapodosisbeweis" vorgetragen wurde. Um die Ursache des Gewordenseins eines bestimmten Sachverhalts W zu finden und darzulegen, muß von dem vorliegenden Sachverhalt W auf einen anderen Sachverhalt U abgehoben werden, der einen bestimmten, nachzuzeichnenden Einfluß auf W ausübt. Dieser Einfluß ist aber kein *notwendig* zu denkender Begriff, sondern eine durch die sinnliche Wahrnehmung registrierte (also erfahrungsgemäße) Tatsache. In den vorgestellten, theoretischen Erklärungsmodellen der φυσιολόγοι wird jeder Modus des Seienden (sein Sosein und jede Modifikation) aus einer materiellen Ursache (später *causa materialis*) erklärt, die einen physischen Prozeß bewirkt. Dieser Prozeß ist in der Alltagswelt ausgewiesen und belegbar, denn es läßt sich demonstrieren, daß ein Gegenstand aus anderen hervorgeht, kurzzeitig in seinem *Sosein* verharrt, um dann in einer weiteren *Modifikation* wieder in materielle Teile zu zerfallen.

Der "Kausalitätsbegriff" der φυσιολόγοι gründet also letztlich auf dem Prozeß von Assoziation und Dissoziation bestimmter quantitativer E-

---

(vgl. DK 64 B 5) lehrte; c. im Feuer, wie Demokritos mit seinen "Feueratomen" (vgl. GrA, 151-159) oder Herakleitos (vgl. z.B. DK 22 B 30: "...ἀλλ' ἦν ἀεὶ καὶ ἔστιν καὶ ἔσται πῦρ ἀείζωον...".) spekulierten; oder schließlich c. im Gehirn (ἐγκέφαλος), wie bereits Alkmaion von Kroton (vgl. DK 24 A 5) annahm. Vgl. diesbezüglich auch die klare Fehleinschätzung dieses "philosophiehistorischen Exkurses" durch RICKEN, (1979), 111f.: "Zweck dieses Berichtes ist vor allem eine Kritik Platons an der vorsokratischen Naturphilosophie; historischer Wert dürfte ihm kaum zukommen.". Meines Erachtens handelt es sich vielmehr um eine Auseinandersetzung Platons mit dem naturwissenschaftlichen Forschungsstand seiner Zeit, die daher durchaus "historischen Wert" besitzt.

[330] Vgl. Phd. 96c: "...τότε ὑπὸ ταύτης τῆς σκέψεως οὕτω σφόδρα ἐτυφλώθην, ὥστε ἀπέμαθον καὶ ταῦτα ἃ πρὸ τοῦ ᾤμην εἰδέναι, περὶ ἄλλων τε πολλῶν.".

lemente. Da Sokrates irgendwann die Folgerung des Wissens aus einer materiellen Ursache nicht länger befriedigte, zumal diese für jeden empirischen Sachverhalt eine andere sein konnte, begann er nach einer geeigneteren Wissensfundierung zu suchen, die nicht auf einer materiellen Ursachenerklärung gründet.[331] Aus der Materialität der Sachen und dem Umstand, daß Physisches immer nur aus Physischen erklärt wird, kann seines Erachtens nicht bestimmt werden, warum eine gefundene, empirische Ursache *notwendig* Ursache des Soseins ist. Mit anderen Worten Sokrates moniert den Mangel jeglicher Intentionen eines bestimmten Sachverhaltes.

Einst hatte ihm, in Einmütigkeit mit dem naturwissenschaftlichen Forschungsstand seiner Zeit, die Nahrungsaufnahme das Wachstum des Menschen begründet. Auf der Grundlage des induktiv gewonnenen Prinzips, daß Gleiches stets aus Gleichem entsteht, nahm er an, daß die Masse des Menschen zunimmt, wenn durch die Nahrungsaufnahme "Fleisch zu Fleisch" und "Knochen zu Knochen" kommt. Im Hinblick auf Relationalausdrücke ging er davon aus, daß, wenn ein Mensch "um einen Kopf" größer war als ein anderer, eben der "Kopf" die Ursache dieses "Größerseins" war. Bei der "Zehn" im Verhältnis zur "Acht" war die "Zwei" diese Ursache und das "Zweifüßige" überragte das "Einfüßige", wegen seiner "Hälfte" (96df.).

Diese Annahmen führen aber laut Sokrates zu unlogischen und inkonsequenten Schlußfolgerungen: Wenn Sokrates, den "um einen Kopf größeren" mit einem anderen, noch größeren Menschen verglich, so war der erste durch eben dies, den "Kopf" kleiner. Die "Eins" läßt sich durch das Hinzutreten einer anderen "Eins" zur "Zwei" verdoppeln, ebenso aber auch durch das Gegenteil, indem das "Eine" in "Zwei" gespalten wird (96eff.)[332]. Die paradoxe Gegebenheit, daß zwei disparate Vorgänge *Ursa-*

---

[331] Vgl. MARCK, (1912), 51: "Dieselbe Ursache kann verschiedene Wirkungen haben, verschiedene Ursachen wiederum gleiche Wirkungen. Es ist dieselbe Kritik an der Erfahrung, wie sie der "Theätet" übte; dort kritisierte Plato die Begründung des einzelnen Urteils durch die sinnlichen παθήματα; hier die Verknüpfung von Urteilen durch empirische Gründe. In beiden Fällen wird die Relativität der Erfahrung als ungenügend für die Wissenschaft abgewiesen.".
[332] Vgl. FRIEDLÄNDER, (1975), 47: "Die Welt wird aus materiellen Prinzipien erklärt. Das Geistige bis zur Erkenntnis selber hinauf erscheint als ein Ergebnis materieller Verursachungen. Schon am Anfang macht die Vielheit der Meinungen stutzig, und am Ende ist vollends Verwirrung. Denn ganz einfache biologische oder mathematische Phänomene, das des Wachsens oder des Größerseins, oder wie eins zu zwei wird, erweisen sich von dort als undeutbar.". Dennoch kommt den genannten Beispielen für die Interpretation der Ursachenforschung im "Phaidon" ein wesentlicher Stellenwert

che (αἰτία) für dasselbe Faktum sein können, belegt nach der Auffassung des Sokrates, daß durch die empirische Ursachenforschung der Naturphilosophen keine reale oder physische Notwendigkeit nachgewiesen wird, will sagen, es handelt sich keinesfalls um ein Geschehen, das unbedingt eintreten muß, wenn besondere Bestimmungen gegeben sind oder mit anderen Worten, etwas zwangsläufig geschehen muß, wenn etwas erfolgen soll.[333]

Aus dem physischen Vorhandensein eines Stück Holzes kann nicht zwangsläufig abgeleitet werden, daß es zu Zweien wird. Aus dem Maß des Kopfes, um das ein Mensch größer als ein anderer ist, läßt sich nicht der Begriff der Größe deduzieren. Die empirische Forschungsmethode der Naturphilosophen kann durch die Angabe der Materialursächlichkeit zwar die Faktizität des Einzel-Seienden aufzeigen, sie vermag jedoch keineswegs die Relation zwischen Ursache und Wirkung als eine notwendige darzulegen.

Für Sokrates scheint also generell nur die Ursachenerklärung annehmbar, die für ein Phänomen *eine* Ursache angibt, die zudem für das völlige Verständnis des Phänomens hinreicht, da nur derart eine Widerspruchsfreiheit in der Ursachenerklärung gewährleistet zu sein scheint. Aus diesen Erwägungen ließ Sokrates die Begründungen und Methoden der

---

zu, zumal Sokrates alle hier zitierten Aporien nach der Einführung der Eide als Ursache nochmals darlegt und anhand der neuen Methode durcharbeitet (vgl. Phd. 100e-101c; 102bff.).

[333] Vgl. die resümierende Formulierung in Phd. 97af.: "ἐναντία γὰρ γίγνεται ἡ τότε αἰτία...". Zu dieser Stelle vgl. VLASTOS, (1969), 312, Anm.57, der m. E. zutreffend bemerkt, daß hier ein Fehlschluß vorliegt und diesen näher erläutert: "This is reinforced by a further objection. If we were to take two-ness as the effect of conjunction we would be faced with the (supposed) paradox that the opposite process of disjunction causes the same effect. Socrates is going on the assumption that if a given process causes a certain effect, the opposite process could not also cause the same effect. There is a fallacy here, but apparently not an obvious one, for I have seen no notice of it in the literature. Even if we were to concede the truth of the assumption, the conclusion would follow only if it were true that the disjunction and conjunction *of the same items* produced the same effect. But the latter would *not* be true in the two cases Socrates is discussing: he gets two-ness in the first case by conjoining units *A* and *B*; he gets it in the second by disjoining, not the same units, but parts inside each of them. This fallacy does not invalidate the fundamental insight I expound above, however; this can dispense entirely with this additional support, which, as it happens, is unsound.".

Naturphilosophen nicht gelten, sondern "mischte" sich eine andere Art und Weise der Untersuchung zurecht.[334]

---

[334] Vgl. Phd. 97b. Ferner vgl. JÄGER, (1967), 110: "Er hat so eine mechanistische Ursachenerklärung abgelehnt, ohne noch eine klar entwickelte bessere Theorie ihr entgegensetzen zu können, nach der er jedoch sucht.".

2. Die Nous-Lehre des Anaxagoras und die Auswirkungen

Zu dieser Zeit, so fährt Sokrates in seiner "wissenschaftlichen Vita" fort, kam er mit der Lehre des Anaxagoras aus Klazomenai in Kontakt.[335] Anaxagoras sah im Geist (νοῦς) das Prinzip der Bewegung in der Welt. Diese Feststellung beruht eventuell auf empirischer Wahrnehmung, da die alltägliche Praxis lehrt, daß die materiellen Körperteile des Menschen dem immateriellen Willen des menschlichen Geistes Folge leisten.

Der νοῦς als αἰτία der Bewegung, der als "kosmisches" Prinzip alles ordnet, sich selbst aber mit nichts verbindet, liegt in verschiedenen Nuancierungen allen Organismen zugrunde.[336] Obschon Anaxagoras intendierte den νοῦς von der Materie möglichst fernzuhalten, gelang es ihm nach der Aussage Platons nicht, ihn von jeder Materialität zu entledigen. Der νοῦς ist dem Anaxagoras, mit einem Terminus des Aristoteles, das "πρῶτον κινοῦν". Der als νοῦς als dieses Prinzip hält sich, nachdem der zyklische "Umlauf" (περιχώρησις) einmal initiiert wurde, aus dem weiteren "Weltgeschehen" heraus.[337] Der νοῦς zieht sich sozusagen auf sich selbst zurück und läßt das "Weltgeschehen" sich im mechanischen Prozeß entwickeln.

Platon kritisiert nun, durch den Mund des Sokrates, daß Anaxagoras die Aufstellung seines Vernunftsprinzips nicht zur Realisierung einer teleologischen Anschauungsweise benutzt habe.[338] Es ist aber nicht auszuschließen, daß Anaxagoras das Weltgeschehen im physikalisch-mechanistischen Sinne erklären *wollte*, dann mußte er aber jede unnötige Spekulation einer in den Prozeß der Natur einwirkenden intelligiblen Einflußnahme von vornherein vermeiden.[339] Womöglich ist die Limitation

---

[335] Zu Leben und Lehre des Anaxagoras vgl. Diog. Laert. II, 6-15.
[336] Vgl. DK 46 B 11; 12. Vgl. DK 46 B 13: "καὶ ἐπεὶ ἤρξατο ὁ νοῦς κινεῖν, ἀπὸ τοῦ κινουμένου παντὸς ἀπεκρίνετο, καὶ ὅσον ἐκίνησεν ὁ νοῦς, πᾶν τοῦτο διεκρίθη.
[337] Vgl. JÄGER, (1967), 111: "Anaxagoras hat nämlich tatsächlich zu zeigen versucht, daß der νοῦς, der auch bei ihm nach wie vor ein Prinzip der Erkenntnis ist, dieser seiner Erkenntnis entsprechend auf das kosmische Geschehen einwirkt und damit eine gewisse Ordnung verursacht. Aber der νοῦς verursacht diese Ordnung bei Anaxagoras in der Weise, daß er sich damit begnügt, eine Kreisbewegung in Gang zu setzen, dann aber die weitere Entwicklung sich selbst überläßt in dem Wissen, daß sie von selbst auf die von ihm erkannte Ordnung zulaufen werde.".
[338] Vgl. Phd. 98bf.
[339] Vgl. hierzu vor allem DK 46 B 17. Vgl. ferner BRÖCKER, (1990), 200: "Anaxagoras hat in gar keiner Weise beabsichtigt, eine teleologische Welterklärung zu geben, seine "Vernunft" war nicht als teleologisches Prinzip gemeint. Sie ist nur das bewegende Prinzip, so wie bei Empedokles Freundschaft und Streit.".

der Effizienz des νοῦς auf das "πρῶτον κινοῦν" zur Bildung des gesamten Kosmos und zur Beseelung der Lebewesen von Anaxagoras bewußt gewählt worden.

Im "Phaidon" wird nun wie selbstverständlich vorausgesetzt, daß der νοῦς auf ein βέλτιστον bzw. ἄριστον hinweisen müsse. Der νοῦς soll gleichsam als Ursache alles wohlgeordnet und "wie es am besten sei" eingerichtet haben (ὡς ἄρα νοῦς ἐστιν ὁ διακοσμῶν τε καὶ πάντων αἴτιος, 97bf.).[340]

Die Ursachenforschung müsse demnach zeigen, wie und in welcher Weise es für einen Sachverhalt am besten ist, zu "sein" oder Wirkungen bestimmter Art zu erfahren oder zu vollführen.[341] Methodisch geht es Sokrates, neben der Vermittlung bestimmten Faktenwissens, welche als notwendige Voraussetzung nicht außen vorstehen darf, vorrangig um die Untersuchung des Beweggrundes, also um die Frage, warum feststehende Tatsachen sich so und nicht anders verhalten. Ferner um die Aufdeckung der Fragen "woher" oder "wie" es für den jeweiligen Sachverhalt so das Bessere (τὸ ἄμεινον, 97e) sei.[342]

Sokrates bezieht den νοῦς auf das ἀγαθόν (98b). Er hegte die Hoffnung, daß Anaxagoras das βέλτιστον für alles Einzelseiende verdeutlichen werde, *weil* Sokrates diese Fähigkeit in der These, daß der νοῦς letztlich Ursache für alles Seiende sei, beinhaltet sah[343]. Die Beziehung von νοῦς und ἀγαθόν soll darlegen, daß sich das "Gutsein" (oder die "Bestheit") im teleologischen Sinne im νοῦς gleichsam widerspiegelt.

---

[340] Vgl. hierzu die Ausdrucksweise πάντα διεκόσμησε νοῦς, die der Neuplatoniker Simplikios überlieferte (DK 59 B 12).
[341] Vgl. Phd. 97c: "...ὅπῃ βέλτιστον αὐτῷ ἐστιν ἢ εἶναι ἢ ἄλλο ὁτιοῦν πάσχειν ἢ ποιεῖν.".
Vgl. auch PIEPER, (1970), 384: "Sokrates trat mit einer doppelten Fragestellung an die Lektüre des Anaxagoras heran: Er wollte erstens wissen, *was* für das Seiende das Beste ist – ob die Erde flach oder rund ist; wie es sich mit Sonne, Mond und den übrigen Gestirnen verhält usw. (97e) –, und zweitens warum das, was als das Beste gefunden wird, notwendig das Beste ist.".
[342] Vgl. Phd. 98a: "...πῇ ποτε ταῦτ' ἄμεινόν ἐστιν ἕκαστον καὶ ποιεῖν καὶ πάσχειν ἃ πάσχει.".
[343] Vgl. Phd. 98a: "...ὅτι βέλτιστον αὐτὰ οὕτως ἔχειν ἐστιν ὥσπερ ἔχει.". Vgl. hierzu JÄGER, (1967), 112: "Anaxagoras hat nämlich den νοῦς nicht dazu verwendet, um den faktischen Zustand aller einzelnen Gegebenheiten als das ihnen entsprechende βέλτιστον zu erklären. Gegen diesen Mangel richtet sich die Kritik des Sokrates an der νοῦς -Theorie des Anaxagoras".

Jedes Einzelseiende wird nur an seiner inhärenten "Bestheit" gemessen. Diese "Bestheit" ist das τέλος und das Seiende wird in seinem Bestand und in seiner Wirklichkeit als Einzelseiendes nur von diesem maßstäblichen τέλος aus bewertet (auch *causa finalis*). Eine materiell-mechanistische Ursächlichkeit reichte bei einem synthetischen Vorgehen der Welterklärung nicht mehr hin. Es gibt durchweg Prozesse, die nur in Gang gesetzt werden, *weil* eine Zweckursache wirksam wird. Einen Ansatz einer solchen teleologische Seinserklärung betreibt Anaxagoras unter dem Primat einer dynamisch wirkenden Urkraft: Im νοῦς sieht er Ursprungs- und Ordnungsprinzip für alles Seiende.

Der νοῦς sollte auch nach der Ansicht des Platon-Sokrates alles Seiende auf die "Bestheit" beziehen, also das ἀγαθόν als immanente Ursache für alles Seiende begreifen. Die Synthese des Differenten findet daher ihre zweckmäßige und zielgerichtete Einheit im ἀγαθόν.[344]

Während des Studiums der Schriften des Anaxagoras sah sich Sokrates jedoch in seinen hohen Erwartungen enttäuscht und bemerkte, daß Anaxagoras' Theorie für die Verdeutlichung des Seienden den νοῦς überhaupt nicht heranzog, sondern wiederum in seiner Ordnung und Deutung der Phänomene (τὸ διακοσμεῖν τὰ πράγματα, 98c) auf die "natürliche Kausalerklärung" der Naturphilosophen zurückfiel, welche letztlich nur auf dem materialursächlichen Vorgang von Zusammenfügung und Trennung bestimmter quantitativer Elemente gründet.[345] Durch "derartig Ungereimtes" (ἄλλα πολλὰ καὶ ἄτοπα, 98c) lassen sich nach der Auffassung des Sokrates die wirklichen Begründungszusammenhänge für das Sein, das Werden und Vergehen aber nicht hinlänglich angeben.

Sokrates geht in seiner Ursachenforschung davon aus, daß der νοῦς eine αἰτία auffindet, die *eine* ist und eine einsichtige Begründung eines Phänomens unter dem Charakter der Notwendigkeit (ἀνάγκη, 97e) darzulegen vermag und zwar derart, daß einzelne Phänomene in ihrem Bezug

---

[344] Vgl. PIEPER, (1970), 384: "Die Einsicht in das Gute schlechthin als den Endzweck der Welt würde es erlauben, jedes einzelne Seiende an seiner Stelle aus dem für es Guten deduktiv zu erfassen und im Gesamtzusammenhang alles dessen, was ist, als sinnvoll zu rechtfertigen.".

[345] Vgl. WIELAND, (1982), 92: "Doch die Theorie des Anaxagoras leistet nicht, was sie zu leisten verspricht. Die von Sokrates an Anaxagoras geübte Kritik ist denn auch nicht inhaltlich, sondern funktional orientiert. Sie bezieht sich auf den unangemessenen Gebrauch, den Anaxagoras von seinem Prinzip macht (98c): Ebensowenig wie seine Vorgänger kann er auf der Grundlage seines Prinzips die Frage nach dem Guten beantworten.".

zum Ganzen begreiflich gemacht werden.³⁴⁶ Zur Verdeutlichung seines Unbehagens hinsichtlich der Kausalerklärung des Anaxagoras bringt Platon nun ein anschauliches Beispiel vor, das in unmittelbarem Kontext zur Gesprächssituation steht.

Wenn zunächst jemand behauptet, Sokrates handelt, wenn er handelt, aus Vernunft, dann aber derselbe jemand die Tatsache, daß Sokrates im Gefängnis sitzend auf seine Hinrichtung wartet – vernünftig klärend - zur Begründung die Beschaffenheit der Knochen und Sehnen für das Ausharren des Sokrates vorbringen würde, dann würde eine solche Erklärung keineswegs ausreichen. Die gegenwärtige Situation des verurteilten Sokrates kann physiologisch-biologisch im Sinne der *causa materialis* interpretiert werden, nur genügt eine solche Begründung nicht, wenn erklärt werden soll, *warum* (τὸ διὰ τί) Sokrates es für richtig und gut hält, im Gefängnis auszuharren.

Die "wahren Gründe" (ὡς ἀληθῶς αἰτίας, 98df.) werden durch eine materialursächliche Begründung überhaupt nicht angesprochen. Der "wahre Grund" für Sokrates in der Gefangenschaft auf seine Hinrichtung zu warten, liegt darin, daß es die Athener für "besser" gehalten haben, ihn zu verurteilen, und er es für "besser" hielt sich dem Urteilsspruch unterzuordnen. An dieser Stelle klingt der Leitgedanke des "Kriton" an: Gesetzt den Fall Sokrates akzeptiert die Rechtsprechung und Gesetzgebung seiner Heimatstadt Athen, dann wäre es unrecht und nicht gut sich der Urteilsvollstreckung durch Flucht zu entziehen. Vielmehr sei es besser (βέλτιον), gerechter (δικαιότερον) und schöner (κάλλιον) sich der Strafe zu fügen, die die Stadt angeordnet hat (98ef).

Platon setzt in diesem elementaren Beispiel die Zweckursache³⁴⁷ (*causa finalis*) über die Materialursache (*causa materialis*), wobei allerdings auch für ihn die Materialursache als *conditio sine qua non* unentbehrlich

---

³⁴⁶ Vgl. PIEPER, , (1970), 383: "Wenn das Denken etwas als vernünftig erkennen will, muß es selbst eine vernünftige Beziehung herstellen, nicht aber diese von den Dingen hernehmen wollen. Damit wird der Nous zum Gesetzgeber des Seienden, und durch diese grundsätzlich andere Art der Wissensbegründung verändert sich auch die Fragestellung. [...] Mit der Forderung einer Erkenntnis, die als notwendig, mithin als allgemeingültig erwiesen werden kann, wird die Warum-Frage neu gestellt in der Weise, daß nicht mehr nach der Ursache eines Werdens (Veränderlichen), sondern nach der Ursache eines Seins (Unveränderlichen) gefragt wird.".
³⁴⁷ Vgl. die Wiederaufnahme dieser Art von Ursache in Tim. 29a und 29ef; Nom. 903bf.

bleibt.³⁴⁸ Im Dialog "Phaidon" wählt Platon noch eine terminologische Umschreibung für diese "Mitursache" (ἄλλο δὲ ἐκεῖνο ἄνευ οὗ τὸ αἴτιον οὐκ ἄν ποτ' εἴη αἴτιον, 99b); erst in späteren Dialogen bezeichnet er sie mit dem Begriff συναίτιον.³⁴⁹ Aus dem materialursächlichen Umstand des "Sitzens"³⁵⁰ kann für Platon keine sittliche Gesinnung (τὸ ἀγαθὸν καὶ δέον in Phd. 99c als das "Gute" und "Richtige", mithin das "Zweckmäßige" und "Gesollte") erklärt werden. Zunächst korrigiert er das Abhängigkeitsverhältnis und die Zuordnung der beiden Ursachentypen. Die sittliche Grundhaltung ist Ursache der Faktizität des "Sitzens", insofern dieses "Sitzen" als nachgeordnetes Resultat der Erkenntnis und Einsicht in das ἀγαθόν gesetzt ist.

Die Materialursache wird nur als Rahmenbedingung der Finalursache verstanden, folglich wird hier offensichtlich zwischen Zweck und Mittel unterschieden: Angenommen, Sokrates hielte die Flucht aus Athen für "besser", womit er eine andere Zwecksetzung (*primum intentione*) anvisierte, dann müßte er allerdings das "Sitzen" im physikalischem Sinne aufheben können, um seinen Körper in Bewegung zu setzen, das heißt die Materialursache wäre als Mittel zum Zweck unabdingbar, sie ist als Mitursache oder Grundgegebenheit durchaus notwendig, aber mitnichten hinreichend.³⁵¹

Bemerkenswert ist die sofortige Nivellierung des bis dahin Erörterten, einschließlich der soeben erarbeiteten Präferenz der Finalursachen gegenüber den Materialursachen (99cf.). Sokrates bringt zum Ausdruck, daß letztlich auch die Zweckursachen, ebenso wie schon zuvor die Materialursachen dem Verstand unzugänglich blieben. Er gesteht ein, daß es ihm, auch auf Grundlage der Finalursachen, nicht ohne weiteres möglich gewesen sei eine Methode der Deutung und Begründung des wahrhaften Seins

---

³⁴⁸ Vgl. Phd. 99b: "Εἰ δέ τις λέγοι ὅτι, ἄνευ τοῦ τὰ τοιαῦτα ἔχειν καὶ ὀστᾶ καὶ νεῦρα καὶ ὅσα ἄλλα ἔχω, οὐκ ἄν οἷός τ' ἦ ποιεῖν τὰ δόξαντά μοι, ἀληθῆ ἄν λέγοι."
³⁴⁹ Vgl. z.B. Tim. 46c: "Ταῦτ' οὖν πάντα ἔστιν τῶν συναιτίων οἷς θεὸς ὑπηρετοῦσιν χρῆται τὴν τοῦ ἀρίστου κατὰ τὸ δυνατὸν ἰδέαν ἀποτελῶν·".
³⁵⁰ Sokrates "sitzt" während der gesamten Erörterung des "Phaidon" auf dem Bett, vgl. Phd. 61cd: "...καὶ καθεζόμενος οὕτως ἤδη τὰ λοιπὰ διελέγετο.".
³⁵¹ Vgl. REALE, (1996), 73: "Immerhin sind diese physikalischen Elemente notwendig, um den Aufbau der Erscheinungen des Universums zu erklären, aber sie sind nicht die wahre Ursache, sondern lediglich ein Mittel oder eine Mitursache, der sich die wahre Ursache bedient. ... Die physischen Elemente der Naturphilosophen und die Intelligenz des Anaxagoras haben also große Bedeutung, genügen aber noch nicht, um die Dinge "zu vereinigen" und "zusammenzuhalten" und können daher nicht allein den Kosmos hervorbringen.".

zu entwickeln. Deshalb habe er versucht einen anderen Weg zu gehen, eine andere Methode aufzufinden, die er als δεύτερος πλοῦς (99d) kennzeichnet.

Im folgenden Gespräch möchte er seinen anwesenden Freunden eine Beschreibung seiner Ursachenforschung anhand dieser sogenannten "zweiten" oder "zweitbesten Fahrt" geben.[352] Wenn er aber nun die anschließende Erörterung der Lehre von den Eide und der Hypothesis-Methode als "zweite Fahrt" bezeichnet, dann impliziert das unausgesprochen, daß es eine "erste Fahrt" gibt, wobei die Forschung uneins ist, ob mit dieser Metapher insbesondere die Akzentuierung der teleologischen Ursachenerklärung von Welt gemeint ist (wie Platon sie kurz zuvor im "Phaidon" herausgehoben hat!) oder aber die kausale Ursachenerklärung der Naturphilosophie im Allgemeinen.[353] Immerhin wird im Spätwerk "Timaios" die Welt dann tatsächlich teleologisch-theologisch erklärt. Alles wird von dem "göttlichen Werkmeister" (δημιουργός) her gedeutet, der den Kosmos ordnet, so wie es dem Guten entspricht.[354] Einwandfrei und abschließend

---

[352] Vgl. GENTZLER, (1991), 266, Anm.4: "The use of the phrase "δεύτερος πλοῦς" to mean "the next best way" is well attested (Liddell, Scott et al., A Greek-English Lexicon, 9th ed., s.v. "δεύτερος".".

[353] Zur literaturhistorischen Herleitung der "zweitbesten Fahrt", die meines Erachtens die Darlegung der Finalursachen im "Phaidon" unberücksichtigt läßt, vgl. vor allem die zusammenfassenden Ausführungen bei REALE, (1996), 73f. Vgl. alternativ die Bemerkungen von GIGON in der Einleitung zu Platon, Meisterdialoge. Phaidon, Symposion, Phaidros, übertr. von R. Rufener, eingel. von O. Gigon, Zürich 1958, XXX. Ich neige eher zu der Auslegung, daß mit der "erstbesten Fahrt" die Begründung des Gedankens, daß als αἰτία für alles Seiende das jeweilige βέλτιστον bzw. das ἀγαθὸν καὶ δέον schlechthin vorgestellt wird, und zwar durch die im "Phaidon" zurückgestellte "Teleologie".
Vgl. hierzu PIEPER, (1970), 385f.: "Dabei entsteht jedoch das Problem, woher ein solches substantielles Wissen des Guten gewonnen werden kann, wenn es weder aus der Empirie stammt, noch a priori im Bewußtsein bereitliegt. Die ethisch-praktische Ursache entspringt der Freiheit und kann als solche nicht a priori abgeleitet werden. Das Gute, sofern es als oberste Substanz gedacht wird, an welcher alles Seiende qualitativ partizipiert, entzieht sich dem Zugriff des Denkens, das einen Grund jenseits seiner, aus dem es selbst entspringt, nicht mehr inhaltlich bestimmen kann.".

[354] Vgl. Tim. 29a: "Εἰ μὲν δὴ καλός ἐστιν ὅδε ὁ κόσμος ὅ τε δημιουργὸς ἀγαθός, δῆλον ὡς πρὸς τὸ ἀίδιον ἔβλεπεν· ... Παντὶ δὴ σαφὲς ὅτι πρὸς τὸ ἀίδιον· ὁ μὲν γὰρ κάλλιστος τῶν γεγονότων, ὁ δ' ἄριστος τῶν αἰτίων.".
Vgl. ferner FRIEDLÄNDER, (1975), 48: "Über das zwiefache Ursachensystem aus Zweckursache und materieller Ursache, das den Weltbau des Timaios beherrschen wird, spricht schon der Sokrates des Phaidon mit voller Klarheit (99 A ff.).".

auflösen läßt sich die kontroverse Diskussion über die Auslegung dieser wichtigen Textpassagen wohl kaum, doch soll hier folgend versucht werden einen nachvollziehbaren Ansatz zu schildern.

Zu der kuriosen Stelle im "Phaidon" vgl. die Bemerkungen von WICHMANN, (1966), 201: "Der letzte Grund liegt wohl darin, daß Platon hier seinen Sokrates nur eine grundsätzliche "Erwägung" des gesamten ursächlichen Weltanschauungsproblems geben lassen will, weil von da aus auch hinsichtlich der nun zu entwickelnden "eigentlichen" Ideenlehre und des daran angeschlossenen Unsterblichkeitsbeweises eine gewisse Freiheit bewahrt bleibt, auf die im Ausgang des Dialogs hoher Wert gelegt werden wird.".

3. Die "Zweitbeste Fahrt" als "Flucht in die Logoi"

Mit der Bemerkung der "zweitbesten Fahrt" innerhalb der philosophisch-wissenschaftlichen "Biographie" des Platon-Sokrates[355] wird nun im Dialog "Phaidon" der letzte Diskussionsabschnitt über die "Lehre" von den Eide eingeführt.[356]

Das Ungenügende der mechanistischen Naturauslegung und die Desillusionierung über die Νοῦς-Lehre des Anaxagoras sollen Sokrates zu einer solchen "zweiten Fahrt" zwecks Suche nach der Wahrheit geführt haben.[357] In diesem neuerlichen Ansatz versucht Sokrates durch eine "Flucht zu den Logoi" den Begriff der αἰτία zu bestimmen: "Ἔδοξε δή μοι χρῆναι εἰς τοὺς λόγους καταφυγόντα ἐν ἐκείνοις σκοπεῖν τῶν ὄντων τὴν ἀλήθειαν." (99e).[358]

Bemerkenswert ist nun die besondere Art und Weise, wie Sokrates seine Methode der Ursachenforschung einführt, und zwar mit einem bemerkenswerten Gleichnis, das hier in der Übersetzung von Rudolf Rufener wiedergegeben werden soll:

"«Nachdem ich es also aufgegeben hatte, die Dinge zu betrachten», fuhr er fort, «glaubte ich mich vorsehen zu müssen, daß mir nicht dasselbe widerfahre wie den Leuten, die eine Sonnenfinsternis beobachten und erforschen. Denn es kommt etwa vor, daß einige dabei ihr Augenlicht verlieren, wenn sie das Abbild der Sonne nicht im Wasser oder in etwas Derartigem betrachten. Etwas Ähnliches kam auch mir in den Sinn, und ich befürchtete, an meiner Seele völlig blind zu werden, wenn ich die Dinge mit meinen

---

[355] Die Kernfrage, wer der historische Sokrates tatsächlich gewesen ist und welche Inhalte er lehrte, dürfte sich kaum mit Garantie entscheiden lassen. Als "sokratisch" gelten gemeinhin in der Forschung die Zeugnisse und Daten, die ihre Übereinstimmung bei Platon und Xenophon finden, zumal dann, wenn sie durch die Berichte des Aristoteles gestützt werden. Die Lehre von den Eide ist als sokratisches Gedankengut mit großer Gewißheit auszuschließen. Die Darlegungen, die Platon seinem Lehrer hinsichtlich dieser Theorie zuspricht, müssen als maskierte Spiegelungen seiner eigenen Denkungsart begriffen und interpretiert werden.

[356] Vgl. REALE, (1996), 74: "Die "zweitbeste Fahrt" führt also zur Entdeckung eines neuen Ursachentyps, der ausschließlich in der intelligiblen Realität besteht, nämlich im Eidos, in der Idee.".

[357] Sokrates spielt hier auf eine Metapher des Simmias an, der in Phd. 85cf. den unsicheren menschlichen Logos vom sicheren göttlichen Logos unterschieden hatte. Bereits Simmias nutzte Schiffahrtsmetaphern zur Verdeutlichung seiner Position.

[358] Vgl. PIEPER, (1970), 396f.: "Logos ist ein Name für die dynamische Struktur der Denkbewegung."

Augen betrachtete und wenn ich versuchte, sie mit jedem meiner Sinne zu erfassen. Ich beschloß daher, meine Zuflucht zu den Gedanken zu nehmen und in diesen die Wahrheit über das Seiende zu erforschen. ...»" (99df.).

Dieses Gleichnis des "Phaidon" erinnert von der Metaphorik zunächst an das "Sonnengleichnis" in der "Politeia", wo eine Analogie zwischen der Sonne und der ἰδέα τοῦ ἀγαθοῦ aufgestellt wird.[359] Nun scheint aber der Sinn und der Aufbau des Gleichnisses im "Phaidon", wie Sokrates auch selbst bemerkt, verzerrt angelegt zu sein: Die Betrachtung der Dinge mittels der Sinne (...βλέπων πρὸς τὰ πράγματα, 99e) wird mit dem direkten (und zugleich undurchführbaren) Blick in die Sonne verglichen, bei der sich die Psyche durch die starke Blendung unmittelbar Schaden zufügt. Um die "Wahrheit über das Seiende" zu erforschen bzw. die Sonne bei einer Sonnenfinsternis zu beobachten, ohne sich zu blenden, ist ein Umweg bzw. ein Medium notwendig, welches den Zugang zum Wahren, symbolisiert im "Anschauen der Sonne", allererst ermöglicht. Dieses Medium ist bei der Betrachtung der Sonne das Wasser, worin die Sonne sich als Spiegelbild zeigt, welches die Augen ohne Blendung erkennen und aufnehmen können. In der Hinwendung zu den λόγοι, in denen das Wahre gleichsam zum Ausdruck kommt, ist es möglich, das Sein als solches zu denken und zu erkennen.

Diese Parallele wird von Sokrates jedoch gleich wieder eingeschränkt, weil ein "Abbildverhältnis" der λόγοι zum wahrhaft Seienden im Sinne eines "Bildes" nicht gegeben ist; es handelt sich um ein anderes Verhältnis als das der Sinneswahrnehmungen zu den sinnlich erfaßbaren Dingen:

"« Vielleicht trifft das Bild, daß ich da brauche, nicht ganz zu. Denn ich gebe ja nicht etwa zu, daß derjenige, der das Seiende in den Gedanken betrachtet, es eher in Abbildern betrachtet als der, welcher es in seinen Werken beobachtet; ...»" (99ef.).

Wenn überhaupt, dann eröffnet sich in den λόγοι das *wahre Wesen des Seienden*. Die Metaphorik der "Flucht" bzw. "Zuflucht" (καταφεύγω als ein *Moment der Bewegung* des *Sich-wohin-Flüchtens*) vor den πράγματα hin zu den λόγοι, verdeutlicht nur die Annullierung des direkten Zugang mittels der Sinneswahrnehmung zugunsten einer abstrakteren

---

[359] Vgl. Rep. 514a-520d.

Erkenntnisgewinnungsmethode.³⁶⁰ Dieser ungegenständliche Erkenntnisgewinnungsprozeß hat gegenüber der sinnlichen Betrachtungsweise den entscheidenden Vorteil, es unmittelbar mit dem wahrhaft Seienden zu tun zu haben, und nicht, wie die aisthetische Betrachtung, nur mit "Abbildern" vom wahrhaft Seienden.

Die Zuflucht zu den immateriell-geistigen Bestimmungen, die Platon hiermit vollzieht, ermöglicht allererst den unbildhaften, wahren und unverstellten Zugang zum Seienden.

Dieser Stelle liegt offenkundig wieder der Gedanke zugrunde, daß die Wahrnehmung und das Denken in einer divergierenden Position zum wahrhaften Sein stehen, da die Approximation des Denkens an das Sein weitaus höher ist als die der sinnlichen Wahrnehmung. Die λόγοι sind also keinesfalls "bildhaft" vorzustellen; es handelt sich nicht um "Abbilder", sondern um die Sache selbst, womit aber auch der ironische Sinngehalt des δεύτερος πλοῦς zum Ausdruck kommt; es handelt sich bei dieser "Fahrt" folglich um keine "Flucht", sondern um die einzig mögliche Methode der Aneignung des wahrhaften Seins durch die Dialektik.³⁶¹

Platon ist offenbar der Meinung, daß die wirkursächlichen Erklärungstheorien der Naturphilosophen, die die Phänomene auf allgemeine Mechanismen der φύσις zurückführen, nicht zur ἐπιστήμη führen, weshalb seiner Auffassung nach das Prinzip der Wirklichkeitserforschung allein im

---

³⁶⁰ Vgl. STEINER, (1992): "Das Wissen, z.B. von den Ursachen, ist nicht lehr- und lernbar wie technisch-handwerkliches Wissen. ... An die Stelle der statischen Metapher der Seele als Wissensgefäß tritt im *Phaidon* mit dem δεύτερος πλοῦς die Metapher von der Fahrt, allgemeiner gesagt: von Bewegung auf ein Ziel hin. ... Die Nuancierung im Gebrauch durch Sokrates ist anders: er will die Seele als – von ihrem 'Besitzer' abhängiges, sicheres oder unsicheres – Gefährt verstanden wissen, den Logos dagegen als Mittel der Seele, durch das ihre Fahrt eine klare Linie und bestimmte Richtung erhält.".

³⁶¹ Vgl. hierzu auch Phil. 19c; Phdr. 271c; Phdr. 274a. Platon ist der Meinung, daß die wirkursächlichen Erklärungstheorien der Naturphilosophen, die die Phänomene auf allgemeine Mechanismen der φύσις zurückführen, nicht zur ἐπιστήμη führen, weshalb seiner Auffassung nach das Prinzip der Wirklichkeitserforschung allein im Medium der Formulierung und Argumentation der λόγοι zu suchen sei. Die Wirklichkeits- und Wissenserschließung liefere nur im Medium der argumentativen διαλεκτική (von διαλέγεσθαι) annehmbare Ergebnisse. Dieses Verfahren soll sich durch die positiven Ergebnisse der Antworten in der argumentativen Diskussion bewähren, wobei vorausgesetzt werden muß, daß es einen eigenen Gegenstandsbereich des Denkens gibt, der sich vom Gegenstandsbereich der sinnlichen Wahrnehmung unterscheidet. Zur methodischen Eigentümlichkeit der διαλεκτική vgl. Pol. 533b und die maßgeblichen Ausführungen von ROBINSON, (1953), 62-69.

Medium der Formulierung und Argumentation der λόγοι zu suchen sei. Er geht davon aus, daß die Wirklichkeits- und Wissenserschließung nur im Medium der argumentativen διαλεκτική (von διαλέγεσθαι) annehmbare Ergebnisse liefert. Dieser "methodologische Essentialismus" (K. R. Popper) soll sich durch die positiven Ergebnisse der Antworten in der argumentativen Diskussion bewähren, wobei vorausgesetzt werden muß, daß es einen eigenen Gegenstandsbereich des Denkens gibt, der sich vom Gegenstandsbereich der sinnlichen Wahrnehmung unterscheidet.[362]

Der Hinweis des Sokrates, daß die im Gleichnis aufgestellte Analogie an ihren eigenen Bezugsrahmen stößt, zeigt aber nur, daß normalsprachliche Vergleiche und Hinweise bestimmte Phänomene oftmals nur unzureichend determinieren. Die Sprache als *das* Medium der zwischenmenschlichen Kommunikation ist vor Selbstirritationen und destruktiven Tendenzen durchaus nicht gefeit.[363]

Im Anschluß an das "Gleichnis" konkretisiert Sokrates im "Phaidon" die Verfahrensweise, kurz gesagt, er erläutert, wie er sich eine Erforschung des wahrhaft Seienden durch die λόγοι vorstellt:

"«... *aber ich schlug nun einmal diesen Weg ein und lege seither in jedem einzelnen Falle denjenigen Gedanken zugrunde, der mir der stärkste scheint, und nehme dann das als wahr an, was meiner Ansicht nach mit ihm im Einklang steht, handle es sich nun um die Frage nach der Ursache oder um irgendeine andere; was aber nicht damit übereinstimmt, nehme ich als unwahr an. Ich will dir aber noch deutlicher zeigen, was ich meine; denn ich glaube du verstehst es jetzt noch nicht.*»" (99d-100a).

---

[362] Vgl. POPPER, (1992), 39: "Ich verwende den Namen *methodologischer Essentialismus* (oder *Wesenslehre*), um eine von Platon und vielen seiner Nachfolger vertretene Ansicht zu charakterisieren. Nach dieser Ansicht besteht die Aufgabe des reinen Wissens oder der 'Wissenschaft' in der Entdeckung und Beschreibung ihrer verborgenen Realität oder Essenz.".
[363] Vgl. DERBOLAV, (1980), 70: "An der Sprache findet freilich dieser Wirklichkeits-Paradigmatismus Platons seine Grenze. Gewiß kann man auch die Namen oder Worte der Sprache als dem 'Namen bzw. Wort an sich' nachgeformte Gebilde verstehen, doch muß man darüber hinaus – wenn man ihre Verweisungsbeziehung auf das jeweils Benannte, kurz ihre semantische Funktion, mit in Rechnung stellt – noch so etwas wie den Dingen selber zugehörige 'natürliche Namen' – im Kratylos heißen sie οἰκεῖα ὀνόματα oder Worteide (εἴδη τῶν ὀνομάτων), Theaitetos werden sie dann zu den οἰκεῖοι λόγοι der Dinge – ansetzen; sonst vermag man lediglich ihre Gestalt, nicht aber ihre Bedeutungsbeziehung zu erklären.".

Für diese Methode ist der Ausgang von einer Hypothesis (ὑπόθεσις) und die Auseinandersetzung mit einer elenktischen Überprüfung kennzeichnend, so daß diese Methode als *hypothetisch-elenktisches Verfahren* oder kurz als *Hypothesis-Verfahren* bezeichnet wird.

4. DAS HYPOTHESIS-VERFAHREN UND DIE HYPOTHESIS DES EIDOS

In einer ersten Kennzeichnung dieser neuen Methode bringt Sokrates nach der Formulierung des Gleichnisses zum Ausdruck, daß er den "stärksten Gedanken" (λόγος ἐρρωμενέστατος) "zugrundelegt" (ὑποθέμενος), um im Anschluß an dieses Vorgehen, alles, was mit diesem "zusammenstimmt" (συμφωνεῖν, 100a; 101d) als wahr anzusetzen, hingegen alles, was mit diesem "nicht zusammenstimmt" (διαφωνεῖν, allerdings erst in 101d), als falsch.[364]

Die Platonforschung geht in breitem Einverständnis davon aus, daß diese Diktion des Sokrates das *Hypothesis-Verfahren* einleitet, das heißt als Merkmal der Wahrheit oder Falschheit von aus der Hypothesis (ὑπόθεσις) deduzierbaren bzw. zweifellos in enger Korrespondenz zu dieser stehenden Aussagen eine bestimmte Relation dieser Aussagen zur ὑπόθεσις bzw. dieser Aussagen untereinander darlege.[365] Mit dem διαφωνεῖν kann nach Auffassung der Mehrzahl der Interpretationen nur "logische Unverträglichkeit" im Sinne eines aussagenlogischen Verständnisses gemeint sein. Aufgrund des Textes bleibt dagegen fraglich, welche Abhängigkeit oder welches Verhältnis durch das συμφωνεῖν ausgedrückt werden soll und wodurch sich das Spezifische eines λόγος ἐρρωμενέστατος als Behauptung oder Urteil vorrangig auszeichnet. Jedenfalls bleibt es problematisch, wie durch das Begriffspaar συμφωνεῖν-διαφωνεῖν zum einen Deduzierbarkeit aus der ὑπόθεσις, zum anderen oder sogar zugleich Konsistenz mit der ὑπόθεσις bzw. der Konsequenzen untereinander gemeint sein kann.[366]

---

[364] Vgl. Phd 100a. Zum Terminus συμφωνεῖν und den Schwierigkeiten einer Interpretation vgl. GENTZLER, (1991), 265-276. Vgl. HUBY, (1959), 13: "Taking the λόγος he has chosen, i.e. the best hypothesis, he then accepts what is in accordance with it and rejects what is not. But the company do not quite see what he is getting at, and he tries to make his meaning clearer. It has usually been supposed that what they do not understand is his method, but his words can equally well mean that do not see what the particular λόγος is which he has chosen and which he goes on to explain – the Theory of Forms.".
Vgl. ferner WIELAND, (1982), 156: "Es handelt sich also nicht um eine Hypothese, die sich an dem Material zu bewähren hätte, auf das sie angewendet wird. Sie gibt vielmehr selbst das Richtmaß ab, mit dessen Hilfe darüber entschieden wird, was als wahr zu gelten hat.".
[365] Gegen eine solche aussagenlogische Deutung wenden sich meines Wissens nur BLUCK, (1957), 21-31 und SCHMITT, (1973), vor allem 211-222.
[366] Nach wie vor unentbehrlich für die kritische Analyse sind die Ausführungen von ROBINSON, (1953), 123-145. Vgl. auch BRÖCKER, (1958), 510-519, der als Grundkon-

Die Forschung hebt hervor, daß die Konstatierungen und Formulierungen Platons an dieser wichtigen Textstelle des "Phaidon" ambivalent sind, da durch συμφωνεῖν bzw. διαφωνεῖν die verschiedenen logischen Operationen dieser Verfahrensweise nicht ausreichend unterschieden bzw. abgrenzt werden.[367] Zumindest scheint der Interpretationsansatz, der das *Hypothesis-Verfahren* durch aussagenlogische Kriterien bestimmt sieht, in der Forschung nicht unumstritten zu sein.[368]

Durchweg läßt sich einstweilen festhalten, daß diese neue Methode des Sokrates bislang nicht ausreichend determiniert ist: Behauptungen und Urteile sollen an ihrer kontextuellen Geltung gemessen werden, die sich jedoch nur bei der Anwendung der Methode in einem speziellen Fall eröffnen kann.

Eine jede Proposition (Aussage, Satz, Urteil, Behauptung etc.) sollte denkerisch auf ihre logische Verträglichkeit hin untersucht werden, so daß sie auf den Gesprächspartner mit anhaltender Überzeugungskraft wirken kann.[369] Die allgemeinen Formulierungen hinsichtlich des Hypothesis-

---

sens zurecht vorschlägt, daß Sätze, die weder aus der ὑπόθεσις deduzierbar, noch damit unverträglich sind, für die Entscheidung über die ὑπόθεσις schlechthin keine Relevanz besitzen, deshalb in den platonischen Darlegungen auch nicht berücksichtigt werden. Demnach bliebe einerseits die Ableitbarkeit als Übereinstimmung, andererseits die Unverträglichkeit als Nicht-Übereinstimmung mit der ὑπόθεσις übrig.

[367] Vgl. hierzu ROBINSON, (1958), 129: "Plato chooses to be inaccurate, or at least inadequate, in order to preserve conversational simplicity.". Es ist mir nicht einsichtig, warum die Ursache für diese "Unschärfe" in der Formulierung in der platonischen Dialogform angelegt sein soll. Vgl. ferner zur wünschenswerten Behandlung dieser Textstelle HUBY, (1959), 12-14; 12: "I wish to suggest that this and many other difficulties arise from concentrating on this small section apart from its wider context, and that we ought to study it against the background of the *Phaedo* as a whole.".

[368] Vgl. BLUCK, (1957), 21: "Why should Plato intersperse his account of Forms as causes, which he must have regarded as all-important for his final proof of immortality, with a general explanation of how you can use provisional propositions as a basis for deduction – a procedure already adopted frequently in ealier dialogues?". Vgl. ferner die kritischen Ausführungen von SCHMITT, (1973), 212: "Wenn es richtig ist, daß Sokrates in 100 a eine aussagenlogische Methode einführt, dann steht diese in keinem begründbaren Zusammenhang mit dem vorausgehenden und folgenden Kontext.".

[369] Ein schönes Beispiel für die Tiefenwirkung und anhaltende Überzeugungskraft bestimmter Urteile und Argumente bietet die Rezeptionsgeschichte des Dialogs "Phaidon" selbst. Vgl. hierzu die Darlegungen von Cicero, Tusc. I,11,24: "*Lehrer*: Also wozu brauchst du denn da unsere Hilfe? Können wir eine höhere Beredsamkeit entwickeln als Platon? Nimm sein Buch über die Seele vor und studiere es fleißig; darüber hinaus wirst du nichts zu wünschen haben. – *Hörer*: Glaube mir, das habe ich getan, und zwar zu wiederholten Malen; aber ich weiß nicht, wie es kam: solange ich lese,

Verfahrens bleiben hingegen zunächst schemenhaft, weil Sokrates noch nicht konkret seine Gedanken in Sätzen verbalisiert, erst in einem bestimmten Gesprächskontext kann diese neue Methode ihre Zweckdienlichkeit darbieten.

Bereits im Vorfeld dieser Erörterungen zeigte sich jedoch in der Analyse des "Harmonie"-Einwandes des Simmias, daß Sokrates seinen Widerspruch gegen diese These durch die fehlende Kongruenz des Einwands mit der Anamnesislehre begründete.[370] Bei der Prüfung einer ὑπόθεσις wäre demnach aufzuzeigen, *ob* und *wie* die Konsequenzen, die sich aus der ὑπόθεσις ergeben, mit anderen, bereits getätigten Annahmen konkurrieren. Demnach geht es bei dieser Prüfung nicht um den *möglichen* Widerspruch zweier Folgerungen, die aus *einer* zugrundeliegenden Annahme möglicherweise entstehen können, sondern um das Aufzeigen von Inkonsistenzen bestimmter Folgerungen einer bestimmten ὑπόθεσις mit bestimmten Folgerungen einer alternierenden ὑπόθεσις* bzw. einer anderen, "stärkeren" ὑπόθεσις* als solcher.

Die Konkretisierung der Verfahrensweise im Sinne der Verbalisierung durch Sätze erfolgt im "Phaidon" nun exemplarisch anhand der Erarbeitung des αἰτία-Begriffs, das besagt Sokrates ist bemüht, seine neue Methode im Kontext eines speziellen Problems zu erörtern.[371]

Als konstitutiv führt Sokrates nun als "stärksten Gedanken" (λόγος ἐρρωμενέστατος) die Behauptung ein, daß es "das Schöne selbst", "das Gute selbst", "das Große selbst" und "vielerlei Derartiges selbst" gibt (...ὑποθέμενος εἶναί τι καλὸν αὐτὸ καθ' αὑτὸ καὶ ἀγαθὸν καὶ μέγα καὶ τἆλλα πάντα., 100b). Diese Behauptung und Mutmaßung der Existenz be-

---

bin ich überzeugt, aber wenn ich dann das Buch weggelegt habe und bei mir selber anfange, über die Unsterblichkeit der Seelen nachzudenken, dann gleitet mir all jene zustimmende Überzeugung aus dem Kopfe!".

[370] Vgl. Phd. 92e-94b. In 93c und 94b wird der Einwand des Simmias explizit als ὑπόθεσις gekennzeichnet. Vgl. 94b: "...ὁ λόγος εἰ ὀρθὴ ἡ ὑπόθεσις ἦν, τὸ ψυχὴν ἁρμονίαν εἶναι;".

[371] Der exemplarische Charakter der Ursachenexplikation in Anbetracht des *Hypothesis-Verfahrens* wird von Sokrates in Phd. 100a ausdrücklich hervorgehoben: "...καὶ περὶ αἰτίας καὶ περὶ τῶν ἄλλων ἁπάντων.". Zum Hypothesis-Verfahren im Dialog "Menon", wo die Frage nach der Tugend unter Heranziehen des hypothetischen Verfahrens bearbeitet wird (συγχώρησον ἐξ ὑποθέσεως αὐτὸ σκοπεῖσθαι, Men. 86e), vgl. vor allem HEITSCH, (1992), 39-50 und STEMMER, (1992), 250-262.

stimmter Eide³⁷², also die *Hypothesis des Eidos*, wird von ihm als "etwas Abgedroschenes" (τά πολυθρύλητα) bezeichnet.

Demnach wird hier zum wiederholten Male anschaulich auf die Existenz intelligibler Wesenheiten verwiesen, von denen Sokrates im Dialog "Phaidon" bereits mehrfach ausgegangen ist, so daß er diese Annahme im Gesprächsverlauf berechtigterweise als "nichts Neues" (...ὧδε λέγο οὐδὲν καινόν, 100af.) einführen kann.³⁷³ Sokrates verbindet die Ausarbeitung seines Ursachenbegriffs (εἶδος αἰτίας³⁷⁴) mit der *Hypothesis des Eidos*, insofern scheint die Formulierung des sokratischen Ursachenbegriffs nur unter der Voraussetzung der Ideenannahme möglich.³⁷⁵

Zur weiteren Explikation seines Ursachenbegriffs artikuliert Sokrates zunächst den "stärksten Gedanken", nämlich: *es gibt tatsächlich Eide*. Anschließend holt er sich von seinem Gesprächspartner Kebes die Zusicherung ein, daß dieser die gesetzte Hypothesis ebenfalls als wahr annimmt, so daß bei beiden Gesprächspartnern eine erste Fundierung für die weiteren Erörterungen zugrundegelegt werden kann. Durch die prinzipielle Zustimmung des Kebes determiniert die *Hypothesis des Eidos* eine akzeptable

---

[372] Vgl. EMING, (1993), 31f.: "Der Ausdruck 'Eidos' ist ein Funktionsaudruck, der so zu lesen ist, daß das, was in ihn eingesetzt werden kann, eidetisch betrachtet werden muß. Eidos ist also eine Anzeige, die in der Kombination 'εἶδος τοῦ...' verlangt, das, was an der Leerstelle stehen kann, eidetisch zu betrachten. ... Das Eidos ist also immer εἶδος τινος. Wenn man afunktional nur von "den Ideen" reden würde, ohne anzugeben, *welche* Ideen gemeint sind, gerät man in die Gefahr, nur ganz allgemein von Seiendem zu sprechen, was Platon selber nie getan hat.".

[373] Vgl. Phd. 65d; 74a; 75c; 76dff. Vgl. hierzu EMING, (1993), 9: "Was Sokrates hier als "nichts Neues", als "etwas Abgedroschenes" bezeichnet, was er schon immer gesagt hat und woran, wie sich zeigen wird, er weiterhin festhalten will und muß, ist nicht – wie man in der Literatur annimmt – die Ideenlehre, sondern die Ideenhypothese. Für letzteres lassen sich in den Dialogen vor dem Phaidon, wie auch im Phaidon selbst, genügend Stellen finden, für die Ideen*lehre* jedoch nicht. Die Ideenlehre kann daher nichts Abgedroschenes sein, denn über sie hat Sokrates als solche noch gar nicht gesprochen. Darüber hinaus ist es ein Unding, eine wenn auch «starke» Hypothese zu einer *Lehre* zu machen, mag sie auch noch so zentral für die platonische Philosophie sein.".

[374] Mit τῆς αἰτίας τὸ εἶδος in Phd. 100b ist der Ursachen*typ* gemeint, den Sokrates in der Auseinandersetzung mit den naturphilosophischen Spekulationen herausgearbeitet hat.

[375] Vgl. die überzeugende Zusammenfassung bei WIELAND, (1982), 158: "Hypothesen können in Frage gestellt werden. Man kann auch, wenn es verlangt wird, über eine Hypothese mit Hilfe einer anderen Hypothese Rechenschaft geben. Diese Methode kann man solange anwenden, bis man zu etwas "Hinreichendem" kommt. Hinreichend in diesem Sinne ist aber vor allem die Ideenannahme.".

Grundlage für die weiteren Ausführungen, vor allem im Hinblick auf die Demonstration des Ursachenbegriffs und der Seelenunsterblichkeit.[376] Zur Klärung eines Sachverhalts wird zunächst eine ὑπόθεσις als λόγος verbalisiert, um dann zu prüfen, ob das, was als folgerichtige Konsequenz aus diesem λόγος erwächst, mit dem zu analysierenden Sachverhalt ohne Anfechtung korrespondiert. Kommt es zu Widersprüchen im Sinne von logischen Unverträglichkeiten, so muß eine neue, bessere ὑπόθεσις formuliert werden, bis zwischen der zugrundegelegten ὑπόθεσις samt ihrer Konsequenzen und dem zu klärenden Sachverhalt die entwickelte Relation als notwendig und einsichtig begriffen wird.

Das Postulat von Transparenz, Einsicht und Wissensfundierung ist letztlich im Rahmen des Möglichen von einem nicht weiter hinterfragbaren λόγος abhängig. Dieser λόγος muß für alle Gesprächsteilnehmer befriedigende Evidenz[377] besitzen, weil er dann keine weitere Rückführung und Rechtfertigung benötigt, was selbstverständlich nicht ausschließt, daß alle möglichen Gesprächspartner, zu allen möglichen Zeiten und unter allen

---

[376] Vgl. Phd. 100bf.: "'Ἃ εἴ μοι δίδως τε καὶ ξυγχωρεῖς εἶναι ταῦτα, ἐλπίζω σοι ἐκ τούτων τὴν αἰτίαν ἐπιδείξειν καὶ ἀνευρήσειν ὡς ἀθάνατον ἡ ψυχή. — Ἀλλὰ μήν, ἔφη ὁ Κέβης, ὡς διδόντος σοι οὐκ ἂν φθάνοις περαίνων.".

[377] Vgl. zum Aspekt der Wissenssicherung durch Stützung auf Evidenz und Anschauung ROHS, (1987), 363-389, vor allem 371f.: "Wenn das Fundieren von Überzeugungen abhängig bleibt, dann kann man mit diesen Fundierungen niemals zu etwas stärkerem kommen als wahren Überzeugungen, so daß Platons Wissensbegriff gescheitert ist. Ich sehe nur eine Möglichkeit, dieser Konsequenz zu entgehen: Man muß sinnvoll auch dann sagen können, daß Evidenz zu Fundierung vermögend ist, wenn sie nicht hinreichend ist für Wahrheit. Bei sinnlicher Wahrnehmung ist diese These in hohem Maße plausibel. Einerseits gibt es Sinnestäuschungen und Wahrnehmungsirrtümer; man kann deswegen nicht generell sagen, daß sinnliche Wahrnehmungen hinreichend sind für Wahrheit. Wahrnehmungsirrtümer sind nicht logisch ausgeschlossen. Daraus folgt aber nicht, daß der Satz, daß gegenwärtig auf diesem Tisch eine Schreibmaschine steht, bloß eine subjektive Überzeugung darstellt, obwohl ich sie deutlich vor mir sehe. Wie Husserl es sagt, ist in der Evidenz die Sache als sie selbst, der Sachverhalt als er selbst gegenwärtig; der Urteilende ist des Sachverhalts selbst inne. ... Die Antwort auf die Frage, ob der platonische, die Fundierung einschließende Wissensbegriff sinnvoll ist oder nicht, hängt also davon ab, ob man Anschauung als etwas rein Subjektives anzusehen hat wie eine Überzeugung – auch eine feste Überzeugung –, oder ob man ihr eine bestimmte Objektivität, eine »Fundierungskompetenz« einräumen darf. Wie dargelegt, kann diese Fundierungskompetenz nur in wenigen Grenzfällen den Rang eigentlich perfekten Wissens, bei dem Irrtum absolut ausgeschlossen ist, einnehmen. Aber man darf diese Fundierungskompetenz von Anschauung, durch die möglich ist, daß Anschauung eine Quelle von Wissen ist, nicht auf diesen engen Bereich einschränken. Sie ist etwas, das zu Anschauung überhaupt gehört.".

möglichen Begleitumständen, den hypothetischen Sachverhalt für wahr halten *müssen*.

Eine ὑπόθεσις drückt sich gerade nicht durch eine universelle Wissensgarantie aus, sie bleibt stets ein Provisorium, mit dem aber bis auf weiteres aus guten Gründen gearbeitet werden kann.[378] Das *Hypothesis-Verfahren* wird eindeutig als eine "methodische Notlösung" gekennzeichnet, die nur zum Einsatz kommt, wenn kategorische Urteile über einen bestimmten Sachverhalt nicht möglich sind, also eigentliches Wissen nicht ausgewiesen werden kann.[379] Eine ὑπόθεσις wäre demnach eine *Annahme*, die, obgleich ihre Integrität hinsichtlich des Wahrheitsgehaltes nicht nachgewiesen ist, gleichwohl einem Argumentationsgang zugrundegelegt wird.[380] Sie wird durch ein weiteres "hypothetisches Hinterfragen" entweder gestützt oder durch eine bessere ὑπόθεσις substituiert, womit in der Regel durch die Substitution der Untersuchungsumfang eines Sachverhaltes ausgeweitet wird. Diese Kritik wird nun solange fortgeführt, bis "etwas Hinreichendes" (τι ἱκανόν, 94ef.) aufgefunden wird, also eine ὑπόθεσις erreicht ist, die alle Diskussionsteilnehmer für wahr und gewiß *halten*, die im weiteren Gesprächsverlauf keine destruktiven Beanstandungen nach sich zieht, *weil* sich alle Gesprächsteilnehmer in der weiteren Erörterung auf ihre allgemeine Zustimmung verlassen können.[381]

---

[378] Vgl. STEMMER, (1992), 266: "Dies schließt natürlich die Möglichkeit ein, daß in einem anderen Gespräch dieselbe Hypothese als Ausgangspunkt ungeeignet sein könnte, dann nämlich, wenn sie der andere Gesprächspartner für ungewiß oder falsch hielte. Eine Hypothese zu verlangen, die diesem Vorbehalt nicht ausgesetzt ist, hieße sicheres Wissen zu verlangen.".
[379] Vgl. GADAMER, (1973), 156: "Tatsächlich wird die »Hypothese« hier als ein immanent-dialektisches Hilfsmittel eingeführt.".
[380] Vgl. STEMMER, (1992), 252: "Wer eine Hypothese aufstellt und sich ihrer als solcher bewußt ist, setzt einen Sachverhalt als wahr in dem klaren Bewußtsein, die behauptete Wahrheit nicht erwiesen zu haben, also mit dem Wissen, daß die Annahme falsch sein könnte. Diesem Wissen korreliert die Bereitschaft, die Hypothese im Falle des Erweises ihrer Falschheit zurückzunehmen.".
[381] Vgl. Phd. 101df. Vgl. auch die Formulierung in Phd. 92d: ὑποθέσεως ἀξίας ἀποδέχεσθαι. Vgl. hierzu STEMMER, (1992), 264f.: "Denn eine Hypothese, die keine Einwände auf sich zieht und auf deren Wahrheit alle Gesprächsteilnehmer vertrauen, ist etwas Hinreichendes; es muß nicht noch etwas hinzukommen, damit sie als Ausgangspunkt einer Untersuchung fungieren kann. Die Frage, *wofür* das Hinreichende, von dem Sokrates spricht, hinreichend sein soll, ist, wie es scheint, unschwer zu beantworten. Eine hypothetische Untersuchung beabsichtigt, von einer Hypothese aus über einen Sachverhalt, der unklar oder strittig ist, möglichst fundiert zu entscheiden.

Im Dialog "Phaidon" ist der Ausgangspunkt der Methode also nicht die ἀρχὴ ἀνυπόθετος der "Politeia"[382], sondern allgemein eine *hinreichende* ὑπόθεσις, speziell die *Hypothesis des Eidos*, also Setzungen, die im Kontext der Unterredung von den Teilnehmern als hinlängliches Diskussionsfundament ausgewiesen werden.[383]

Der λόγος ἐρρωμενέστατος als "stärkster Satz", "stärkste Behauptung" oder "stärkstes Urteil" zeichnet sich im buchstabengetreuen Sinne des Superlativs gegenüber anderen potentiellen Hypothesen eigentümlich durch den *hohen Grad der inhärenten Widerlegungsresistenz* seiner Aussagen aus, die sich während der Diskussion von der ὑπόθεσις aus plausibel begründen lassen (101cff.).

Primär geht es also hier um die Ermittlung der Stimmigkeit und Überzeugungskraft der neuen Methode, was dadurch deutlich wird, daß Sokrates in einem kontrastierenden Rekurs nochmals auf die unzureichenden Erklärungsversuche der φυσιολόγοι zu sprechen kommt[384]. Die φυσιολόγοι behaupteten etwa angesichts bestimmter Relationalausdrücke, daß ein Mensch "um einen Kopf" größer ist als ein anderer wegen dieses "Kopfes" oder daß bei der "Zehn" im Verhältnis zur "Acht" die "Zwei" als "Weniges" die Ursache für das "Viele" darstellt. Bei diesen Definitionen ist aber stets der "gefürchtete", "antilogisch-eristische" Einwand (ἐναντίος λόγος, 101a) möglich, daß das "Viele" durch das "Wenige" erst "Vieles" wird, also die Verursachung durch das offensichtliche Gegenteil geschieht, was zu einem Widerspruch führt, da Ursache und Wirkung nicht konträr zueinander gesetzt sein können.

Wenn nun das "Zweifüßige" das "Einfüßige" wegen seiner "Hälfte" überragt, dann scheint Konträres (Teilung und Hinzufügung) Ursache für ein und denselben Sachverhalt zu sein, was wiederum der Forderung zuwiderläuft, daß unterschiedliche Resultate auf unterschiedlichen Ursachen basieren müssen, anders gewendet, daß eine gleiche Art von Ursache stets eine gleiche Art von Resultat hervorbringen muß. Die Lehrsätze der φυσιολόγοι können also zu inkonsequenten Urteilen und paradoxen Sachlagen führen, die nur vermeidbar sind, wenn man von einer plausiblen ὑπόθεσις

Für diesen Zweck eignet sich nicht jede Hypothese; denn das Untersuchungsergebnis ist am Ende nur soviel wert wie die Hypothese, von der aus es gewonnen ist.".
[382] Vgl. Rep. 511b. BEDU-ADDO behauptet inkorrekt den Zusammenhang von ἀρχὴ ἀνυπόθετος und Hypothesis-Methode im "Phaidon", vgl. BEDU-ADDO, (1979), 131, Anm.45.
[383] Vgl. auch ROBINSON (1953), 137f.
[384] Vgl. Phd. 100e-101c. Vgl. ferner Phd. 96df.

ausgehend zu stimmigen Aussagen über einen konkreten Sachverhalt gelangt. Erst auf der Grundlage der neuen Prozedur läßt sich widerlegungsresistent nachweisen, warum beispielsweise die "Zehn" mehr ist als die "Acht", denn der neue Ursachen-Begriff wird von der *Hypothesis des Eidos* her erklärt: "φαίνεται γὰρ μοι, εἴ τί ἐστιν ἄλλο καλὸν πλὴν αὐτὸ τὸ καλόν, οὐδὲ δι' ἓν ἄλλο καλὸν εἶναι ἢ διότι μετέχει ἐκείνου τοῦ καλοῦ · καὶ πάντα δὴ οὕτως λέγο." (100c). Durch die *Methexis-Formel* erklärt Sokrates das Sosein bestimmter Sachverhalte, das bedeutet die Ursachenerklärung bezieht sich auf etwas, was nicht Eidos ist, aber zu dessen Erklärung die Annahme von Eide benötigt wird.[385] Auf die Frage, warum die "Zehn" mehr ist als die "Acht", kann nun geantwortet werden, daß sie mehr ist aufgrund der "Teilhabe" an der "Vielheit" (πλῆθος, 100b). Eine mögliche Beanstandung findet nun keinen Angriffspunkt mehr, weil durch die Annahme "intelligibler Gegenstände" dargelegt wird, daß auf ihrer Basis Antworten möglich sind, die konsistente, da adäquat-intuitive Ansichten ergeben.[386]

Im "Phaidon" bleibt diese Ursachenerklärung vorläufig bewußt *unterbestimmt*, da Sokrates die Relation zwischen Eidos (beispielshalber "das Schöne selbst") als Ursache und dem Einzelding (unter Umständen "etwas Schönes") nicht explizit ausführt.[387] Es ist keinesfalls einsichtig, warum

---

[385] Vgl. MARCK, (1912), 55: "Die Idee als Ursache der Sinnlichkeit entspricht auf der Seite der Dinge ihre Teilnahme (μέθεξις) an der Idee. Die sinnlichen Dinge haben Teil an den Ideen, weil sie im Urteil den Sinn der Aussage annehmen, den ihr Prädikatsbegriff begründet.".

[386] Vgl. die Ausführungen in Phd. 100e-101c. Vgl. auch SCHMITT, (1973), 230: "Darin liegt die unüberbietbare Sicherheit, die Sokrates dieser Hypothesis für jegliche Argumentation zuspricht. Sie ist sicher nicht wegen der Einhaltung bestimmter methodischer Schritte, sondern wegen der unmittelbaren Evidenz ihrer Richtigkeit. Sie ist nicht Ergebnis, sondern Voraussetzung methodischen Vorgehens. Sokrates´ Anweisung, das als wahr, was dem jeweils stärksten Logos übereinstimmt, und nur das als falsch anzusetzen, was mit ihm nicht übereinstimmt, fordert daher zu nichts anderem auf als zur korrekten Beachtung des Satzes vom Widerspruch.".

[387] Zum Prädikationsverhältnis und möglichem Redundanzvorwurf der fundamentalen Expression ἀλλ' ὅτι τῷ καλῷ πάντα τὰ καλὰ γίγνεται καλά (100d) bzw. ὅτι τῷ καλῷ τὰ καλὰ καλά (100e) vgl. vor allem die Erwägungen von WIELAND, (1982), 157: "Nun ist man freilich, wenn man überhaupt eine Aussage formuliert, schon deshalb, weil man ein Prädikat verwendet, an einer Idee orientiert, gleichgültig, ob man sich dessen bewußt ist oder nicht. In der unreflektierten Einstellung richtet man sich thematisch auf den Gegenstand seiner Aussage und nur in indirekter Weise auf das Prädikat und auf das, was mit dem Prädikat als solchem eigentlich gemeint ist. Die Prädikate stehen einem dabei wie ein Gebrauchsmaterial zur Verfügung, über dessen

aus der Hypothese, daß es "das Schöne selbst" gibt, folgen muß, daß "alles Schöne" schön ist durch die Teilhabe am "Schönen selbst".[388]

Der ungeklärte Zusammenhang zwischen Eidos und Einzelseiendem wird von Sokrates im "Phaidon" bewußt offen gehalten. Platon geht es nicht darum zu klären, ob die Beziehung durch eine Parusie (παρουσία) oder eine Koinonie (κοινωνία, 100d) oder irgend etwas anderes richtig ausgedrückt bzw. bezeichnet ist.[389]

Vielmehr geht es um den Nachweis, daß seine Ursachenerklärung trotz ihrer Unterbestimmtheit[390] besser ist als die bisher erörterten Ursa-

---

Struktur man sich so lange keine Rechenschaft gibt, als der Gebrauch selbst nicht gestört ist. Sokrates´ Hypothesenansatz im "Phaidon" gründet daher weniger in einer Einführung und Behauptung neuer Sätze als in einer Umkehrung der Blickrichtung und in einer Verlagerung des Schwerpunkts. Sokrates intendiert hier die Prädikate und ihre Bedeutungen, und er spricht von Dingen nur insofern, als ihnen das jeweilige Prädikat zugesprochen werden kann oder nicht. Die Dinge erscheinen bei dieser Einstellung nur noch als Instanzen der Anwendung von Prädikaten. Eine inhaltliche Bestimmung der Prädikate und der ihnen zugeordneten Ideen braucht indessen nicht gegeben zu werden, wenn die Ideen nur in Zusammenhänge vom Typus des Hypothesengefüges eingebracht werden, innerhalb deren sie gar nicht mehr als solche thematisiert werden.".

[388] Vgl. HEITSCH, (1979), 12f.: "Daß die Dinge von der Form F eben deshalb so sind, wie sie sind, weil sie an der Form F 'teilhaben', diese Antwort auf die Frage nach der Ursache wird, wie wir gesehen haben, ermöglicht durch die Hypothesis 'es gibt die Formen als eine Klasse von Gegenständen besonderer Art'; doch diese Antwort ist keine notwendige Folge aus der Hypothesis. Ebenso wenig folgt die Erinnerungslehre mit Notwendigkeit aus der Hypothesis; doch setzt sie die Hypothesis allerdings voraus: Nur wenn es die Formen gibt, besteht die Möglichkeit, daß ich mich an sie erinnere.".

[389] Zum Terminus παρουσία vgl. Gorg. 497e; 506d; zum Terminus κοινωνία vgl. Rep. 476a. Möglicherweise bezeichnet Platon die Beziehung von Urbild (Eidos) und Abbild (Ding) von Seiten des Eidos her als παρουσία, von Seiten des Einzelseienden (im Sinne einer partikulären Erscheinung) her als κοινωνία.

[390] Vgl. EMING, (1993), 11: "Sokrates´ Ursachen-Begriff ist insofern besser, weil er leer ist. Was auf den ersten Blick als seine Schwäche verstanden werden könnte, ist seine Stärke. Er zwingt nicht dazu, auf all die verwirrenden Zusatzbehauptungen, die allesamt widerlegbar sind, eingehen zu müssen, die sich die gewöhnliche Ursachen-Erklärung einhandelt, nämlich, daß die Farbe von etwas etwas schön macht, oder die Gestalt und was man sich sonst noch als Mit-Ursachen für die Schönheit von etwas ausdenken kann.".

Vgl. ferner STEINER, (1992), 72: "Die Unbestimmtheit, in der diese Reflexion die Beziehung zwischen den Einzelnen (particulars) und der Idee läßt, macht deutlich, daß gar keine 'Ideenlehre' zu geben beabsichtigt ist. Vielmehr geht es darum – ohne daß Wert darauf gelegt worden ist, es ausdrücklich zu bemerken – die Seele als allgemei-

chenerklärungen, die er in seiner ironischen Art als "gelehrte Ursachen" (...τὰς ἄλλας αἰτίας, τὰς σοφὰς ταύτας, 100c) bezeichnet.[391] Es gibt einen ursächlichen Zusammenhang zwischen Eidos und Einzelseiendem: der apriorische Umstand des "Ideenwissens" wird mit dem aposteriorischen Umstand der Erkenntnis des Einzel-Seienden zusammengefügt. Zu einer richtigen Erkenntnis über einen bestimmten Sachverhalt gelangt man jedoch nur, wenn einem die "irgendwie" geartete "Teilhabe" als ursächlicher Konnex von Einzelseiendem und Eidos deutlich wird. "Das ... selbst" wird als Ursache des "Einzel-..." aufgefaßt, da es logisch dem Einzelseienden vorausgeht; das Einzelseiende wird allererst in seiner Entschiedenheit begriffen, weil sich "das ... selbst", das jeweilige Eidos als 'protagonistische' Erkenntnis ausweist.

Jedes Eidos ist nun aber vollkommen aus sich selber verstehbar; es kann nicht weiter begründet werden, weil es als ἱκανόν τι selbst der unhin-

---

ne Vermittlungsfunktion zwischen den Einzelnen und deren Ursache (Ideen) einzusetzen. Wenn hier die Ideenannahme als Methode verstanden werden kann, so doch keinesfalls als 'objektives', formales Verfahren, das ohne Reibungsverluste auf gleichgültig welches das Verfahren anwendende 'Subjekt' übertragbar wäre; 'reibungslos' ist allenfalls der Idealfall eines physikalischen Experiments. Die Ideenannahme ist vielmehr als ein dialogisch-inhaltliches Verfahren aufzufassen, in dem die untersuchende Seele sich selbst zugleich miteinsetzt.".
[391] Vgl. MARCK, (1912), 54f.: "Ein stärkerer Grund ist der reine mit sich selbst übereinstimmende Begriff, als alle empirischen Ursachen. ... So kann allein der Begriff des Schönen die Ursache aller Erscheinungen sein, die wir schön nennen. Die Idee ist die Ursache der sinnlichen Dinge, weil sie der Grund ihres Seins ist, weil die Konsequenzen, die aus ihrer hypothetischen Annahme gezogen werden, eindeutig bestimmt sind. Im vollsten Sinne des Wortes ist Plato dadurch von den πράγματα zu den λόγοι gegangen. Denn der Begriff des Schönen begründet jede Aussage von den schönen Dingen. Daß durch die Schönheit alles Schöne schön wird, es klingt wie einfältige Tautologie und ist doch allen jenen gelehrten Gründen gegenüber, die in die Widersprüche der dinglichen Welt hineinführten, eine ἀσφαλὴς ὑπόθεσις. Denn der Begriff allein ist ja wirkliches Sein, so kann auch von ihm nur das Sein der sinnlichen Dinge abgeleitet werden.".
Vgl. ferner PIEPER, (1970), 388: "Die Ursache nun, die Sokrates als stärksten Logos ansetzt, sind die Ideen, durch die die notwendigen Voraussetzungen alles Seienden im Wissen gedacht sind.".
Zum Stellenwert der "Ironie" im "Phaidon" vgl. die maßgeblichen Ausführungen von KIERKEGAARD, (1991), 63-82; vor allem zusammenfassend 82: "Das für die Ironie Charakteristische aber ist gerade der abstrakte Maßstab, mit welchem sie alles nivelliert, mit welchem sie jede überschwengliche Stimmung beherrscht und also denn wider die Todesfurcht nicht das Pathos der Begeisterung setzt, sondern es für ein recht schnurriges Experiment hält, solchermaßen schlechthin zu Nichts zu werden.".

tergehbare Grund für anderes ist.³⁹² Das Einzelseiende hingegen ist nicht durch sich selber begreifbar, sondern nur vom Eidos als αἰτία seines Vorhandenseins.³⁹³ Aus der "vielleicht naiven" (ἴσως εὐήθως, 100d) Beziehung der "Teilhabe" entwickelt sich der λόγος ἐρρωμενέστατος, der als *Hypothesis des Eidos* das wesenhafte Fundament der platonischen Ideenphilosophie bildet. Die Diskrepanz zwischen Eidos und Einzelseiendem ist wesentlich dadurch gekennzeichnet, daß das Eidos *ist* (z. B. τὸ καλὸν εἶναι), was das Einzelseiende lediglich *hat* (z. B. καλὸν εἶναι). Die Frage, wodurch das Schöne schön sei, ist unsinnig, da sie zwangsläufig in einen *regressus in infinitum* führen würde. Die "Fahndung" der Ursachen für das Sosein hört beim Eidos auf, denn es wäre abwegig zu behaupten, das Schöne ist durch das Schöne schön, da es bereits im vollsten Verständnis und Ausmaß Schönes *ist*.³⁹⁴

Die Eide sind nur in einem "finalen Verständnis" Ursachen, sie "verursachen" nichts im kausalen Sinne, eher begehrt das Einzelseiende, in gleich-

---

³⁹² Im "Phaidon" ist m.E. die χωρισμός–Problematik noch nicht gegenwärtig, da jedes Eidos vornehmlich noch als einzelnes Eidos gedacht wird und die Eide (aufgrund ihrer Ursächlichkeit) noch nicht "abgetrennt" von dem vorliegen, dessen Eide sie darstellen. Als αἰτία für das Sosein des Einzelseienden werden sie außerhalb dieser Relation nur als Abstrakta gedacht. Außerdem steht Platon einer "Ideenverknüpfung" hier noch – im Gegensatz zum "Sophistes" (251a-259b) - reservierter gegenüber, so daß im "Phaidon" ein Eidos nicht aus einem anderen Eidos verstanden werden kann, sondern nur das Einzelseiende durch seine "Teilhabe" an verschiedenen Eide.
³⁹³ Vgl. PIEPER, (1970), 389: "Nur im aktuellen Wissensvollzug leistet das An sich die Begründung des Seienden, indem vermittels des Logos das wahre Wesen des Seienden (sein unveränderliches Sosein) begrifflich als Folge der Idee eröffnet wird. In dieser begrifflichen Eröffnung "hat" das Seiende "teil" an der Idee, ist das An sich "anwesend" im Seienden bzw. sind Seiendes und An sich in einer "Gemeinschaft", und beide sind nur durch diese notwendige Beziehung aufeinander das, was sie sind.".
³⁹⁴ Vgl. vor allem Phd. 77a, wo Simmias von den Eide in einem qualitativen Sinn redet: "τὸ πάντα τὰ τοιαῦτ' εἶναι ὡς οἷόν τε μάλιστα, καλόν τε καὶ ἀγαθὸν καὶ τἆλλα πάντα ἃ σὺ νῦν δὴ ἔλεγες.".
Vgl. PIEPER, (1970), 392: "Die Idee begründet die Wahrheit gehaltvollen Wissens, kann aber selber nicht außerhalb dieses Wissens thematisiert werden. Anders ausgedrückt: Wissen artikuliert sich in Urteilen. Daß einem Subjekt (Rose) ein bestimmtes Prädikat (schön) zu Recht zugesprochen wird, ist Leistung der Idee (des Schönen). Insofern die Idee Ursache eines wahren Urteils ist, kann sie selbst nie in einem Urteil auftreten. Zwar wird sie von verschiedenen Subjekten (Rose, Haus, Mensch u.a.) im Prädikat (schön) mit ausgesagt, aber sie kann niemals selbst zum Subjekt oder Prädikat eines Satzes werden, da von ihr im strengen Sinne nichts ausgesagt werden kann. Die Idee "ist", und dieses "ist" ist kein Prädikat, sondern ebenfalls Bedingung der Möglichkeit jeglicher Prädikation (der Kopula).".

sam "erotischer Entrückung" und Streben nach Perfektibilität, so zu sein, wie das Eidos, ohne diesen Zustand jemals zu erreichen. Alles, was sich dem Menschen als Schönes zeigt, und von dem er aussagt, daß es schön sei, ist stets in geringerem Maße schön als "das Schöne selbst", da Schönsein nur ein Aspekt an ihm ist, der ihm unter anderen Umständen und Hinsichten nicht zukommt.[395]

Die Bezugnahme von Eidos und Einzelseiendem ist auch nicht von begrifflich-terminologischer Art im Sinne von Allgemeinbegriff und Konkretem, sondern von ontologischer Prägung: das Eidos konkludiert Platon nicht als Produkt eines Abstraktionsprozesses, sondern veranschlagt es als Ergebnis einer Komparation der Realität.

Platon sieht die "wahren" Ursachen in den εἴδη, auch wenn er noch nicht eindeutige Aussagen über das "Teilhabe"-Verhältnis der einzelnen Dinge an den Wesenheiten zu geben vermag. Das Eidos ist als αἰτία zugleich zuständig für das "Wesen" und den "Namen" des Einzelseienden.

Im Dialog stehen die Termini ἐπονομάζειν, ἐπαιτιᾶσθαι und ἰδία οὐσία (101c) in einem inneren Bedingungsverhältnis.[396] Platons Nachdenken über das Verhältnis zwischen Sprache und Realität orientiert sich noch an der Beziehung zwischen Wort und Gegenstand. Er spricht vom Einzelseienden oder Ding in der Welt stets in Bezug auf die Eide, nach denen die Dinge benannt werden.[397]

---

[395] Vgl. hierzu Phd. 74df.

[396] In der kurzen Darlegung, was die Eide mit den Worten als Bedeutungsträgern zu tun haben, verweise ich im Einvernehmen auf die Ausführungen von GRAESER, (1975), 218-234.

[397] Vgl. Phd. 102af.: "...καὶ ὡμολογεῖτο εἶναί τι ἕκαστον τῶν εἰδῶν καὶ τούτων τἆλλα μεταλαμβάνοντα αὐτῶν τούτων τὴν ἐπωνυμίαν ἴσχειν...". Zu dieser Stelle vgl. vor allem WAGNER, (1966), 7: "Nun gibt es in unserem Dialog mindestens einen eindeutigen Beleg dafür, daß die Ideen etwas sein sollen. In 102b 1 steht: ὡμολογεῖτο εἶναί τι ἕκαστον τῶν εἰδῶν. — Wenn mir jemand von seinem Freund erzählt, er sei ein Kappesbur, so weiß ich gleichwohl so lange von seinem *Freund* nichts, als ich nicht weiß, was ein *Kappesbur* ist. Übersetzen wir dies zunächst in die Urteilslogik! Zweifellos ist es die Funktion des Urteilprädikats, den Subjektbegriff zu bestimmen, so gewiß es nämlich den Sinn des Urteils ausmacht, daß in ihm der zunächst unbestimmte Subjektbegriff seine Bestimmung (und zwar eben durch den Prädikatsbegriff) erfährt. Nun kann natürlich der Prädikatsbegriff dem Subjektbegriff keine Bestimmtheit verleihen, falls er selbst keine solche besitzt. Darum ist innerhalb eines Urteils immer die *Bestimmtheit des Prädikatsbegriffs selbst* vorausgesetzt.". Vgl. die Auffassung von EMING, (1993), 84: "Platons Logos-Lehre ist deswegen so schwierig, weil er gegen unsere heutige Auffassung von Sätze als Prädikationen die kategoriale und logische Differenz von Idee (αὐτά) und Eigenschaft (πολλά) strikte durchhält.".

Im modernen Verständnis ist jedoch mit dem Vorgang des Benennens ein vom platonischen Verständnis gesondertes Sprachdenken gemeint, denn über einen Gegenstand beispielshalber die Aussage zu treffen, er sei "groß", bedeutet diesen Gegenstand durch einen generellen Terminus zu prädizieren, wobei es sich dabei jedoch keineswegs um eine Benennung durch einen Namen handelt. Das griechische Sprachdenken scheint hingegen anders vorzugehen, denn Platon hebt die Benennungs- und Bezeichnungsfunktion der Wörter (ὀνόματα) hervor, versteht gleichsam das Wort *als* Name, wobei jedem Wort ein bestimmter Gegenstand und jedem Satz ein bestimmter Sachverhalt zugeordnet zu sein scheint, so daß Aussagen nur dann tauglich sind, wenn sie geradezu eine Benennungsfunktion erfüllen.

Im platonischen Verständnis umfaßt der Begriff ὄνομα also einerseits das, was wir einen "Eigennamen" nennen würden, andererseits ebenso einen prädikativen Ausdruck mit deskriptiver Funktion. Demzufolge muß auch dem prädikativen Ausdruck "groß" ein Gegenstand zugeordnet sein. Die Gegenstände der Erscheinungswelt stellen eine "abgeleitete", sekundäre Referenz dar, denn an ihnen wird durch das Prädizieren ein *bestimmtes Kriterium* deutlich, *weil* dem Gegenstand eine eigentümliche Benennung widerfährt, die sich auf der Grundlage der "Teilhabe" am gleichnamigen Eidos rechtfertigen läßt.[398] Mit anderen Worten Sokrates *ist* genau dann "groß", wenn ein Eidos "Größe selbst" existiert und Sokrates an dieser "Klasse" partizipiert.[399]

---

[398] Vgl. EMING, (1993), 125: "Der Logos ist also einer für beide Typen von Entitäten, was zweierlei heißt; der Ideenansatz bleibt ganz im Medium der natürlichen Sprache, auch dann, wenn er über die Voraussetzung des Sprechens redet, ind: Sprache selbst ist im Sprechen die distinkte Verlautbarung dessen, was ist, das immer mit dem, was nicht im strikten Sinne ist (die Dinge), zu verschwimmen droht.".

[399] Vgl. GRAESER, (1975), 223f.: "Nun in diesem Sinn wäre die platonische Idee aber nicht nur sozusagen der von dem bestimmten Typus von sprachlichen Ausdruck objektiv bezeichnete Gegenstand. Sie stellt nämlich auch das dar, was wir unter der *Bedeutung* des betreffenden Terminus zu verstehen haben. ... Denn die Ideen sind offenbar eine merkwürdige Symbiose zweier Arten von Dinge, die verschiedenen Kategorien angehören. Denn die Bezeichnung bzw. der vom sprachlichen Ausdruck objektiv bezeichnete Gegenstand ist eine außersprachliche Entität, also etwas, was sprachunabhängig ist. Anders handelt es sich im Falle der Bedeutung um eine linguistische Entität. Und sofern wir heuristisch die moderne Unterscheidung (Eigen) Name und Prädikat voraussetzen, sind wir sogar gehalten, von einem doppelten Hybrid zu sprechen. Denn die platonische Idee stellt eine Symbiose von Eigenschaft und Gegenstand dar. Ersteres ist die Intension eines Prädikats, letzteres die Extension eines (Eigen) Namens.".

Der platonische Definitionsversuch von Dingen ist äußerst problematisch, da man den Sprachgebrauch eines Wortes willkürlich festlegt. Wenn nun ein Wort eine Klasse von Dingen nach ihrem gemeinsamen Wesen bezeichnen soll, dann ist es immer möglich, daß irgendwann deutlich wird, daß die Dinge anders zusammengehören und andere wesentliche Qualitäten besitzen, als ursprünglich vermutet wurde. So wird die Definition unbrauchbar und verlangt nach einer Korrektur, die jedoch ebenfalls keinen Anspruch auf immerwährende Gültigkeit erheben darf.

Dem Progreß der Wissenschaften mußten so schon viele Definitionen weichen, da nun mal die Sachverhalte in der Realität sich nicht nach den Allgemeinbegriffen ausrichten, sondern oftmals umgekehrt die Begriffe sich an "den Dingen" zu orientieren haben, die mit der menschlichen Wahrnehmung zusammentreffen.

Sicherlich benötigt eine Wissensfundierung die Abstraktion und die dadurch gewonnenen Allgemeinbegriffe, denn der einzelne Sachverhalt muß durch eine "allgemeine Wahrnehmung" über das durchschnittliche Auf und Ab des Individualismus erhoben werden, nur so ist die Möglichkeit Gegenstand des Wissens zu werden gegeben. Doch bereits bevor das Wissen sich auf eine gleichartige "Klasse von Gegenständen" bezieht, benötigt es allgemeine Ausdrücke, um bestimmte Inhalte zu fixieren und mitzuteilen, denn keine Sprache vermag alles individuell zu kennzeichnen. Anders gewendet: der Vorteil der Sprache besteht gerade in der Ausschaltung einer Unabzählbarkeit von Wortbedeutungen, da nur so ein kollektives Wissen fundiert werden kann.

Aus heutiger Sicht wird man den Eindruck nicht los, daß Platon sich durch die Wörter irreführen ließ: Wenn jedes Wort zugleich das "Wesen" des Gegenstandes bezeichnet, dann bezeichnet ein allgemeines Wort auch das Wesen einer "Klasse" von Gegenständen, mit anderen Worten, Platon nimmt ein "Wesen" an, wo eigentlich nur ein Wort ist.

Nach platonischer Auffassung ergibt sich das Einzelne aus dem Allgemeinen, wobei es unter dieser Annahme folgerichtig erscheint, dieses Allgemeine für sich bestehen zu lassen, weil nur so seine Autarkie garantiert bleibt. Nun gilt es aber festzuhalten, daß aus dem Wort eine Sache geworden ist, von der nur in negativen Prädikaten eine Aussage denkbar erscheint. Sobald hingegen Positives dargelegt werden soll, verfällt Platon in seinen Dialogen nur allzu oft in den Bereich des Symbolischen oder in den Mythos, denen jedoch nur bildliche Geltung zukommt, womit wieder einmal deutlich wird, daß dasjenige, was Gegenstand eines intelligiblen Bereiches ist, zugänglich nur durch das reine menschliche Denken, nicht überzeugt, wenn es in der Form der Erscheinungswelt dargestellt und ausgedrückt wird. Der Nutzen eines "Abbildes", zu dem das "Urbild" nicht adäquat wiedergegeben werden kann, bleibt zumindest hinsichtlich einer Wissensfundierung problematisch.

An dieser Stelle geht es aber auch um die Gewährleistung einer sinnvollen, diskursiven Auseinandersetzung über einen obligatorischen Sachverhalt durch die *Hypothesis des Eidos*, die garantiert, daß die Diskussion sich nicht sofort in eristischen Einwänden verfängt.[400] Die methodische Erläuterung der Hypothesis des Eidos ist also zugleich immer auch eine Prophylaxe vor eristischen Widerlegungen, denn in der Anwendung der Ideenhypothese als λόγος ἐρρωμενέστατος wird behauptet, daß keine "Akzidentia", wie Farbe (χρῶμα) oder Gestalt (σχῆμα, 100d) ein Einzelseiendes "schön" macht, sondern lediglich die "Teilhabe" am Eidos der Schönheit als solcher.[401]

Das "καλὸν αὐτὸ καθ' αὑτὸ" ist "selbstevident" und bedarf nach platonischem Verständnis zur Klärung seiner selbst keiner weiteren begrifflichen Erläuterung, um verstanden zu werden.[402] Ihre Prägnanz gewinnt diese Aussage dadurch, daß sie sich in keine Widersprüche verwickelt, will sagen die Hypothesis des Eidos gewährleistet eine widerlegungsresistente Antwort auf die Frage nach den "wahren" Ursachen.

Entscheidend bleibt bei der gesamten Darlegung stets die klare Differenzierung zwischen der Hypothesis als solcher und dem, was durch sie erst ermöglicht wird, also was aus ihr als Konsequenzen erfolgt.[403] Durch die *Hypothesis des Eidos* läßt sich die Disputationskunst (Eristik) der Anti-

---

[400] Vgl. EMING, (1993), 11: "Die Ideen-Annahme und die mit ihr im Einklang stehende Ursachen-Erklärung hat also insofern regulative Funktion für das Zustandekommen von philosophischen Untersuchungen, als sie von vornherein sophistischen Einwänden gegenüber gesichert ist.". Der "Theaitetos" moniert, daß die Sophisten sich als "Sprachgewaltige und Weise" (δεινοὶ καὶ σοφοὶ) eine Schlacht der Reden und Widerreden liefern. Vgl. Tht. 154e-155b. Ferner vgl. Parm. 131c; Rep. 479a und 523e.
[401] Vgl. auch PIEPER, (1970), 392.
[402] Vgl. SCHMITT, (1973), 229: "Der diesem Satz entsprechende stärkste Logos behauptet, daß nicht Farbe oder Gestalt oder irgend etwas derartiges, sondern einzig die Idee der Schönheit αἰτία des Schönseins dessen ist, von dem sie ausgesagt wird: Alles und nur, was an der Idee der Schönheit teilhat, ist schön, für jede Möglichkeit, von etwas 'ist schön' zu prädizieren, ist sie notwendige und zureichende Bedingung. Das gleiche gilt für jeden beliebigen anderen Logos.".
[403] Vgl. HEITSCH, (1979), 10: "Insofern entspricht das hypothetische Verfahren, wie es hier skizziert wird, genau der in diesem Dialog befolgten Argumentationspraxis: in Theorie und Praxis wird peinlich vermieden, gleichzeitig über den Ausgangspunkt und über seine Auswirkungen zu reden.".

logiker mit ihren Reden und Widerreden bannen, da diese dadurch verpflichtet sind ein objektives Diskussionsverfahren zu führen.

Für das Einzelseiende kann eventuell gelten, daß es in verschiedener Hinsicht größer *und* kleiner ist, hingegen gilt für das Eidos, daß es ist und bleibt, was es ist, ohne irgendeine Verschiedenheit anzunehmen.[404] Aus der *Hypothesis des Eidos* folgt angeblich mit sich selbst "harmonisch" Korrespondierendes, wobei dieser Methode vor allem eine außerordentliche Stringenz und Durchsichtigkeit zuerkannt wird, da durch sie philosophische Erörterungen für alle Interessierten gleichsam "klar und deutlich" zum Ausdruck kommen (102a), weil mit ihrer Hilfe nicht, wie im Vorgehen der Sophisten, Ursachen und Folgen verwechselt und vermengt werden.[405] Dennoch kann man es hinsichtlich einer solchen Sachlage mit dem berühmten Einspruch Leibniz´ halten, der besagt: *Wenn man keine Kennzeichen eines deutlichen Begriffs angibt, so ist es nutzlos zu sagen, daß alles, was man klar und deutlich zu erkennen meint, wahr ist.*[406]

Sicherlich darf die *Hypothesis des Eidos* auch als eine Entgegnung auf oder Verteidigung gegen die sophistische Antilogik gelesen werden, wobei im Dialog "Phaidon" hauptsächlich die Kritik der relationalen Ausdrücke im Mittelpunkt steht. Die "Antilogik der Relationen", wie sie von sophistischer Seite bevorzugt gebraucht wurde, wird anhand von verschiedenen Beispielen von Größenverhältnissen im Dialog diskutiert. Die von Sokrates in seiner "wissenschaftlichen Vita" eingeführten antilogisch-eristischen Argumentationsparadigmen fungieren in ihrer Anschaulichkeit

---

[404] Vgl. EMING, (1993), 16: "Die Sätze des Sophisten sind vielmehr deswegen falsch, weil sie ungeeignete Antworten auf die Fragen nach dem sind, was Platon die αὐτὰ καθ'αὑτὰ nennt. Insofern sie das Paradigma der platonischen Logos-Philosophie bilden, wird der Sophist mit ihrer Anerkennung zu einem ganz andersartigen Gesprächsverhalten gezwungen, denn immer dann, wenn der Sophist Fragen nach dem Eidos mit Fragen nach Konkreta konfundiert, hat Sokrates die Möglichkeit, diesen Kategorienfehler ihm anzukreiden.". Dahinter steckt antizipierend der "Satz vom verbotenen Widerspruch" (*principium contradictionis*): Es ist unmöglich, daß demselben dasselbe zugleich und in derselben Hinsicht zukomme und nicht zukomme. Widersprüche sind selbstverständlich nicht nur auf der Ebene der Aussagenlogik: $\neg \, (A \wedge \neg \, A)$ oder Prädikatenlogik: $\neg \forall \, P(x) \wedge \neg \, P(x) \quad x \in G$ verboten, sondern *vornehmlich* in der Realität. Nur solches kann tatsächlich sein, was keine Widersprüche beinhaltet. Mit anderen Worten die Widerspruchsfreiheit ist eine notwendige Bedingung für Existenz.
[405] Vgl. Phd. 101e: "ἐκείνοις μὲν γὰρ ἴσως οὐδὲ εἷς περὶ τούτου λόγος οὐδὲ φροντίς· ἱκανοὶ γὰρ ὑπὸ σοφίας ὁμοῦ πάντα κυκῶντες ὅμως δύνασθαι αὐτοὶ αὑτοῖς ἀρέσκειν·".
[406] In einem Brief an den Landgrafen zu Hessen-Rheinfels vom 24.12.1684; vgl. Akad.-Ausg. I,IV,342.

als Kontrast zum platonischen Ansatz von der *Hypothesis des Eidos*. Platon unterscheidet prinzipiell zwei Typen von Entitäten, die durch die Beschreibung zweier Seinsweisen voneinander abgehoben werden: das Eidos *ist* "..." bzw. Einzelseiendes *hat* "...".

Das ist nach wie vor die Differenz zwischen den Dingen der Wahrnehmung (dem Einzelseiendem) und den Dingen des Denkens (den Eide als τὰ αὐτὰ), die ausnahmslos *sind*, was das Einzelseiende nur *hat*. Dessenungeachtet bleiben die recht spärlichen Ausführungen bezüglich der neuen Methode als Pfeiler einer platonischen Lehre von den Eide stets kontextuell gebunden.

Im Dialog wird keine irreversible "Ideenlehre" entwickelt, eher entfalten sich alle theoretischen Fragestellungen letztlich aus den lebenspraktischen Erörterungen über die "wahren" Ursachen, die etwaige Unsterblichkeit der Seele oder die angemessene, philosophische Lebensweise.

Zugleich nimmt die *Hypothesis des Eidos* gegenüber dem Verfahren der aporetischen Frühdialoge eine erweiterte Stellung ein: In den Frühdialogen ging es in erster Linie um den Beweis, daß bestimmte Annahmen auf unreflektierten und unfundierten Wissensansprüchen basieren: Sokrates offenbarte seinen Gesprächspartnern durch den Nachweis bestimmter Unzulänglichkeiten und Widersprüche ihr Nicht-Wissen, ohne jedoch eine positiv-konstruktive Ergebnissicherung vorzulegen, so daß die Frühdialoge in der allgemeinen Aporie endeten. Der vermeintlich Wissende wurde von Sokrates insofern auf sein Wissen untersucht, daß er auf die Frage "Was ist ... ?" eine Definition zu geben hatte, die im elenktischen Gespräch auf ihre Stichhaltigkeit überprüft wurde. Sokrates versuchte nun den scheinbar Wissenden durch Frage und Antwort zu einer Folgerung zu führen, die mit der Definition unverträglich ist, um ihn zur Rücknahme der gegebenen, nunmehr als unzureichend ausgewiesenen Begriffsbestimmung zu zwingen.

Im "Phaidon" hingegen werden nun verschiedene Begründungsebenen eingeführt und strikt auseinandergehalten: Die auf ihre Stichhaltigkeit hin zu überprüfende ὑπόθεσις im "Phaidon" ist durchaus nicht mit einer Definition gleichzusetzen, sondern sie dient als übergeordneter Maßstab, der sich bewährt, wenn sich die auf seiner Grundlage gegebenen Antworten als widerlegungsresistent erweisen. Erst wenn sich in der philosophischen Diskussion eine bestimmte ὑπόθεσις als ein starker λόγος bewährt und erwiesen hat, kann auf einer neuen Ebene diese ὑπόθεσις selbst in einem neuerlichen Prüfungsverfahren untersucht werden. Nun wird auf eine übergeordnete ὑπόθεσις* zurückgegangen, ohne jedoch deren Überprüfung mit dem Fähigkeitsnachweis des Zusammenhangs ihrer Folgen zu vermengen, das bedeutet das neu aufgefundene "höhere Prinzip" wird seinerseits solange auf die Bewährung der Beschaffenheit seiner Folgen hin überprüft, bis sich herausstellt, daß er tatsächlich als ein stärkerer λόγος zu gelten hat. Der Verweis auf ein "höheres Prinzip" ist vernünftig, weil die gegebenen Antworten, obgleich sie auf einem angenommenen Prinzip basieren, sukzessive durch die allgemeine Anerkennung ihres intensionalen Sinngehaltes gewissermaßen eine sichere Konkordanz und Konstitution mit der Wirklichkeit nachweisen. Eine Behauptung bewährt sich im elenktischen Gespräch und erlangt dadurch ausreichende Glaubwürdigkeit, sie stellt somit eine vielversprechende Fundierung dar, um in einem nächsten Schritt zu noch höheren Prinzipien fortzuschreiten.[407]

Das *Hypothesis-Verfahren* im "Phaidon" erschließt sich also resümierend auf folgende Weise: Erstens wählt und setzt man eine ὑπόθεσις, die in einer anschließenden Argumentation daraufhin überprüft wird, ob tatsächlich aus ihr nur Antworten ("Ableitungen" im Sinne von ὁρμηθέντα) erfolgen, die Stimmigkeit und Widerlegungsresistenz aufweisen:

"Εἰ δέ τις αὐτῆς τῆς ὑποθέσεως ἔχοιτο, χαίρειν ἐῴης ἄν, καὶ οὐκ ἀποκρίναιο ἕως ἂν τὰ ἀπ' ἐκείνης ὁρμηθέντα σκέψαιο εἴ σοι ἀλλήλοις ξυμφωνεῖ ἢ διαφωνεῖ.", 101d.

Zweitens muß bei der Prüfung der ὁρμηθέντα der ὑπόθεσις unbedingt beachtet werden, daß zunächst die Verteidigung der ὑπόθεσις selbst außen vor bleibt. Die eigentliche Prüfung der ὑπόθεσις geschieht dadurch, daß ein übergeordneter λόγος formuliert wird, aus welchem sich wiederum die ὑπόθεσις ableiten läßt. Dieser λόγος wird als (übergeordnete) ὑπόθεσις* behandelt, für die erneut gilt, daß sie fürs erste nicht hinterfragt wird, sondern zunächst die Konsistenz ihrer Folgerungen auf logische Verträglichkeit überprüft wird: Diese Prozedur gilt es zu wiederholen, bis man im Diskurs zu einem ἱκανόν τι vordringt.[408]

---

[407] Vgl. HUBY, (1959), 14: "But it is probably a mistake to suppose that Plato at this stage at any rate had a clear concept of method in the abstract. Knowledge, for him, could only, or at least best, be achieved by discussion between two or more people, and those who sought it must learn to play their part in such discussion.".

[408] Vgl. Phd. 101df. Im Zusammenhang der Darlegungen des "Phaidon" bezeichnet dieses ἱκανόν zunächst nichts weiter als die Hypothesis, bei der das "Streitgespräch" mit dem Gegner in einen Konsens mündet und beendet werden kann, weil alle Diskus-

Die *Hypothesis des Eidos* stellt nun aber als λόγος ἐρρωμενέστατος die unhinterfragbare, ontologische Prämisse der platonischen Philosophie dar, sie dient als Leitsatz, wie in einem philosophischen Gespräch die sachliche Angemessenheit einer Behauptung gemessen werden sollte.

Aus der *Hypothesis des Eidos* lassen sich jedoch keineswegs bestimmte Annahmen oder Konsequenzen "ableiten", die dazu befähigen bestimmte Annahmen über die Eide als solche zu tätigen. Ein mögliche Infallibilität der Eide läßt sich aus der *Hypothesis des Eidos* nicht gewinnen, eine Darlegung der Lehre von den Eide ist durch eine deduktive Ableitung nicht möglich, da etwa aus dem erweiterten λόγος ἐρρωμενέστατος "*irgend etwas Schönes ist schön, weil es am Schönen selbst teilhat*" sich nichts deduzieren läßt.[409]

Nur Sätze, die eine Bestimmung besitzen, also nicht leer sind, können auf Ableitungen und Konsequenzen hin überprüft werden. Eine Methode, die mit bestimmten Sätzen arbeitet, kann auf den "Wahrheitsgehalt" der Thesen geprüft werden, doch beginnt dieses Verfahren mit der Unterstellung bzw. Dementierung eines bestimmten Sachverhalts und keineswegs mit einer außerfragestehenden Grundgegebenheit der Methode selbst. Im "Phaidon" geht es nicht um den Nachweis des "Wahrheitsgehaltes" der *Hypothesis des Eidos*, denn diese wird im Dialog von Sokrates bereits als das "Unwiderleglichste" bzw. "Sicherste" (ἀσφαλέστατον, 100d) ausgewiesen. Die *Hypothesis des Eidos* kann und muß nicht bewiesen werden, weil sie methodische Voraussetzung des gesamten Verfahrens ist. Innerhalb eines Argumentationsverfahrens lassen sich *bestimmte* Aussagen und Thesen als wahr oder falsch nachweisen, jedoch nicht die Voraussetzung des Verfahrens selbst.

Platons Wahrheitsbegriff zeichnet sich vornehmlich durch einen dialogischen Zusammenhang aus, nämlich als logische Kohärenz bestimmter Thesen und Urteile *untereinander*, die von den Gesprächspartner akzeptiert werden. Platon verfährt im "Phaidon" im Grunde genommen recht banal: Die *Hypothesis des Eidos* muß nicht bewiesen werden, weil sie niemand

---

sionsteilnehmer sowohl die Hypothesis, als auch ihre Konsequenzen akzeptieren können.

[409] Vgl. STEMMER, (1992), 270: "Nun weiß jeder Leser der platonischen Dialoge, wie schwer es ist, eine Idee zu bestimmen. Und selbst wenn es gelingt, gelingt es niemals definitiv und endgültig. Wer dies sieht und sich über die Chancen der Ideenerkenntnis keine goldgrundierten Vorstellungen macht, wird die praktische Bedeutung der hypothetischen Methode angemessen einschätzen und sie trotz der bleibenden Hypothezität nicht in unangebrachter Weise herabstufen.".

anzweifelt; sie scheint als das ontologisch Primäre vor der Pflicht des Nachweises entbunden.[410]

Grundsätzlich muß der Leser die *Hypothesis des Eidos* und die ersten Sätzen eines Hypothesis-Verfahrens auseinanderhalten, denn eine ὑπόθεσις ist eine Behauptung, die bei einer Überprüfung bestätigt oder verworfen werden kann. Eine bestimmte ὑπόθεσις kann offensichtlich auch zu Widersprüchen führen, die *Hypothesis des Eidos* hingegen nicht, sie ist nach platonischer Auffassung absolut widerlegungsresistent. Geprüft werden demnach nur die Konsequenzen einer bestimmten ὑπόθεσις auf ihre jeweilige Konsistenz und Kohärenz, nicht jedoch die Konsequenzen der *Hypothesis des Eidos*, was auch absurd wäre, da vollkommen unklar bleibt, ob und was aus der Annahme der Eide "abgeleitet" werden könnte.

Im "Phaidon" wird diese Präsupposition der Eide nicht auf ihre Stichhaltigkeit hin überprüft geschweige denn in Frage gestellt. Die Dialogpartner des Sokrates scheinen diese Annahme stets unhinterfragt zu teilen. Einesteils wird im "Phaidon", wie auch in anderen platonischen Dialogen, zwar die Existenz der Eide bekundet, von ihrer Beziehung zu den sinnlichen Dingen hingegen wird zumindest im "Phaidon" merkwürdigerweise allerdings nur wenig ausgesagt (100d).
Vielleicht wollte Platon als guter Methodiker die Konzeption einer Theorie intelligibler Gegenstände nicht mit einer Untersuchung über die Disponibelität dieser Theorie hinsichtlich des Einzelseienden vermengen, gleichwohl verlangt die ungeklärte Frage nach Bedeutung und Zweck der Annahme der Eide nach einem hinlänglichen Resultat. Den Gesprächspartnern des Sokrates gilt scheinbar als erwiesen, daß es einen Bereich des intelligiblen ("göttlichen") Seins gibt, der dem menschlichen Zugriff verborgen bleibt. Aufgrund der herausgestellten Affinität der Eide mit dem Göttlichen wurde der Bereich der Eide und damit auch sie selbst als "göttlich" ausgewiesen. Sowohl die Eide als auch die Götter sind letztlich nichts weiter als Synonyme für das "Beständige", "Ewige" und "Immer-Seiende".[411] Das

---

[410] Vgl. GADAMER, (1973), 157: "Die beiden Freunde stimmen dieser Folgerung aus der Hypothesis des Eidos mit Nachdruck zu (102), sozusagen wie aus einem Munde: ἅμα; und, um den Nachdruck zu verstärken, läßt Platon hier die Gesprächssituation abermals unterbrechen. Echekrates und Phaidon stimmen ihrerseits emphatisch dieser Bannung des neumodischen sophistischen Geschwätzes zu.".
[411] Vgl. ALBERT, (1980), 36: "Die Ideen sind das eigentlich Seiende und als solche immerwährend. Immerwährendes Sein aber verstand der Grieche als göttliches Sein, denn alles außergöttliche Sein galt ihm als vergänglich und vorübergehend. Mit dem Charakter der Göttlichkeit ist nun auch der Charakter der Heiligkeit verbunden. Die mythische Realität ist eine sakrale Realität. Wie steht es in dieser Hinsicht mit den I-

"Schöne", "Weise" und "Gute" wird im Dialog "Phaidros" explizit als das "Göttliche" gekennzeichnet. Platons Denken begreift diese Ausdrücke als Kennzeichnungen des Göttlichen.[412] Auch im "Phaidon" wird das im Denken erfaßbare Sein mit göttlichen Prädikaten belegt, mit dem letzten Ziel, die Annahme von Eide nicht anzweifeln zu müssen.[413]

Indem Platon eine Art göttliches Prinzip annimmt und dieses mit dem Schönen, Weisen und Guten in Verbindung bringt, gleichsam mit dem Nimbus des Göttlichen umgibt, bereitet er die Annahme der Eide vor. Er bedient sich zur Stützung seiner Theorie erkennbar eines Kunstgriffs der quasi-göttlichen Konnotation, mit der er sich die allgemeine Zustimmung zur *Hypothesis des Eidos* durch ein bewußtes und geschicktes Täuschungsmanöver verschafft, weil sonst womöglich seine Gesprächspartner eine billigende Zusage bezüglich der Existenz der Eide kritischer und reflektierter hinterfragt hätten.

Im Grunde fehlt also im "Phaidon" eine tatsächliche Begründung für die *Hypothesis des Eidos*, die somit letztlich eine unbegründete Spekulation bleibt. Anders formuliert: Es kann nicht einleuchtend dargelegt werden, warum die Gesprächspartner des Sokrates unhinterfragt und bedenkenlos die *Hypothesis des Eidos* billigen, außer man veranschlagt, daß die Annahme von Eide begründet ist, *weil* jedes Denken eine Ausgerichtetheit im Sinne eines Zieles (τέλος) braucht, womit das Eidos als jeweilig Denkbares ausgewiesen wäre.[414]

---

deen? E. Hoffmann hat auf eine Stelle des *Phaidros* hingewiesen, wo die Ideen als das Seiende und Heilige bezeichnet werden (250A). Er fügt hinzu: »Hier werden die ὄντως ὄντα als ἱερά benannt. Das ist wörtlich zu nehmen. Platons Philosophie ist mit seiner Religion so untrennbar verbunden wie mit seiner Kunst«. Vielleicht kann man sogar sagen, daß die Platonische Philosophie auf dem Wege war zu einer philosophischen Religion. Diese philosophische Religion wäre nicht allzu weit entfernt gewesen von der überlieferten Religion des alten Griechentums: im Falle der Ideenlehre läßt sich jedenfalls erkennen, daß sie wohl das Mythische entpersonalisierte, das Paradigmatische aber beibehielt.".

[412] Vgl. Phdr. 246d: "Τὸ δὲ θεῖον καλόν, σοφόν, ἀγαθὸν καὶ πᾶν ὅ τι τοιοῦτο·".

[413] Vgl. z.B. den Umstand der Gleichstellung von θεῖον, αληθής und ἀδόξαστον in Phd. 84a.

[414] Vgl. POPPER, (1992), 33: "Die platonische Idee ist das Original und der Ursprung des Dinges; sie ist das Verständige am Ding, der Vernunftgrund seines Daseins, das feste, unterstützende Prinzip, 'kraft' dessen es existiert. Sie ist die dem Ding innewohnende und es zum Guten bestimmende Kraft, sein Ideal, seine Vollendung.".

VIII. DER BEWEIS FÜR DIE UNSTERBLICHKEIT DER SEELE AUF DER GRUNDLAGE DER LEHRE VON DEN EIDE

1. TEILHABE UND AUSSCHLIEßUNG GEGENSÄTZLICHER EIDE

Vor der weiteren Beschäftigung mit dem Argumentationsverlauf des Dialoges muß folgendes festgehalten werden: Einerseits kommt den intelligiblen Gegenständen (Eide) eine signifikante Seinsweise zu, andererseits steht die Beziehung der an dem Eidos teilhabenden Gegenstände im Verhältnis der ἐπωνυμία.[415] Mit ἐπωνυμία als "Nachbenennung" ist jedoch eine wesentliche Konkretisierung für die Konstellation von Ding und Eidos gegeben. Zur Illustration dieser homonymen Relation zwischen Einzelding und Eidos ist die Feststellung instruktiv, daß Platon ein Einzelseiendes *F* nennt, weil es an *Φ* teilhat. Platonisch gesprochen nennt man also ein "Bett" Bett, *weil* das Konkretum die Merkmale besitzt, die es als am "Eidos des Bettes" Partizipierendes ausweist.

Sowohl die Eide, als auch die im Rückbezug auf sie nachgewiesenen immanenten Eigenschaften (z.B. "Bett zu sein") können nicht ihr Gegenteil zulassen (...οὔτε τὸ ἐν ἡμῖν οὔτε τὸ ἐν φύσει,103b).[416]

In der "Politeia" stellt der Handwerker nicht die "Form" (τὸ εἶδος) dessen her, was "Bett" ist, sondern ein bestimmtes Bett (ὅ ἔστι κλίνη); er verfertigt nicht das Seiende (τὸ ὄν) sondern etwas von der Art, das wie das Seiende ist, es aber nicht *schlechthin* ist (οἷον τὸ ὄν, ὄν δὲ οὔ, Rep. 597a). Demnach wird strikt zwischen Eidos als *"Urbild"* und dem Ding als *"Abbild"* unterschieden, wobei das Eidos als das *wirkliche* Bett charakterisiert wird, das der menschlichen Wahrnehmung zugängliche Bett ist lediglich ein (dem Abbildverhältnis entsprungenes) *quasi*-Bett. Der Terminus τὸ ὄν steht hier somit ausschließlich als Synonym für das *wirkliche* Bett, will sagen für das gleichnamige Eidos, universell für "das, was *F* ist".

Die *Dinge* können unter Umständen durch verschiedene, nicht jedoch durch gegensätzliche Eigenschaften bezeichnet und determiniert sein. In Anwendung auf das sokratische Beispiel von den "Größenverhältnissen" ("Simmias ist größer als Sokrates, aber kleiner als Phaidon") besagt das aber meines Erachtens auch, daß durch die Beziehung der ἐπωνυμία dar-

---

[415] Vgl. MORRIS, (1985), 225: "(i) The prelude begins with two assumptions (102b1-2): (A) There are Forms; (B) Things which participate in a Form have the name which properly belongs to the Form they participate in.".
[416] Zu dieser Formalisierung vgl. vor allem die Ausführungen von VLASTOS, (1969), 291-325.

legt wird, daß *und* wie mehrere Dinge an einem Eidos "teilhaben" und an und für sich diesem Eidos "nachbenannt" sind.

Sind nun für Platon disparate "Relationen" ("Größe" und "Kleinheit") gleichermaßen auf die Dinge anwendbar?[417] Die Formel von der Methexis (als "Mit-In-Sein" im Sinne von μεθ-έχειν[418]) ermöglicht meines Erachtens nur, daß *relative* Größe und Kleinheit in Simmias zugleich sein können, ohne dabei in einen Widerspruch zu geraten, weil Simmias Größe und Kleinheit in bestimmter Hinsicht *hat*, nicht aber wesentlich Größe oder Kleinheit *ist*.[419] Die Methexis-Formel unterstreicht in einem Wort ganz und gar die strikte Unterscheidung der beiden von Platon angenommenen Seinsweisen; es gibt einerseits Entitäten, die das sind, was ihr "Name" darlegt, andererseits gibt es solche, die nur "teilhaben", ohne identisch zu sein mit dem, woran sie "teilhaben".[420] Simmias übertrifft den Sokrates an Grö-

---

[417] Wenn Platon von der Größe und Kleinheit *in* etwas ausgeht und diese Kennzeichnungen anscheinend von Einzeldingen prädiziert, bleibt zumindest fraglich, ob er die logische Problematik, die durch die Differenzierung von Qualität, die *von* etwas prädiziert wird, und Relation, die *zwischen* Einzelseiendem vorliegt, tatsächlich aufzulösen vermag. Die Frage, ob Platon Relationen von Eigenschaften der Dinge hinreichend gegeneinander abgrenzte, müßte in einer eingehenden Analyse diskutiert werden. Wie jedoch im Detail die Eide im Verhältnisbezug zueinander sind, was sie sind, und welche Folgen sich aus der platonischen Darstellung für die Beschreibung von Relationen und ihrer Abgrenzung von anderen "Prädikationstypen" ergibt, kann nur in einer eigenen Untersuchung geschehen, die den engen Rahmen dieser Arbeit überschreiten würde. Es gilt zu beachten, daß "Relativeide" wohl einen exponierten Fall von Seiendem darstellen, die ihre vorrangige Bestimmtheit aus der Beziehung zu anderen empfangen. Zu der Frage, ob Platon tatsächlich den Begriff der "Relation" oder nur den des "Relativums" kannte vgl. vor allem SCHEIBE, (1967), 28-49.

[418] Zu der Weise des "Mit-In-Seins" vgl. EMING, (1993), 118f.

[419] In Phd. 102c sagt Sokrates von sich Kleinheit aus, weil er Kleinheit hat in Relation zur Größe des Simmias. Von Phaidon wird hingegen Größe ausgesagt, weil er Größe hat in Relation zur Kleinheit des Simmias. Von Simmias wird Größe und Kleinheit ausgesagt: Größe wird ausgesagt, weil er größer ist als Sokrates, Kleinheit wird ausgesagt, weil er kleiner als Phaidon ist. Vgl. auch PIEPER, (1970), 391: "Jemand kann nicht in der derselben Hinsicht zugleich groß *und* klein sein, sondern nur durch Vergleichung zuerst das eine, dann das andere, den jeweiligen Hinsichten entsprechend (102d).".

[420] Auffällig ist, daß Platon an dieser Stelle keinem exakten terminologisch-kategorialen System folgt, mit dessen Hilfe einwandfrei nachvollziehbar wäre, wann und wie bzw. ob er überhaupt Beschreibungen der Eide von Aussagen über die Dinge abgrenzt, so daß das Aufzeigen und Nachweisen des jeweiligen Entitätentyps äußerst vage bleibt.

Vgl. GUARDINI, (1987), 234: "Wird also gefragt, was etwas sei, dann lautet die Antwort: Es ist in der Form der Teilhabe das, was, in der Form der Ursprünglichkeit und

ße nicht aufgrund seiner Natur, sondern aufgrund der Größe, die er gerade zufällig hat.[421] Es geht im Grunde nur um die Angabe, daß jemand Kleinheit oder Größe in verschiedenen Hinsichten haben kann: Weil Sokrates Kleinheit hat (ὅτι σμικρότητα ἔχει), wird er von Simmias überragt, und nicht weil Sokrates Sokrates ist (ὅτι Σωκράτης ὁ Σωκράτης ἐστιν, 102c). Auch Simmias wird von Phaidon nicht an Größe übertroffen, weil Phaidon der Phaidon ist, sondern weil Phaidon Größe hat. Die Größe des Simmias besteht (entsprechend dem Verhältnis von Größe und Kleinheit zueinander) nur hinsichtlich der Kleinheit, an der Sokrates teilhat. Die Kleinheit, an der er teilhat, besteht hingegen nur in Bezug auf die Größe des Phaidon, die "groß" in Bezug auf Simmias´ Kleinheit ist. Wiewohl Sokrates die Unvereinbarkeit der Größe selbst mit der Kleinheit selbst und gerade dadurch auch der Größe und Kleinheit in einem Menschen, will sagen der Größe und Kleinheit, sofern ein Subjekt daran teilhat, unzweifelhaft gültig sein läßt, stehen die Sätze, die von Simmias Größe *und* Kleinheit aussagen, meines Erachtens keineswegs in einem Widerspruch, falls sie im Sinne der *Hypothesis des Eidos* als αἰτία gedeutet werden. Eine Unstimmigkeit zwischen diesen Sätzen im Sinne der Hypothesis läge nur vor, wenn von der Größe in Simmias ausgesagt würde, sie sei "klein" in Bezug auf die Kleinheit des Sokrates, respektive umgekehrt, wenn von seiner Kleinheit ausgesagt würde, sie sei "groß" in Bezug auf die Größe des Phaidon. Dann stünde die Kleinheit in Simmias, die klein nur durch die Teilhabe an der Kleinheit in Bezug auf die Größe des Phaidon ist, zu der von ihm behaupteten Größe in Widerspruch, denn Größe und Kleinheit im Subjekt sind wie Größe und Kleinheit selbst miteinander unverträglich. Da dies aber nicht gegeben ist, kann von Simmias ausgesagt werden, daß er groß *und* klein sei, weil er, in der Mitte zwischen Sokrates und Phaidon stehend, groß hinsichtlich des einen Kleinheit *und* klein hinsichtlich des anderen Größe ist.[422]

Wesenhaftigkeit, seine Idee ist. Wird gefragt, warum es das sei, dann lautet die Antwort, weil seine Idee es darin begründet. Die weitere Frage aber, warum die Idee selbst sei, was sie ist, erhält die Antwort: weil sie es ist. Ihr So-Sein ist ein Urphänomen, und als solches ebenso absolut wie evident. Sobald die Idee wirklich erschaut wird, erlischt die Frage...".
[421] Vgl. die Kontrastierung von πεφυκέναι und ὃ τυγχάνει ἔχων in Phd. 102bf.
[422] Vgl. PIEPER, (1970), 391: "Das bedeutet, daß eine Sache durch einander relativ entgegengesetzte Attribute in ihrem Sosein bestimmt werden kann, wenn sie nicht in sich selber, sondern in ihrem Verhältnis zu anderen Dingen reflektiert wird. Diese Bestimmtheit ist jedoch akzidentiell, d.h. sie tritt zufällig, von außen hinzu, ohne das Wesen der Sache zu verändern. Die relationalen Begriffe sind mithin Ursachen, die an der

Kurz: In Simmias gibt es also nicht Größe und Kleinheit selbst, sondern nur aufgrund eines Vergleichs. Ein solcher Vergleich ist jedoch nur möglich in Anbetracht des Wissens um das Eidos der Größe und der Kleinheit. Ein Ding kann beispielsweise durch Relationalausdrücke bestimmt sein, in dem Sinne, daß Dinge in ihrem Verhältnis zu anderen Dingen überdacht werden, wobei jedoch das "Wesen" des Dings dabei nicht verändert wird. Die These, daß sich das Kleine und Große in uns nicht in sein Gegenteil verwandeln kann, *soll* ja gerade erklären, *wie* etwas oder jemand in unterschiedlicher Hinsicht groß und klein sein kann, ohne eine Modifikation der Größe oder Kleinheit, die jeweils von ihm ausgesagt wird, zu implizieren. Wenn Simmias im Hinblick auf Sokrates groß ist, so ändert sich seine Größe, wenn sie in Relation zum größeren Phaidon gebracht wird, nicht, sondern besteht gleichsam nach wie vor daneben. Angenommen, Simmias würde noch wachsen und größer werden als Phaidon, so würde keineswegs seine Kleinheit "weichen", denn seine *gegenwärtige* Kleinheit in ihm besteht nur in Bezug auf die *gegenwärtige* Größe in Phaidon. Warum sollte eine "Kleinheit in uns" (τὸ σμικρὸν τὸ ἐν ἡμῖν, 102e) also einer potentiellen künftigen Größe eigentlich "zurückweichen", wenn diese doch nur "groß" ist vermöge einer neuen Relation, in der sie steht?[423] An dieser Stelle des "Phaidon" (102a-d) wird deutlich, daß Sokrates durch den nochmaligen Rekurs auf die "Antilogik der Relationen" seine eigene Denkweise bewußt abheben möchte. Wenn nur Relationen zwischen Qualitäten betrachtet werden, läuft man in einer Diskussion schnell Gefahr, daß man unter diesen Umständen auch von der Redeweise der ἀντιλογικοί (101e) gebannt wird. Offenbar möchte Sokrates den Teilnehmern der Diskussion die begrenzte Sichtweise der Antilogiker deutlich machen und demonstrieren, daß bei den "Dingen der Sinnenwelt", die einem ständigen Veränderungsprozeß unterliegen, dennoch akkurate Aussagen möglich sind, solange man sich in der Diskussion nicht kasuistisch (συγγραφικῶς, 102d) sophistischer Ausdrucksweisen bedient.

Durch die Setzung einer Zäsur in Form einer Paränese rekapituliert Platon das bisher Erarbeitete und lenkt die Aufmerksamkeit auf das Bevor-

---

Sache etwas für die Sache selber Unwesentliches begründen. Die Begründung geschieht derart, daß im Denken nacheinander auf die verschiedenen Begriffe rekurriert wird, die für das zu erklärende Seiende konstitutiv sind.".

[423] Die Größenveränderung in einem Subjekt wird von Platon also im Sinne des "Bohnenbeispiels" im Theaitetos (154c) beschrieben: Wie sechs Bohnen mehr als vier und weniger als zwölf sind, und zwar mehr und weniger, ohne daß ich ihre Anzahl verändern müßte, so ist auch Simmias in verschiedenen Hinsichten größer und kleiner, ohne jede äußerliche Veränderung.

stehende: Phaidon berichtet, daß einer der Anwesenden, wer es genau war, kann er nicht erinnern, den Fortgang der Diskussion nach der Darlegung des Sokrates und Zustimmung seitens Kebes unterbrach, um auf einen scheinbaren Widerspruch hinzuweisen, der zwischen der Annahme des "Antapodosisbeweises"[424] und der von Sokrates jetzt aufgestellten Behauptung, daß ein Entstehen aus Gegensätzen nicht gedacht werden dürfe:

"...οὐδ' ἄλλο οὐδὲν τῶν ἐναντίων, ἔτι ὂν ὅπερ ἦν, ἅμα τοὐναντίον γίγνεσθαί τε καὶ εἶναι, ἀλλ' ἤτοι ἀπέρχεται ἢ ἀπόλλυται ἐν τούτῳ τῷ παθήματι." besteht.[425]

Sokrates hebt zur Widerlegung des Zwischenrufs hervor, daß in beiden Formulierungen die ἐναντία-Problematik auf seinsmäßig unterschiedlichen Ebenen zu betrachten sei: Der "Antapodosisbeweis" mit seiner Interpretation der Gegensätze bezieht sich auf den Bereich der Sinnenwelt, dessen Werden durch den ἐναντία-Begriff ursächlich erklärt wird. In der neuerlichen Behandlung dieser Problematik wird von Sokrates hingegen der Bereich der "intelligiblen Gegenstände", der Eide angesprochen. Der Begriff des Eidos wird gerade durch die Unmöglichkeit der Annahme seines Entgegengesetzten verdeutlicht, denn die Eide werden im "Phaidon" von Platon vorrangig als schlechthin immer seiend und unveränderlich gedacht, wobei die Frage, inwiefern die Eide sich dabei aufeinander beziehen ein zentrales Problem dieses schwierigen Textstücks darstellt.[426]

Sokrates stellt zunächst zwei grundverschiedene Auffassungen gegenüber: Durch die eine läßt sich ein veränderender Gegenstand der "Sinnenwelt" erklären, hingegen wird durch die andere *jeder* Wandel des Eidos geradezu generell abgewehrt. Wenn das Einzelseiende seine Bestimmung insofern ändert, daß im Werdeprozeß neue Bestimmtheiten aus der entgegengesetzten Bestimmung hervortreten, so bleiben die Eide dennoch durch ihr wesensmäßiges Charakteristikum der immerwährenden Selbstidentität gekennzeichnet: Das Eidos ist gerade dadurch ausgezeichnet, daß es selbst ist, was es ist, nämlich τὸ αὐτὸ ὃ ἔστι.[427]

---

[424] Vgl. Phd. 71aff.
[425] Phd. 102ef. Vgl. die auffallend unzugängliche und undurchsichtige Argumentation in Phd. 102dff.
[426] Vgl. ERBSE, (1969), 97: "Der Zwischenruf eines nicht genannten Jüngers gibt Sokrates Veranlassung, darauf aufmerksam zu machen, dass jetzt von unveränderlichen Prädikaten die Rede ist, nicht wie oben im Antapodosisbeweis (vgl. 70 d 7) von Subjekten, die der Zu- und Abnahme fähig sind (bis 103 c 9).".
[427] Vgl. GRAESER, (1982), 35f.: "Gemäss Platons These ist nur Seiendes erkennbar, d.h. nur solche Dinge, die *sind*. Da «ist» bzw. «sein» in diesem Zusammenhang nachweislich als elliptischer Ausdruck fungiert und der Sache nach für so etwas wie «ist

Bezogen auf das Beispiel der "Größe selbst" bedeutet das, daß es bei ihm kein Werden ineinander gibt: "...αὐτὰ δ' ἐκεῖνα οὐκ ἄν ποτέ φαμεν ἐθελῆσαι γένεσιν ἀλλήλων δέξασθαι.".[428]

Ausschlaggebend für ein gründliches Textverständnis des Abschnitts 102d-103c dürfte sein, daß Sokrates die These von der Gleichartigkeit von Eidos und Ding, will sagen seinen Gegensatz nicht anzunehmen, überhaupt nicht von einem logischen Standpunkt, im Sinne einer Orientierung auf eine bestimmte Semantik, aus behandelt, sondern vielmehr von einer ontolo-

---

nur das, was es ist» stehen dürfte, scheint Platon hier de facto eine These bezüglich der Art der Sachhaltigkeit der Objekte wirklicher Erkenntnis zu formulieren. Diese These besagt, dass nur solche Objekte als Gegenstände des Wissens betrachtet werden können, die ausschließlich das eine oder das andere sind, aber nicht beides. Diese Bedingung kann freilich nur von Dingen des Typus der Idee erfüllt werden. Denn die Ideen sind genau das, was sich in der raum-zeitlichen Welt nur in Form von Eigenschaften findet.".

Vgl. EMING, (1993), 117f.: "Auf dem Hintergrund der Ideenhypothese kann das nicht mehr verwundern, denn auf nichts anderes als auf die Gleichgestaltigkeit des ideellen Seins, das nun τὰ ἐν τῇ φύσει genannt wird, lief sie hinaus. Was neu hinzukommt, ist die Anwendung auf die Dinge, also auf das, was bei uns ist (τὸ ἐν ἡμῖν, 102d7), was Platon zuvor mit dem Eidetischen analogisiert. ... Diese Analogisierung (ὡς δ' αὔτως) von Ideenwelt (φύσις) und Werden (γένεσις) läuft auf nichts anderes hinaus als das Werden eidetisch zu betrachten bzw. den Dingen auch eine Physis, ein Wesen, wenn auch abgeleitet, zuzugestehen. Gemessen an der eingeführten Zweckursache (96e) wird somit das Werden als dem Sein nachstrebend (ὀρέγεται, 75a2,d2) angesehen.".

Vgl. ferner PIEPER, (1970), 392: "Ansichseiendes dagegen bleibt unveränderlich mit sich selbst identisch; keine Idee kann in die ihr entgegengesetzte Idee übergehen, weil es für die Ideen kein gemeinsames Substrat gibt, an dem sich der Übergang vollziehen könnte. Ein kontinuierlicher Prozeß kann nur zwischen konträren Gegensätzen, denen ein gemeinsames Substrat zugrundeliegt, gedacht werden. Die Idee hingegen untersteht sich selbst, d.h. zwischen die Ideen ist ein Hiatus gesetzt, dessen Aufhebung zugleich Aufhebung des Denkens wäre.".

[428] Vgl. Phd. 103bf. Entscheidend für die Charakterisierung eines Eidos der Größe scheint mir das ὑπερέχειν (vgl. 102c) zu sein. Ist das Eidos der Größe ein ideales Großes, das in einem bestimmten Verhältnis zu einem idealen Kleinen steht? Oder ist es der Umstand des "Überragens" als solcher, der dann wohl nur in Relation zum Überragtwerden als solchem gedeutet werden kann? Vgl. hierzu die Ausführungen bei Aristoteles, Met. 1021a3f.: "Doch das Um-einen-Teil-Größere steht zu dem Um-einen-Teil-Kleineren in einer bestimmten Beziehung, wie das Vielfache zum Einen. Die Beziehung aber des Übertreffenden zum Übertroffenen ist überhaupt der Zahl nach bestimmt.".

gischen Position ausgeht.[429] Mit anderen Worten, Sokrates redet plötzlich nicht mehr ausschließlich von dem Gegensätzlichen *in* den Dingen, sondern nun auch vom "Gegensätzlichen selbst". Das gesamte Paradigma basiert also auf der Maxime, daß das "Entgegengesetzte selbst" sich selbst nicht entgegengesetzt sein wird (...ὅτι αὐτὸ τὸ ἐναντίον ἑαυτῷ ἐναντίον οὐκ ἄν ποτε γένοιτο...,103b).

---

[429] Vgl. Phd. 102d: "'Ἐμοὶ γὰρ φαίνεται οὐ μόνον αὐτὸ τὸ μέγεθος οὐδέποτ' ἐθέλειν ἅμα μέγα καὶ σμικρὸν εἶναι, ἀλλὰ καὶ τὸ ἐν ἡμῖν μέγεθος οὐδέποτε προσδέχεσθαι τὸ σμικρόν, οὐδ' ἐθέλειν ὑπερέχεσθαι.".

2. DIE ANNAHME VON "KOMPLEXIONEN"

Dieser Prämisse in Phd. 103b entsprechend führt Sokrates nun im weiteren Fortgang der Diskussion seine Theorie anhand verschiedener Analogien aus.[430] Aus dem entgegengesetzten Ding wird das ihm Entgegengesetzte, hingegen nicht "das Gegensätzliche selbst" (αὐτὸ τὸ ἐναντίον) wird zu seinem Gegensatz. Die ἐναντία–Problematik verdeutlicht, daß die Gegensätze nicht als solche, also als das, was sie sind, sondern nur als das ihnen *Analoge*, in den Prozeß des Werdens treten können.[431]

Durch das "ontologische Analogieprinzip" (Eming) erweitert sich aber auch das Verständnis vom Eidos, denn über die bloße Formulierung einer Formel wie etwa *"Vermöge des Schönen werden die schönen Dinge schön"*, läßt sich nun hinzufügend bestimmen, daß das Eidos mit anderen Eide zusammen *ist* (=existiert). Das Eidos kann mit bestimmten Eide gewisse "Ideenkomplexionen" eingehen, wenn auch nur mit solchen, die es

---

[430] Vgl. REEVE, (1975), 200: "Plato's argument in 102 b 3- 107 a 1 employs a number of analogies. At first sight it appears that they may be set out schematically as follows:

	I	II	III	IV
(a)	αὐτὸ τὸ μέγεθος	θερμόν	τὸ περιττόν	ζωή
(b)	τὸ ἐν ἡμῖν μέγεθος	πῦρ	τῶν τριῶν ἰδέα	ψυχή
(c)	Socrates	σῶμα	ἃ ἂν ἡ τῶν τριῶν ἰδέα κατάσχῃ	σῶμα

When (b) 'occupies' or 'approaches' (c), it 'brings up' (a); that is to say, it 'does not admit' the opposite of (a).
Vgl. hierzu EMING, (1993), 124f.: "Es gibt also einen ideentheoretischen Chorismos, aber keinen ontologischen. So gesehen wäre diese Analogisierung statthaft. Sie ist lediglich mit modernen Mitteln nicht zu rechtfertigen, denn gerade die funktionale Begriffsauffassung (G. Frege), nach der Gegenstände unter Begriffe fallen und von ganz anderer Art sind, als die Begriffe selbst, – nur nach dieser Auffassung ist diese Analogie nicht zu interpretieren. Für sie muß natürlich hier eine unzulässige Typenvermischung vorliegen, so daß – aus dieser Perspektive gesehen – der Vorwurf schon berechtigt ist, Platon habe keine scharfe Unterscheidung zwischen Begriff und Gegenstand. Freilich Ideen sind nicht bloß Begriffe, sie sind das, was ist. Der platonische Ansatz hat dagegen die Schwäche, daß ihm auf diese Weise Dinge unter der Hand entweder immer zu Formen oder zu Ähnlichkeits-Formen geraten, so daß schließlich alles voller Formen ist oder daß mitunter nicht klar ist, wovon geredet wird, von Formen oder von Dingen.".

[431] Vgl. EMING, (1993), 129: "Platons Rede vom In-Sein in den Dingen (ἐνεῖναι, 103b8) ist also eine analogische, die Verhältnisse zwischen Ideen auf Verhältnisse zwischen Dingen überträgt. Gemäß dem Ideenansatz werden die Dinge aber nicht als solche thematisch, sondern als Abbilder, als Ähnlichkeiten zu den abstrakten Formen – kurz als Ähnlichkeitsformen.".

aufgrund der "natürlichen Beschaffenheit" (im Sinne des πεφυκέναι in 102c; πεφυκέ in 104a) in sich aufzunehmen vermag (im Sinne von δέχομαι in 104b). Entsprechend gilt, daß bestimmte "Ideenkomplexionen" an sich nicht möglich sind, insofern ihre "natürliche Konsistenzen" nicht harmonisierbar sind.[432] Das Analogieprinzip wird bewußt an Verhältnispaaren als "Ähnlichkeits-Formen" herausgearbeitet: Es scheint möglich, daß ein Paar von Sachverhalten "Verschiedenheit" (ἕτερον τι) aufweist und dennoch in dieser "Andersartigkeit" (ἄλλο τι) seine *wesensmäßige Gestalt* beibehält.[433]

Eidos beinhaltet bei Platon bekanntlich die rigorose Dynamis zur Selbstbehauptung: Aus dem "Entgegengesetzten" wird nie das "Entgegengesetzte", sondern falls das "Entgegengesetzte" ihm "nahekommt" (προσελθόντος), "flieht" (φεύγειν) jenes entweder, oder "geht zugrunde" (ἀπολωλέναι, 102df.).[434]

---

[432] Vgl. Phd. 104bf.: "Ἔστι δὲ τόδε, ὅτι φαίνεται οὐ μόνον ἐκεῖνα τὰ ἐναντία ἄλληλα οὐ δεχόμενα, ἀλλὰ καὶ ὅσα, οὐκ ὄντ' ἀλλήλοις ἐναντία, ἔχει ἀεὶ τἀναντία, οὐδὲ ταῦτα ἔοικε δεχομένοις ἐκείνην τὴν ἰδέαν ἣ ἂν τῇ ἐν αὐτοῖς οὔσῃ ἐναντία ᾖ, ἀλλ' ἐπιούσης αὐτῆς ἤτοι ἀπολλύμενα ἢ ὑπεκχωροῦντα.".
[433] Vgl. Phd. 103e. Die Stelle, die das "ontologische Komplexionsprinzip" einführt, soll hier in der Übersetzung von RUFENER wiedergegeben werden, da SCHLEIERMACHER, KASSNER und APELT in ihren Ausgaben εἶδος unzutreffend, aber wirkungsmächtig mit "Begriff" bzw. "Gattungsbegriff" übersetzten: "Es gibt also einiges, fuhr Sokrates fort, auf dessen Namen nicht nur die betreffende Idee selbst für alle Zeit Anspruch macht, sondern auch etwas anderes, das zwar nicht die Idee selbst ist, das aber doch immer ihre Gestalt annimmt, solange es existiert." Vgl. die Alternativübersetzung von GADAMER: "Bei einigem solchen Seienden gibt es also den Fall, sagte er, daß nicht nur sein eigenes Wesen selber für alle Ewigkeit mit seinem eigenen Namen genannt werden will, sondern auch noch etwas anderes, was zwar nicht es selbst ist, aber doch immer seine Gestalt an sich hat, solange es ist.". Vgl. hierzu die Zusammenfassung im Hinblick auf die "Teilhabe" der Dinge an den Eide bei BORMANN, (1987), 125: "1. Das Ding hat bisweilen an eide teil, bisweilen nicht (trennbare Akzidentien). 2. Das Ding hat immer an gewissen eide teil, ohne daß die Teilnahme an diesen eide es wesentlich bestimmte (untrennbare Akzidentien). 3. Das Ding hat immer an bestimmten eide teil, aber die Teilhabe an diesen eide konstituiert das Ding nicht in seinem Wesen, sondern resultiert aus seinem Wesen. 4. Das Ding nimmt an bestimmten eide teil und wird durch die Teilhabe an diesen eide in seinem Wesen konstituiert.".
[434] Vgl. GUARDINI, (1987), 247: "Jede qualitative Bestimmung unterscheidet sich von der anderen mit einer Energie, welche durch das Bild eines Kampfes ausgedrückt wird. Sobald ein Seiendes unter ihr steht, behauptet sie ihren Besitzstand. Wichtig ist auch der nächste Gedanke, wonach eine Qualität nicht aus der anderen entstehen, sondern

Sokrates führt nun anhand verschiedener Beispiele die Annahme weiter aus, daß es einerseits Eide gibt, die einander vollkommen "ausschließen", z. B. "das, was kalt ist" und "das, was warm ist", wie bereits zuvor an den Eide des Großen und Kleinen demonstriert, andererseits auch Eide, die einander "einschließen", wie zum Beispiel das Eidos der Drei stets das des Ungeraden.[435] Die Dinge der Sinnenwelt werden durch die "Teilhabe" an einem bestimmten Eidos wesentlich bestimmt, wie der "Schnee" (χιόνα) eine wesentliche Bestimmung durch das "Kalte" (ψυχρόν) empfängt, so empfängt das "Feuer" (πῦρ) seine wesentliche Bestimmung durch das "Warme" (θερμόν, 100cff.).

Die Dinge der Sinnenwelt sind durch die Eide festgelegt, die als "Urbilder" der Eigenschaften des Einzelseienden fungieren, insofern ist der Schnee elementar durch das Eidos des Kalten determiniert, wie das Feuer durch das Eidos des Warmen.[436] Nicht alles, was am Eidos des Kalten "teilhat" ist Schnee, wobei Platon die Divergenz von "Schnee" und "kalt sein" nicht ausschließlich vor dem Hintergrund bestimmter physikalischer Zustände gewinnt, sondern diese vornehmlich auf der Grundlage der ontologischen Ideenannahme fundiert, wie folgender Satz deutlich macht: "'Ἀλλ' ἕτερόν τι πυρὸς τὸ θερμόν, καὶ ἕτερόν τι χιόνος τὸ ψυχρόν ; — Ναί." (103cf.).

Auch physikalische Sachverhalte können in ein simultan-synchrones Verhältnis von verschiedenen autarken Wesenheiten ("Ideensätze") transformiert werden, um so das "Kalte" vom "Schnee" zu separieren. In gleicher Weise lassen sich physikalische Sachverhalte nur ursächlich auf der Grundlage der Annahme bestimmter "Ideensätze" begreifen, insofern die

---

nur erstehen oder verschwinden kann. Jede echte Qualität ist ein Urphänomen und kann daher nicht abgeleitet werden. Sie ensteht nicht, sondern erscheint.".

[435] Vgl. zu dieser Passage die Ausführungen von MÜLLER, (1969), 179-199, der das Textstück Phd. 103c 11- 105c 9 als unechten Zusatz ausweisen möchte und die kritischen Entgegnungen von GRAESER, (1973), 20-24. Zum platonischen Zahlenbegriff vgl. vor allem FINDLAY, (1994), 11-35 und hinsichtlich des Verhältnisses von Zahl und Seele vgl. WIPPERN, (1970), 271-288.

[436] Vgl. FREDE, (1978), 28f.: "In *some* cases it is not only the opposite states or qualities and their forms that cannot turn into their opposites but even their possessors – though not identical in nature with those characters – cannot accept the opposite of the characters they possess; they either have to withdraw or to perish, too. Snow, while being snow, never admits heat; and fire while being in existence never admits cold. So, though these two things, snow and fire, are not identical with the properties in question, they still cannot adopt the qualities opposite to those they do in fact possess. Plato, as we would say it, distinguishes here between the possession of essential and accidental properties and modifies the law of opposites accordingly.".

Phänomene als Komplexionen von Eide oder aus diesen verstehbaren Komplexionen erkannt werden. "Schnee" und "Wärme" können nicht nebeneinander und zugleich bestehen, sondern nur "Schnee" und "Kälte", demnach sind offensichtlich nur apodiktische "Ideenkomplexe" möglich, nämlich diejenigen, die gemäß ihrer "natürlichen Beschaffenheit" eine solche Komplexion zulassen.[437]

In jeder "Zusammen-Fassung" möchte hingegen das Einzelseiende dennoch das sein, was es war, mit anderen Worten findet sich in jeder Gradation von noch so komplexen Seinsgefügen ein *monohybrid jeweiliges Sein*, gleichgültig ob dieses eine natürliche oder erzwungene Verbindung eingegangen ist. Entscheidend ist dabei, daß das Einzelseiende die "Teilhabe" an dem Eidos, das für ihn wesensmäßig bestimmend ist, niemals aufgeben kann, um etwa ein entgegengesetztes Eidos als wesentlich anzunehmen, denn jedes "Ding" wird erkannt, indem es von dem *ihm* zugrundeliegenden Eidos (als Ursache des Wissens) hergeleitet wird.[438]

Das Einzelseiendes kann auch nicht *ad libitum* modifiziert werden, denn gerade durch seine Wesensbestimmtheit ist es als konstant begriffen, obwohl es akzidentiellen Veränderungen ausgesetzt ist, bleibt die signifikante Bestimmung bestehen. Jede Veränderung der akzidentiellen Bestimmung (etwa das "Weißsein" des Schnees) kann aufgehoben werden, ohne daß dabei das zugrundeliegende Substrat vernichtet werden würde. Eine Veränderung der Wesensbestimmtheit (etwa das "Kaltsein" des Schnees) hingegen würde das Substrat vernichten: Kalter, eingefärbter Schnee bleibt Schnee, hingegen ist warmer, weißer Schnee weder physikalisch noch formallogisch denkbar. Der Schnee kann gewissermaßen "von seinem Wesen" her nicht ohne die Kälte sein; wenn an den Schnee das Warme herantritt (z. B. in Form des Feuers oder der Hitze der Sonne), dann geht der Schnee zugrunde, weil seine wesensmäßige Bestimmung "Kälte" nicht mit der ihr entgegengesetzten Bestimmung "Wärme" neben-

---

[437] Vgl. PIEPER, (1970), 394: "Mit dem Aufweis des Unterschiedes von akzidentellen und Wesensbestimmungen hat Sokrates gezeigt, daß es nicht nur im Bereich der Ideen keine Veränderung gibt, sondern daß auch im Bereich der werdenden Dinge ein unveränderliches Moment gedacht wird, sobald nach der Wesensbestimmtheit eines Dinges gefragt wird. Diese dauert als konkrete zwar nicht ewig, aber doch so lange, wie das Ding faktisch existiert.".

[438] Vgl. PIEPER, (1970), 394: "In diesem reduktiv gewonnenen Wissen wird immer auch die Wesensbestimmtheit des Dinges mitgewußt, die, wenn sie ausdrücklich gemacht wird, das bereits als wahr Gewußte in einer anderen Form vergegenwärtigt.".

einander und zugleich existieren kann, demnach können sich entgegengesetzte Eide nicht zu "Ideenkomplexionen" verbinden.[439]

Ebenso kann das Einzelseiende, das durch die "Teilhabe" an einem bestimmten Eidos *das ist, was es ist*, nicht das entgegengesetzte Einzelseiende, welches durch ein konträres Eidos seine Bestimmung erlangt, in sich aufnehmen. Wenn Schnee und Feuer zusammentreffen, dann erlischt entweder das Feuer oder der Schnee schmilzt. Nun ist Wärme aber ein wesentlicher Faktor des Feuers, der Begriff Feuer schließt notwendig die Wärme mit ein. Etwas ist als solches nicht nur es selbst, es nimmt zwar sein Gegenteil nicht an, aber verbindet sich mit etwas anderem, ohne mit diesem identisch zu werden.

Alle Analogien verweisen auf die Γ-Φ-Relation: Die Teilhabe eines Dinges x an Γ ist hinreichend dafür, daß dieses Ding auch an Φ teilhat und folglich nicht nur G, sondern zugleich auch F ist. Fraglich bleibt jedoch, ob Platon hier nur eine rein formale Implikationsbeziehung hervorheben möchte, wo doch das "Implizierte" keinen Begriff, sondern ontologisch ausgezeichnetes Seiendes darstellt.[440]

Eine dezidierte Reflexion über die "Ideenkomplexionen" kann an dieser Stelle nicht geliefert werden, da der "Phaidon" mit seinen lediglich andeutenden Feststellungen eine genauere Analyse einer Gradation eidetischer Strukturen und Komplexe sehr kompliziert, so daß sie Gegenstand einer eigenständigen, umfangreichen Abhandlungen werden müßten, um dem Anspruch einer fundierten Untersuchung tatsächlich gerecht zu werden.

Auch auf die häufige Erwähnung der Begriffe "Eidos", "Idee" und "Morphe" zum Ende des Dialoges und ihre offensichtliche Kontrastierung bzw. Analogisierung mit Zahlen kann an dieser Stelle nur komprimiert eingegangen werden. Platon operiert im "Phaidon" auf eine recht fragwürdige Weise[441] mit bestimmten Kriterien der Einteilung hinsichtlich des

---

[439] Vgl. PIEPER, (1970), 393f.: "Im vernünftigen Denken können immer nur Ideen verschiedener Gattungen zugleich ein wahres Urteil über Seiendes begründen, da sonst – wie im Beispiel von Kälte und Wärme – die Aktualisierung der einen Idee durch die gleichzeitige Aktualisierung der ihr entgegengesetzten Idee wieder aufgehoben, d.h. eine und dieselbe Idee in ihrem Sein zugleich bejaht und verneint wird, wodurch der Begriff der Wahrheit vernichtet ist.".

[440] Vgl. hierzu die Auffassung von GRAESER, der diesen "Implikationsaspekt" hervorhebt, (1973), 22: "Demnach soll man auf die Frage 'warum ist x F' nicht antworten, 'weil x an Φ teilhat', sondern 'weil x an Γ teilhat, Γ aber Φ impliziert'.".

[441] Vgl. MORRIS, (1985), 231: "The third kind of case, involving numbers, is meant to be the clearest of all (103e6), but is for us the most obscure.".

Zahlen-Begriffs: Einerseits scheint er die Zahl 3 als ein "Ding" anzusehen, von dem "ungerade" prädiziert werden kann, da sie unter den Begriff des "Ungeraden" fällt, andererseits scheint er die 3 auch irgendwie als Eidos zu verwenden, also als eine Art Subsumtion für all die Gruppen, die sich irgendwie aus drei Elementen zusammensetzen: "...ὅτι ἃ ἂν ἡ τῶν τριῶν ἰδέα κατάσχῃ, ἀνάγκη αὐτοῖς οὐ μόνον τρισὶν εἶναι ἀλλὰ καὶ περιττοῖς." (104d).

Die "Drei" ist stets "Drei" und ungerade, ohne mit dem Ungeraden identisch zu sein; das "Ungerade" ist also nicht dasselbe wie die "Dreiheit", also transportiert (ἐπιφέρειν in 104ef. im Sinne eines Heranbringens) jede Zahl etwas, mit dem sie nicht identisch ist, das aber dennoch einen Gegensatz bildet, wie das "Ungerade" der "Drei" zum "Geraden" der "Zwei", so daß die natürlichen Zahlen als solche (z. B. 2 und 3) an sich *nicht* in einem Gegensatz stehen, sondern gegensätzlich sind lediglich die ihnen übergeordneten "Gattungen" *Ungerade* und *Gerade*.[442] Ferner bildet sowohl die 2 *als solche* zum Ungeraden keinen Gegensatz, ebenso wie die 3 *als solche* zum Geraden keinen bildet, dennoch können 2 bzw. 3 das *ihnen* "Nicht-Entgegengesetzte" (also das Ungerade bzw. das Gerade) nicht annehmen, denn die Zahl 2 transportiert immer die ihr übergeordnete "Gattung" Gerade, die in Konflikt mit der "Gattung" Ungerade geraten würde (104e). Das "Wesen" der 3 tritt nie allein als Dreiheit auf, sondern transportiert immer etwas (gleichsam in sich) mit, das ist eben das Ungerade, mit dem es zwar nicht identisch ist, aber dessen "Gestalt" (μορφή) es dennoch annimmt, so daß es dessen Gegensatz (das Gerade) nicht anzunehmen vermag.[443]

Die Quintessenz des Sokrates lautet in Phd. 105a nach der Übersetzung von Rufener folglich: "*So sieh denn, ob du es nicht so bestimmen kannst: Nicht nur ein Gegensatz schließt seinen Gegensatz aus, sondern auch das, was etwas Gegensätzliches zu dem hinzubringt, auf das es zugeht – auch dieses Bringende wird den Gegensatz des Gebrachten ausschließen.*".

Auf das Beispiel von der 3 angewendet besagt diese gemeingültige Ausdrucksweise: Das Gerade schließt das Ungerade aus; die 3 (als etwas

---

[442] Vgl. Phd. 104c: "Οὐδὲ μήν, ἦ δ' ὅς, ἐναντίον γέ ἐστι δυὰς τριάδι.".
[443] Vgl. BRÖCKER, (1990), 207: "Wenn Sokrates kein Mensch mehr ist, dann ist er nicht mehr Sokrates. Und wenn drei nicht mehr ungerade ist, so ist es auch nicht mehr drei (103 e ff.) Daraus folgt, daß kein Ding Bestimmungen annehmen kann, die seinen wesentlichen Bestimmungen entgegengesetzt sind, ohne unterzugehen. Hiervon wird nun die Nutzanwendung gemacht, die zum Beweis der Unsterblichkeit führen soll.".

Ungerades) kann das Gerade niemals aufnehmen, weil sie als etwas Ungerades, den Gegensatz (das Gerade) dessen, was sie transportiert (das Ungerade) nicht annehmen kann.[444]
Anschließend werden nun diese Ausführungen im Sinne einer τὸ διά τι-Frage auf zwei Beispiele angewandt, wobei nur das "Feuerbeispiel" näher beleuchtet werden braucht, weil es für den Fortgang der Erörterung im Hinblick auf den "Beweis" der Unsterblichkeit wichtig wird.[445] Bislang

---

[444] Vgl. EMING, (1993), 138, Anm. 90: "An der 3 wird also neben dem, daß 3 realisiert wird, auch noch das Ungerade mitrealisiert. Daran wird ersichtlich, daß die Ideen dann, wenn Gattungen in den Blick kommen (also Gerade/Ungerade), nie als solche realisierbar sind, sondern nur über etwas. An sich selbst betrachtet sind diese Ideen also relativ unbestimmt. Man kann zwar ihren Logos annehmen, aber das ändert nichts daran, daß sie nur über anderes realisierbar sind. Auf diese Weise kommt Platon zu der Einsicht, daß eine Idee nicht immer eine distinkte *und* bestimmte ist, sondern daß es auch unbestimmte, d.h. also nicht-präsentierende Ideen gibt, zu denen dann im Spätwerk die des Nicht-Seins und des Raumes explizit hinzugezählt werden.".
Festgehalten werden muß weiterhin, daß die Zahlen sich anscheinend durch eine Ambivalenz auszeichnen, einmal werden sie wie Ideen behandelt, zum anderen wie Gegenständliches, so daß sie vom Bereich der Eide abzuheben sind; offensichtlich besitzen die Objekte der reinen Mathematik eine μεταξύ-Stellung, die der Mittelstellung der Seele zwischen Eidos und Sinnending ähnelt, vgl. hierzu vor allem WIPPERN, (1970), 286: "Genauso wie die zahlenmäßige Bestimmtheit eines sinnlich wahrnehmbaren Dinges, dem z.B. die partikuläre Form einer immer seienden τριάς innewohnt, bei dem >Angriff< etwa einer δυάς zugrundegeht, während die τριάς selbst entweicht, zieht sich auch die ψυχή bei der Annäherung des Todes aus dem vergehenden Leib zurück, den sie bis dahin als Prinzip des Lebens beseelt hatte. Die Stringenz des dritten Unsterblichkeitsbeweises beruht also unter genuin platonischen Voraussetzungen, die im Zusammenhang des "Phaidon" freilich nicht systematisch expliziert werden, darauf, daß der ψυχή wirklich eine rational zu begründende, d.h. ontologisch ableitbare Analogiestellung zu den immer seienden mathematischen μεταξύ-Wesenheiten zukommt.".
[445] Ein zweites Beispiel ist das der Herleitung der ungeraden Zahlen, wo als Ursache für das "Ungerade-Sein" der Begriff μονάς eingeführt wird. Die Deutung dieses Beispiels scheint aber erheblich von der Übersetzung des Begriffs μονάς abhängig zu sein. Man kann μονάς als "Einheit" oder als Eins (1) übersetzen; ersteres bei RUFENER, SCHLEIERMACHER, APELT und KASSNER letzteres lediglich bei GADAMER, der die 1 wohl als πρῶτον, gleichsam als Prinzip der Zahlen versteht. Hinsichtlich der konkreten Frage der Stelle im "Phaidon" (105c), wodurch eine Zahl als "ungerade" ausgewiesen wird, scheint die Auslegung μονάς als 1 zu übersetzen stichhaltiger, da dadurch angegeben wird, daß in *allen* ungeraden Zahlen die 1 vorliegt, hingegen *alle* geraden Zahlen erst mit δυάς einsetzen. 1 bzw. 2 wären demnach unterschiedliche Maximen der Wesensart von Zahlen, die ausweisen, daß z.B. ungerade Zahlen nicht

hatte Sokrates dargelegt, daß das Feuer "zurückweicht" (φεύγειν) oder "zugrundegeht" (ἀπολωλέναι), wenn das Kalte an es herantritt. Es ist dem Feuer nicht möglich die Kälte "in sich" aufzunehmen und somit beides zugleich zu sein, nämlich Feuer und kalt.

In dem vorliegenden Textstück (105bf.) ergänzt Sokrates nun diese Aussage, indem er dem Feuer nicht nur notwendigerweise für sich selbst Wärme zuspricht, sondern er verweist darüber hinaus auf die Möglichkeit, daß das Feuer diese Wärme auch auf das überträgt, worin es sich befindet, also etwa auf einen Raum oder den Körper eines Menschen. Diese Sichtweise des Sokrates bedient sich folgerichtig der medizinischen Kenntnisse seiner Zeit, die das Fieber als einen Überschuß der "Feuerbestandteile" im Körper deuteten.[446]

---

ausschließlich dadurch ungerade sind, weil sie am Geraden *nicht* "teilhaben", sondern vorrangig durch das "Inne-Sein" der 1, ohne jedoch selbst mit der 1 identisch zu sein.
[446] Vgl. z.B. die "Fieberlehre" des Hippokrates, abgedruckt und ins Deutsche übertragen in: Der Arzt im Altertum, Griechische und lateinische Quellenstücke von Hippokrates bis Galen, hg. von W. Müri, Darmstadt 1986, 90-94.
Neben dem Rekurs auf das Ergebnis der Methexis-Formel (ὅτι τῷ καλῷ πάντα τὰ καλὰ γίγνεται καλά), die von Sokrates einerseits als "Allersicherstes" (ἀσφαλέστατον, Phd. 100d), andererseits als "vielleicht einfältig" (ἴσως εὐήθως) ausgewiesen wurde, kommt nun noch die neu gewonnene Einsicht der "Ideenkomplexion" als "anderer, weniger einfältiger Sicherheit" hinzu (Vgl. Phd. 105c: Λέγω δή, παρ' ἣν τὸ πρῶτον ἔλεγον ἀπόκρισιν τὴν ἀσφαλῆ ἐκείνην, ἐκ τῶν νῦν λεγομένων ἄλλην ὁρῶν ἀσφάλειαν."). In der Verbalisierung dieser neugewonnenen Sicherheit wird der Aspekt des "Teilhabens" (...οὐδὲ δι' ἓν ἄλλο καλὸν εἶναι ἢ διότι μετέχει ἐκείνου τοῦ καλοῦ, Phd. 100c) durch den Aspekt des "Inne-seins" (Εἰ γὰρ ἔροιό με ᾧ ἂν τί ἐν τῷ σώματι ἐγγένηται θερμὸν ἔσται, ..., 105b) ersetzt. In dem "Feuerbeispiel" wird die τὸ διά τι-Frage unter Berücksichtigung gewisser wirkursächlicher Beziehungen zwischen Entitäten beantwortet. Vgl. hierzu den Erklärungsversuch von EMING, (1993), 140f.: "Wo man es also mit dem In-sein als dem Wirken von Dingen aufeinander zu tun hat, findet man Komplexionen, für deren Sein hinreichende Gründe (ἱκανῶς 105c6, 8) gefunden werden können. Gleichwohl sind derartige Ursachen-Erklärungen >feiner<, weil man erst mit ihnen über einen logischen Pluralismus von Ideenatomen hinaus eine Argumentation auf den Weg bringen bzw. sie als Forschungsinstrument auf die Natur anwenden kann.".

3. DIE ANWENDUNG AUF DIE SEELE: DER VERSUCH DES NACHWEISES IHRER UNVERGÄNGLICHKEIT UND UNSTERBLICHKEIT

In der Übertragung und Anwendung der bisherigen Ausführungen auf die Psyche folgert Sokrates, daß sich Leben und Tod einander ausschließen. Letztlich bringt die Psyche dem Körper das Leben, sie ist Trägerin und Vermittlerin des Lebens, wird insofern durch den einen Teil eines sich ausschließenden Gegensatzpaares, das ist das Leben selbst (αὐτὸ τὸ τῆς ζωῆς εἶδος, 106d) wesensmäßig bestimmt, folglich ist sie dem Entgegengesetzten, dem Tod nicht zugänglich, mit anderen Worten sie ist etwas *Tod-Loses* (ἀ-θάνατον).

Dieses Fazit wird in enger Parallelisierung mit dem "Feuerbeispiel" erreicht: Wenn ein Körper lebendig ist, so muß er das Leben beinhalten, analog einem warmen Körper, in dem Wärme sein muß. Nun ist aber in einem warmen Körper die Wärme erst durch die Mittelung bzw. Teilhabe des Feuers dorthin gelangt. Ein Körper ist warm, wenn er das Feuer beinhaltet; das Essentielles am Feuer ist seine Bestimmtheit durch die "Teilhabe" am Eidos Wärme, die es auch nach außen hin an den Raum ableitet. Analog ist nun ein Körper lebendig, wenn er die Seele beinhaltet. Für die Seele ist die Teilhabe am Eidos Leben wesensbestimmend. Die Seele belebt den Körper, sie bringt stets das Leben mit (φέρουσα ζωήν, 105d), so wie das Feuer stets die Wärme mitbringt.[447] Wie das Feuer notwendig nicht ohne die Wärme zu denken ist, so ist auch die Seele nicht ohne das Leben zu denken.

Nun ist aber dem Leben der Tod entgegengesetzt.[448] Wie das Feuer die Kälte nicht annehmen kann, so kann auch die Psyche, weil sie notwendig und wesensmäßig Leben mit sich bringt, den Tod nicht annehmen, will sagen, daß die Seele nach platonischer Auffassung den Tod notwendig ausschließt. Sie kann sich nicht im Zustand des Totseins befinden, denn sie ist etwas Tod-Loses (ἀ-θάνατον).[449] Nun soll aber noch nachgewiesen werden, daß die Psyche darüber hinaus "unvergänglich" bzw. "unzerstör-

---

[447] Vgl. Phd. 105d: "Ψυχὴ ἄρα ὅ τι ἂν αὐτὴ κατάσχῃ, ἀεὶ ἥκει ἐπ' ἐκεῖνο φέρουσα ζωήν; — Ἥκει μέντοι, ἔφη.".
[448] Vgl. Phd. 105d: "Πότερον δ' ἔστι τι ζωῇ ἐναντίον ἢ οὐδέν ; — Ἔστιν, ἔφη. — Τί ; — Θάνατος.".
[449] Vgl. Phd. 105e: "ὃ δ' ἂν θάνατον μὴ δέχηται τί καλοῦμεν; — Ἀθάνατον, ἔφη. — Οὐκοῦν ψυχὴ οὐ δέχεται θάνατον; — Οὔ. — Ἀθάνατον ἄρα ψυχή; — Ἀθάνατον.".

bar" ist, denn bisher wurde nur dargelegt, daß sie aufgrund der Wesensbestimmtheit durch das Eidos Leben den Tod nicht annimmt.[450] Wenn sich der Tod nun der Psyche nähern sollte, so verbleiben dieser gemäß der vorliegenden Disjunktion genau zwei Möglichkeiten, entweder sie "flieht" (φεύγειν) oder sie "geht zugrunde" (ἀπολωλέναι). Letzteres scheint allerdings unmöglich, da etwas Tod-loses nach der Auffassung des Sokrates auch notwendig als ἀνώλεθρον ausgewiesen wird.[451] Weder das Eidos "Leben", noch der Träger dieses Eidos, die Seele, können den Tod aufnehmen. Die Psyche läßt sich vom Leben nicht loslösen, ähnlich wie das Feuer losgelöst von der Wärme nicht zu denken ist.[452] Dieser letzte "Beweis" der Unsterblichkeit der Seele im "Phaidon" wird von Sokrates aus der Unmittelbarkeit und "Teilhabe" der Seele am αὐτὸ τὸ τῆς ζωῆς εἶδος hergeleitet. Der Psyche komme Existenz zu, *weil* ihre Aufgabe in der Übermittlung von Leben bestehe. *Weil* die Partizipation an zwei sich kontradiktorisch ausschließenden Eide nicht möglich ist, muß die Psyche, für die als Lebensprinzip in uns die "Teilhabe" am Eidos Leben essentiell ist, eine "unsterbliche Wesenheit" sein.

Grundsätzlich müssen hinsichtlich der Stringenz der Ausführungen in "Phaidon" 105b-107a zwei grundsätzliche Kennzeichen des kritischen Hinterfragens herausgestellt werden: Einer der Einwände gegen die Hypothese des Sokrates macht geltend, daß die Behauptung die Psyche würde den Tod notwendig abweisen, nur unter der Bedingung ihrer Weiterexistenz Gültigkeit besäße, somit wäre also das Beweisziel bereits in den Prämissen angelegt, die Argumentation sei als *circulus in probando* bzw. *petitio principii* ausgewiesen. Scheinbar kann Platon sich die Psyche überhaupt nicht ohne Leben denken, die Psyche sei prinzipiell immer lebendig, anders gewendet unsterblich.[453]

---

[450] Vgl. Phd. 105eff. SCHLEIERMACHER, KASSNER und GADAMER übersetzen ἀνώλεθρον mit "unvergänglich", APELT und RUFENER mit "unzerstörbar". Vgl. ferner Phd. 106d: "'Οπότε δὴ τὸ ἀθάνατον καὶ ἀδιάφθορόν ἐστιν, ἄλλο τι ψυχὴ ἤ, εἰ ἀθάνατος τυγχάνει οὖσα, καὶ ἀνώλεθρος ἂν εἴη ; — Πολλὴ ἀνάγκη.".
[451] Vgl. Phd. 106b: "Εἰ μὲν τὸ ἀθάνατον καὶ ἀνώλεθρόν ἐστιν, ἀδύνατον ψυχῇ, ὅταν θάνατος ἐπ' αὐτὴν ἴῃ, ἀπόλλυσθαι·".
[452] Vgl. BORMANN, (1987), 127f.: "Athanatos ist sie daher nicht nur insofern, als sie entweder entweicht oder zugrunde ginge, wenn sich ihr der thanatos naht, sondern sie ist auch insofern athanatos, als sie niemals vom Leben getrennt werden kann. Die Seele geht beim Herankommen des thanatos nicht zugrunde, sondern entweicht. Sie ist unvergänglich.".
[453] Der Vorwurf beruht darauf, daß Platon, ohne die Psyche im "Phaidon" als Eidos expilzit zu kennzeichnen, an dieser Stelle des Dialogs der Psyche die "Ideenhaftigkeit"

Eine andere Kritik an der Folgerichtigkeit der Argumentation lenkt die Aufmerksamkeit auf den letzten Beweisabschnitt (106a-107a), wo Sokrates, von der geläufigen Bedeutung von ἀθάνατον ausgehend, durch Äquivokationen die absolute Unsterblichkeit der Seele zu folgern versucht und sich bezüglich der aufgestellten Disjunktion "φεύγειν" oder "ἀπολωλέναι" eindeutig gegen letzteres entscheidet, er gleichsam nachzuweisen versucht, daß ἀθάνατον notwendigerweise auch ἀνώλεθρον bedeute.[454] An dieser Stelle kann zur Klärung dieser Frage nur auf die auf-

---

unzulässigerweise doch zuspricht. Platon charakterisiere die Psyche als eine "autarke Wesenheit" (Eidos), die dem Prozeß des Werdens und Vergehens nicht unterliege. Vgl. hierzu stellvertretend APELT, (1912), 43: "Man erläutere sich das etwa an folgendem Beispiel! Eine singende Nachtigall oder ein galoppierendes Pferd kann man sich nie anders als lebend vorstellen. Der Begriff des Lebens ist in alle Ewigkeit mit ihm verbunden. Aber daraus folgt weder, dass eine singende Nachtigall das ewige Leben habe, noch auch nur, dass sie überhaupt Dasein habe. Getäuscht durch das Missverständnis der Bedeutung der Urteilsform verwechselt also Platon die notwendigen Bestimmungen blosser Begriffsverhältnisse mit dem beharrlichen Dasein der Substanzen.". Vgl. ferner GAUSS, (1958), 73 bzw. WICHMANN (1966), 209 und Anm.107.
Vgl. hierzu auch KEYT, (1963), 167-172, der irrtümlich annimmt, daß Platon an dieser Stelle *ausnahmsweise* Psyche als Eidos aufgefaßt habe bzw. die Termini ἀθάνατον und ἀνώλεθρον als Prädikate der Psyche zur Psyche selbst erhebe. Zur Widerlegung des Einwandes von KEYT vgl. wiederum die Ausführungen von SCHILLER, (1967), 50-58, der nachweist, daß die Psyche kein Eidos ist, sondern nur als den Eide "Verwandtes" zu gelten habe. Meines Erachtens schließt bereits die Anamnesislehre mit ihrer Implikation der transzendenten Existenz der Eide aus, daß die irdisch-inkorporierte Einzelseele ein Eidos ist.
[454] Vgl. BRÖCKER, (1990), 208: "Die Existenz ist keine Eigenschaft der Dinge, kein Gegenstandsprädikat, sondern ein Prädikatenprädikat. Wenn ich einen Gegenstand x habe, so kann ich allerlei Prädikate p von ihm aussagen, aber darunter nicht auch noch die Existenz. Wohl aber kann ich von einem Prädikat oder einer Vereinigung solcher sagen, daß es dazu ein Subjekt gibt. So bedeutet tot hier 1. Ein Prädikat der Seele wie Leben, 2. Aber die Nichtexistenz. Unsterblichkeit bedeutet die Unmöglichkeit, in der Form dazusein wie der tote Leib; Unvergänglichkeit aber bedeutet die Unmöglichkeit der Nichtexistenz. Beides ist nicht dasselbe.". Bröcker orientiert sich mit seiner Kritik an der Ausweisung des "ontologischen Gedankens" ("Existenz ist keine Eigenschaft") als transzendentaler Paralogismus durch KANT, K.r.V, B 619-630; mit dem Resümee in B 628: "Wenn ich also ein Ding, durch welche und wieviele Prädikate ich will (selbst in der durchgängigen Bestimmung), denke, so kommt dadurch, daß ich noch hinzusetze, dieses Ding ist, nicht das mindeste zu dem Ding hinzu. Denn sonst würde nicht eben dasselbe, sondern mehr existieren, als ich im Begriff gedacht hatte, und ich könnte nicht sagen, daß gerade der Gegenstand meines Begriffs existiere.".

schlußreichen Kontroverse, die vor Jahren vornehmlich in der Zeitschrift "Phronesis" ausgetragen wurde, verwiesen werden.[455] Einer dezidierten Analyse dieser Kontroverse kann an dieser Stelle jedoch nicht nachgekommen werden, eher soll in Grundzügen "werkimmanent" darauf hingewiesen werden, daß Platon im "Phaidon" auf eine detaillierte Definition hinsichtlich der Beziehung der Einzelseele zum αὐτὸ τὸ τῆς ζωῆς εἶδος absichtlich verzichtete oder verzichten mußte.

Es muß doch jedem Leser des "Phaidon" merkwürdig erscheinen, daß Platon gerade die spezifische Beschaffenheit der Psyche im Sinne ihrer Relation zu den Eide (im Besonderen zum αὐτὸ τὸ τῆς ζωῆς εἶδος) auffallend unbestimmt läßt, obgleich er seinen Sokrates im Zusammenhang mit der Einführung der *Hypothesis des Eidos* aussprechen läßt, daß dieser den anwesenden Freunden erst aus deren Zugeständnis der Annahme der Eide entwickelnd darlegen könne, "*daß die Seele etwas Unsterbliches ist*" (100b).

Hinsichtlich der Gültigkeit und Evidenz aller "Beweise" im "Phaidon", darf jedoch nicht unterschlagen werden, daß jeder "Beweis" in seinem besonderen Kontext innerhalb des Dialoges steht. Dieser letzte "Unsterblichkeitsbeweis" sollte stets als der sokratische Versuch der Entkräftung des "Weber-Einwandes" des Kebes gelesen werden.[456]

Dennoch ist meines Erachtens auch dieser letzte Versuch die Unsterblichkeit der Seele nachzuweisen logisch nicht zwingend, doch war Platon sich dessen bewußt, wenn er seinen Sokrates auf die Zweifel des Simmias (107b) sagen läßt, daß selbst die "ersten Grundvoraussetzungen"

Vgl. hierzu die Formulierung in Phd. 106cf.: "Οὐκοῦν καὶ νῦν περὶ τοῦ ἀθανάτου, εἰ μὲν ἡμῖν ὁμολογεῖται καὶ ἀνώλεθρον εἶναι, ψυχὴ ἂν εἴη, πρὸς τῷ ἀθάνατος εἶναι, καὶ ἀνώλεθρος.".

[455] Zur Diskussion in der "Phronesis" vgl. vor allem BLUCK, (1959), 5-11; KEYT, (1963), 167-172; SCHILLER (1967), 50-58; ERBSE (1969), 97-107; REEVE (1975), 199-208; FREDE (1978), 27-40; MORRIS (1985), 223-248. Vgl. aber auch WIPPERN, (1970), 271-288, der m.E. weder den Äquivokationsvorwurf (274f.), noch die Vorbehalte einer *petitio principii* überzeugend zu entkräften vermag. Besser (letztlich aber auch unbefriedigend) ist die Stellungnahme von ERBSE (1969), 102-107. Vgl. auch BORMANN, (1987), 128.

[456] Vgl. Phd. 86eff. Kebes hatte sowohl die Präexistenz der Seele und ihre relative Stärke und Langlebigkeit zugestanden (87a), als auch die Möglichkeit sanktioniert, daß die Seele mehrfach die verschiedenen Körper zu wechseln vermag, ohne dabei einen Schaden zu erleiden. Lediglich die absolute Unsterblichkeit wollte er nicht zubilligen, vgl. nochmals Phd. 88b: "...ὅτι ἔστι ψυχὴ παντάπασιν ἀθάνατόν τε καὶ ἀνώλεθρον.".

noch genauer untersucht werden müßten.[457] Was mit den "ersten Grundvoraussetzungen" hier konkret gemeint ist, bleibt offen. Sind damit nur die sogenannten "Beweise" als solche gemeint, oder sogar die prinzipiellen Erwägungen des "Phaidon", wie beispielsweise die Anamnesislehre oder die *Hypothesis des Eidos*?[458]
Doch selbst wenn die Unsterblichkeit der Seele formal-logisch nicht erwiesen ist, so ist immerhin *psycho*-logisch erwiesen, daß die naturwissenschaftlichen Widerlegungsversuche der Pythagoräer die Todeszuversicht des Sokrates jedenfalls nicht schmälern konnten, denn der Unsterblichkeitsglauben des Sokrates ist nach wie vor ungebrochen.

Wenn dieser "Glaube" sich auch für andere Menschen als ein "schrekliches Wagnis" (κίνδυνος δεινός, 107c) darstellt, so ist und bleibt er doch für Sokrates ein sinnvolles und "schönes Wagnis" (κίνδυνος καλός, 114d), das er freiwillig und in vollem Bewußtsein und Umfang der Konsequenzen angenommen hat: "καλὸν γὰρ τὸ ἆθλον καὶ ἡ ἐλπὶς μεγάλη." (Phd. 114c).[459]

---

[457] Vgl. Phd. 107b: "...ἀλλὰ ταῦτά τε εὖ λέγεις καὶ τάς γε ὑποθέσεις τὰς πρώτας·".

[458] Auch Platon bedarf einer "Axiomatik" von bestimmten (bewiesenen oder unbewiesenen) Sätzen bzw. Urteilen. Ein solches "Axiom" kann evident, aber dennoch "unbeweisbar" sein. Platon stützt seine Ausführungen mit guten und annehmbaren Gründen auf die *Anamnesislehre* und die *Hypothesis des Eidos*, wobei dennoch solcherlei Annahmen (als Wahrscheinlichkeitserwägungen) die berechtigte Skepsis und Kritik nicht auszuschließen vermögen. Vgl. hierzu ROHS, (1987), 386: "Dies meine ich mit »Philosophie als Selbsterhellung von Vernunft«: Philosophie muß sich auf Evidenzen, auf Vernunfteinsichten stützen, denen zwar Fundierungsfähigkeit, aber nicht die Untrüglichkeit perfekten Wissens zugeschrieben werden kann. Deswegen bedarf es zusätzlich der Form des Systems – nicht in der Gestalt von Deduktionen aus einem letztbegründeten Prinzip, sondern der kohärenten Zusammenfügung von möglichst vielen Evidenzen.".
Vgl. ferner BORMANN (1987), 130: "Wenn nun Platon den Sokrates sagen läßt, die Grundvoraussetzungen des Beweises müßten noch genauer überprüft werden, dann wird dadurch offenbar, daß er genau erkannte, unter welchen Voraussetzungen der Beweis schlüssig ist. Nur wenn die Seele eine Substanz ist und nur wenn die Washeiten realer Grund dessen sind, was im Ding verwirklicht ist, kann bewiesen werden, daß die Seele unvergänglich ist.".

[459] Unsterblichkeit der Seele verweist im "Phaidon" aber auch auf die Sphäre des Geistigen, dessen Zerstörung im platonischen Idealismus nicht im Bereich des Möglichen zu liegen scheint, vielmehr aufgrund einer inneren Beschaffenheit dem Sterben gleichsam entrückt ist. Geistiges Wesen ist Lebendigkeit schlechthin, kann also aufgrund seiner Bestimmung und Beschaffenheit nicht vergänglich sein. Diese Bestimmung und Beschaffenheit gewinnt Platon aus der kontrastierenden Beobachtung mit der alltäglichen Umwelt, in der sich überall die Vergänglichkeit des Seienden zeigt. Der Mensch

Durch diesen Glauben bestärkt kann er seinen Tod in Heiterkeit und Gelassenheit erwarten, ohne seine Hinrichtung in verzweifelnder Hoffnungslosigkeit ständig zu hinterfragen.[460] In dieser unerschütterlichen Todeszuversicht leitet Sokrates seine Ausführungen mit den ethischen Forderungen nach Sorge um (ἐπιμέλεια), bzw. Bildung (παιδεία) und Zucht (τροφή, 107cf.) für die Seele in den Vortrag eines Mythos über, dessen Darstellung im Detail an dieser Stelle nicht geleistet werden kann.[461]

---

stellt dieser Vergänglichkeit sein eigenes "Inneres" (sein "Bewußtsein") gegenüber, das sich anders zu verhalten scheint; die Vorstellung des eigenen Lebens und der inneren Konstanz, die Art und Weise, wie ich eine Einstellung zu mir selbst finde. Dem nach "innen" gewendeten Menschen offenbart sich eine ureigene, geistige Wirklichkeit, die Souveränität gegenüber dem "Außen" besitzt.
Vgl. RICKEN, (1979), 116: "Wer sich auf dieses Wagnis, die sokratische Sorge für die unsterbliche Seele, einläßt wird, das ist die zeitlos gültige Botschaft des »Phaidon«, mehr und mehr die Wahrheit des Logos, dem er sein Leben anvertraut hat, erfahren.".
[460] In diesem Sinne ist der "Phaidon" eine vorbildliche und großartige "Trostschrift" der Weltliteratur, wobei die Nachwirkungen in Ciceros "Gespräche in Tusculum" oder Boethius´ "Trost der Philosophie" allgegenwärtig spürbar sind.
[461] Vgl. STEINER, (1992), 76: "Der Mythos komplettiert die Darstellung der Verschränkung beider Motive des *Phaidon*, indem darin Naturbeschreibung und Jenseitsschicksal, d.h. die Beschreibung der 'Flucht-Orte' der Seelen, miteinander verknüpft sind.".
Sokrates erläutert seinen Gesprächspartnern den Weg der Seelen nach der Lösung vom Körper zu einem Versammlungsort, wo über sie gerichtet wird. Ferner erklärt er sich über die ausstehende Belohnung oder Bestrafung im Jenseits. Vgl. auch die Parallelen und Divergenzen zu den "Jenseitsmythen" im "Gorgias" (523aff.) und in der "Politeia" (614bff). Ein Dämon, der den Verstorbenen bereits zu dessen Lebzeiten begleitete, führt nach dem Tode die Seele zu einem Versammlungsort, wo alle verstorbenen Seelen zusammenkommen, um gerichtet zu werden (zur Funktion des Dämon vgl. ferner MÜHL, (1966), 244-248). Die "Sortierung" der Seelen orientiert sich an ihrem Verhalten zu Lebzeiten auf Erden. Die besonders guten Seelen leben für alle Zeit auf der "jenseitigen Erde", wo sie in noch schöneren Stätten als hier auf der bekannten Erde wohnen. Wiederholt zeigt sich auch hier im Mythos der Aspekt der "Verdopplung von Welt". Nachdem sich die recht ordentlichen Seelen in der Unterwelt im Arusischen See geläutert und gereinigt haben, sie ihre Vergehen abgebüßt und letztlich losgesprochen wurden, kehren diese auf die Erde zurück, um ein ähnliches Leben wie das vorherige zu führen (vgl. auch Phd. 81d-82c). Die "schlechten" Seelen hingegen werden nach dem Richterspruch von einem weiteren Führer zum Tartaros gebracht und hineingeworfen. Die uneinsichtigen und unheilbar schlechten Seelen bleiben für immer dort, die heilbaren Seelen können durch die Vergebung derjenigen, denen sie auf Erden Leid zugefügt haben, erlöst werden und gelangen dann zwecks Reinigung ebenfalls in den Arusischen See. Nach der Reinigung und der Lossprechung können auch diese geläuterten Seelen aus der Unterwelt hinauf auf die Erde gelangen, um sich dort

in einem neuen Leben zu bewähren. Im Anschluß an den Mythos vollzieht sich die Schlußszene des "Phaidon" (114c-118a), in der Platon aufzeigt, daß die Freunde und Gefährten des Sokrates das Ergebnis des Gesprächs, die berechtigte Todeszuversicht des Sokrates, für die gegenwärtige Situation nicht umzusetzen vermögen, sondern sich in Nebensächlichkeiten ergehen. Auf die Frage des Kriton, wie man ihn zu bestatten habe, antwortet Sokrates, daß nach dem Tod der Körper nicht mehr der eigentliche Sokrates sei, der Mensch also in der Seele vollkommen aufgehe, so sei es unwichtig, wie man mit dem zurückgelassenen Körper verfahre. Sokrates bestärkt abschließend nochmalig seine Einstellung, daß der Mensch sich nur durch seine Tugend und gute Lebensführung auf den Tod vorbereiten könne. Für ihn sei es nun Zeit sich zu baden; nun steht also die letzte Reinigung verbunden mit den letzten Anweisungen an Freunde und Familie an. Auf die Frage des Freundes Kriton, was sie nach seinem Tode noch für ihn machen könnten, antwortet Sokrates mit der bekannten Ermahnung, sich um sich selbst zu kümmern. Während des "außerszenischen" Bades beklagen die Freunde erneut den Verlust des Sokrates; in dem anschließenden Vollzug der eigentlichen Hinrichtung beschreibt Platon schillernd den Mut und die feste Entschlossenheit seines Meisters den Tod anzunehmen, und zwar nicht als Übel, sondern in der subjektiven Entschlossenheit der Unsterblichkeitsgewißheit, die hier nicht nachgezeichnet werden soll, weil die Schlußszene nicht interpretiert, sondern gelesen werden muß. Vgl. GUARDINI, (1987), 285: "Damit endet Platons Phaidon, eines aus jener kleinen Zahl von Büchern, durch welche die Menschen immer wieder zur Prüfung gerufen werden, ob sie ihres Namens würdig sind.".

Einfügung: Kurze Darstellung des Unsterblichkeitsmotivs im "Phaidros" als Erweiterung der letzten Argumentation im "Phaidon"

Wenn Platon seinen Sokrates im "Phaidon" zum Ausdruck bringen läßt, daß selbst die "ersten Grundvoraussetzungen" noch genauer untersucht werden müßten, so liegt es nahe, die Folgeschriften des Platon auf weitere Ausformulierungen des Seelenbegriffs hin zu untersuchen.[462] Das kann hier jedoch nun kurz und exemplarisch anhand der Erweiterung im Dialog "Phaidros" (245b-246a) geschehen.

Es ist davon auszugehen, daß Platon bezüglich eines "stichhaltigen" Nachweises der Seelenunsterblichkeit auf die im "Phaidon" angesprochene und geforderte Widerlegungsresistenz der Grundvoraussetzungen auch in späteren Dialogen besonders nachdrücklich eingehen mußte.[463] Im "Phaidros" bietet Platon meines Erachtens eine wichtige gedankliche Weiterführung seiner Seelenvorstellung und des Unsterblichkeitsgedankens, nämlich die im Dialog angesprochene kinetische Kennzeichnung von der Seele: "Τὸ γὰρ αὐτοκίνητον ἀθάνατον·" (Phdr. 245c). Die Seele ist unsterblich, *weil* das immer Bewegte unsterblich ist.[464] Nur für etwas, das nicht selbst, sondern von etwas anderem bewegt wird, kann es nach dieser Vorstellung Stillstand der Bewegung und damit ein Ende des Lebens geben, da dieses keinerlei Verfügungsgewalt über das es Bewegende besitzt.[465]

---

[462] Zur "realen Chronologie" der Schriften Platons, vgl. die sehr übersichtliche Auflistung des Forschungsstands bei BORMANN, (1987), 15f.
[463] Aufgrund der Umfangsvorgaben dieser Arbeit kann nur die Darlegung der Unsterblichkeit der Seele im "Phaidros" (245c-246a) in den Zusammenhang mit dem letzten Beweis des "Phaidon" gebracht werden. Auf eine Untersuchung des Unsterblichkeitsbeweises in der "Politeia" (608d-611b), der Lehre von den "Seelenteilen" (Rep. 435b-444a), des "Gleichnisses vom Seelenwagen" (Phdr. 246a-256e) und des "Gleichnisses vom Seelentier" in der "Politeia" (588c-592b) und ihrem möglichen Erweiterungscharakter hinsichtlich der Ausführungen im "Phaidon" muß an dieser Stelle verzichtet werden.
[464] Die Bestimmung der Psyche liegt in der Dynamis ihrer Selbstbewegung, also in Initiation und Konservierung von Bewegung. Da die Psyche Bewegungsprinzip ist, kann sie nicht aufhören zu existieren. Der Kosmos müßte zum Stillstand kommen, wenn die "Weltseele" ihn nicht in ständiger Bewegung halten würde.
[465] Vgl. BRÖCKER, (1990), 532: "Im Griechischen ist das Wort κινούμενον zugleich medium und passiv, d.h. es bedeutet 1. etwas, das sich im Zustande der Bewegung befindet (medium), und 2. etwas, das in Bewegung gesetzt oder in Bewegung gehalten

Der "Phaidon" versteht die Psyche als Trägerin des Lebens, die sich all dem mitteilt, in das sie eingeht, und dieses allererst belebt. Wenn Psyche alles andere belebt, so muß sie selbst wohl durch sich selbst bzw. durch das αὐτὸ τὸ τῆς ζωῆς εἶδος belebt sein. Im "Phaidros" ist sie gleichsam Arche, "Ursprung" und "erster Grund" der Bewegung (...πηγὴ καὶ ἀρχὴ κινήσεως, Phdr. 245c), von dem alles andere Seiende bewegt wird. Nun ist aber "Leben" vorrangig "immanentes Wirken", also eine "prinzipielle Wirkung", in der es allererst zu einer Selbstentfaltung des Tätigen kommt, demnach eine gerichtete Bewegung. Durch die Vermittlung von Leben und Bewegung läßt sich die Psyche als das verstehen, was andere bewegt, selbst aber nur der reinen Eigenbewegung unterliegt.[466]

Das, was durch sich selbst bewegt wird, hat den Grund und Ursprung seiner Bewegung in sich selbst; das immer Bewegte ist aber unsterblich, durch sein eigenes Wesens selbst bewegt sein und selbst belebt zu sein fällt dann zusammen: "τὸ δ' ἄλλο κινοῦν καὶ ὑπ' ἄλλου κινούμενον, παῦλαν ἔχον κινήσεως, παῦλαν ἔχει ζωῆς." (Phdr. 245c).

Der Körper des Menschen wird von der Psyche bewegt und belebt, setzt diese Bewegung aus, so endet auch die Belebung und der Mensch stirbt. Die Bewegung eines sich selbst Bewegenden kann aber nach platonischer Auffassung nicht aussetzen, denn die Psyche ist ähnlich der Eide "Ursprung" (ἀρχή)[467] und somit in reinster Ausprägung ungeworden.[468] Etwas "Ungewordenes", also etwas, was nicht in den Bereich des Werdenden gehört (denn ansonsten wäre es von etwas anderem abhängig), ist nach platonischer Lehre mit Notwendigkeit auch etwas "Unvergängliches":

---

wird (passiv). Da beides ein Wort ist, meinen die Griechen, meint Platon und meint auch Aristoteles, alles, was im Zustande der Bewegung ist, muß auch von etwas in Bewegung gesetzt und in Bewegung gehalten werden.".

[466] Vgl. Nom. 894c: "Ἔστω τοίνυν ἡ μὲν ἑτέρα δυναμένη κινεῖν κίνησις, ἑαυτὴν δὲ ἀδυνατοῦσα, ἀεὶ μία τις, ἡ δὲ αὐτήν τ' ἀεὶ καὶ ἑτέρα δυναμένη κατά τε συγκρίσεις ἔν τε διακρίσεσιν αὔξαις τε καὶ τῷ ἐναντίῳ καὶ γενέσεσι καὶ φθοραῖς ἄλλη μία τις αὖ τῶν πασῶν κινήσεων.".

[467] Vgl. Phdr. 245d: "'Ἀρχὴ δὲ ἀγένητον· ἐξ ἀρχῆς γὰρ ἀνάγκη πᾶν τὸ γιγνόμενον γίγνεσθαι, αὐτὴν δὲ μηδ' ἐξ ἑνός.".

[468] Platon sieht offenbar an dieser Stelle die Psyche als letzte Ursache alles "belebten" Seienden in der Werdewelt. Im "Phaidon" verkörpern die Seelen gewissermaßen das "Eidos des Lebens", welches sie mit sich bringen, so daß die Selbstbewegung vorher vom Eidos des Lebens an die Seelen übertragen worden sein müßte, womit aber das Eidos des Lebens (als Eidos der Bewegung?) letztlich Ursprung aller Bewegung wäre. Die Seele verkörpert dann auch die "Beharrlichkeit der Abläufe" in der Werdewelt und ist scheinbare Mittlerin für die geordnete Bewegung.

"'Επειδὴ δὲ ἀγένητόν ἐστιν, καὶ ἀδιάφθορον αὐτὸ ἀνάγκη εἶναι·"
(Phdr. 245d).

Bekanntlich ist bei Platon "Unentstandenes" im Gegensatz zu "Entstandenem" nicht aus einzelnen Teilen zusammengefügt, so daß es auch nicht in einzelne Teile zerfallen kann.[469] Ferner unterliegt etwas, was im "Zeitlosen" verharrt *per se* nicht der Vergänglichkeit, die Seele ist aber etwas "Zeitloses" und somit "unvergänglich". In beiden Dialogen vermittelt die Psyche Leben und Bewegung, das entscheidende Merkmal ihrer Definition und Konstitution ist die Beschreibung als Lebens- und Bewegungsprinzip. Die Gleichstellung von "Leben" und "Bewegung" bzw. die Konzeption der Autokinesis war Platon aber schon vor dem Dialog "Phaidon" bekannt, scheinbar konnte oder wollte er im "Phaidon" die gedankliche Harmonisierung der Affinität der Seele zu den Eide und ihrer Bestimmung als autokinetisches Prinzip noch nicht leisten.[470]

Aus der Sicht des "Phaidon", der vorrangig die Lehre von den unveränderlichen, immerwährenden und intelligiblen Wesenheiten einführt und begründet, ist eine ausgesprochene Gleichsetzung von Leben und Bewegung jedoch problematisch, da gerade das "Eidos der Bewegung" mit den sonstigen Kriterien des "unveränderlichen" Seins die Schwierigkeit einer sinnvollen Konzilianz aufweist. Wie läßt sich die Bewegung mit dem eher "starren" Sein der Eide in eine denkbare Verbindung bringen? Das Motiv der Realität der Bewegung wird im "Phaidon" offensichtlich zugunsten eines eher "statischen" Seelenbegriffs bewußt ausgeklammert, um nicht in Erklärungsnöte zu geraten, die die Argumentationen des "Phaidon" nachhaltig und unvorteilhaft bedingt hätten.

Dessenungeachtet bleibt die Frage nach der Kommensurabilität der beiden Modelle weiterhin offen, denn die Konzeption der Autokinesis des "Phaidros" löst in späteren Dialogen keineswegs die Konzeption von der "Ideenhaftikeit der Seele" ab, vielmehr postuliert meines Erachtens noch der "Timaios" eine Art "Ideenhaftigkeit der Seele", so daß beide Konzeptionen über die gesamte Schaffenszeit Platons ihre gleichberechtigte Schlüsselposition im Hinblick auf das Verständnis des Seelenbegriffs beibehalten.[471] Diese Überlegungen können hier jedoch nur angedacht, keineswegs weiterführend ausgearbeitet werden, dennoch verweisen sie ex-

---

[469] Vgl. Tim. 41af.
[470] Vgl. Charm. 168e: "...καὶ ἔτι γε κίνησις αὐτὴ ἑαυτὴν κινεῖν,...". Vgl. Krat. 400a: "Τὴν φύσιν παντὸς τοῦ σώματος, ὥστε καὶ ζῆν καὶ περιιέναι, τί σοι δοκεῖ ἔχειν τε καὶ ὀχεῖν ἄλλο ἢ ψυχή ; Οὐδὲν ἄλλο.".
[471] Vgl. Tim. 34cff.

emplarisch recht anschaulich auf ein allgemeines Resultat der Beschäftigung mit dem Denken Platons: Nur Weniges ist angedeutet, das Überwiegende bleibt unausgesprochen.

Finale Bemerkungen

Zum Ende dieses Buches gehört es sich wohl, einem der größten Genies der Menschheitsgeschichte den Ruhm für viele Einzelheiten der Erkenntnisgewinnung zuzugestehen, die sich aus seiner Auffassung von Welt zu allen Zeiten ableiten ließen und heute noch lassen. Vieles in der Philosophie findet seine Herkunft bei Platon, obgleich, und wie doch eigentlich bei jedem großen Denker, die Tragfähigkeit und Weite seiner Gedanken und Anschauungen auch auf den gängigen Denkweisen und Erkenntnissen seiner Zeit fußen. Die große Anziehungskraft dieser Philosophie zeichnet sich dadurch aus, daß ihr Verfasser stets wußte, wo und wie er Anleihen zu machen hatte, die für die praktische Verwertung in seiner Gedankenwelt taugten.

Wenn man Platon lobt, würdigt man sicherlich sein ganzes Zeitalter, man muß sich anerkennend über die gesamte Entwicklung des griechischen Geistes in allen Wissenschaften und Künsten äußern. In der Philosophie Platons bündelt sich das Wissen seiner Zeit: Sokrates, Heraklit, Parmenides, Empedokles, Demokrit, die Pythagoräer und viele andere uns nicht mehr bekannte Denker. Was die Philosophie Platons besonders akzentuiert ist die Obliegenheit einer umfassenden Denkart, denn wie kaum jemand vor und nach ihm, war Platon imstande, zugleich seinem inneren Ideal, den Gesetzmäßigkeiten des Geistes, und der äußeren Fügung, der Ordnung der Natur, in seiner Arbeit gerecht zu werden.

Philosophie wurde durch ihn zu einer möglichst genauen Bestimmung der Verhältnisse, die der Mensch in seiner Umwelt und in seinem Inneren vorfindet. Philosophie als λόγον διδόναι über die Disposition von Welt durch den menschlichen Geist, wobei stets zwei wesentliche Faktoren berücksichtigt werden: Einheit und Mannigfaltigkeit. Platon versuchte alle Dinge zu einer Einheit zu bringen, indem er das Gesetz ihrer Durchdringung, das er erkannt zu haben glaubte, exponierte, indem er ferner von den oberflächlichen Verschiedenheiten auf eine innere, der menschlichen Wahrnehmung verborgene, nur dem Denkakt offenstehende Identität zu schließen glaubte.

Der "Phaidon" offenbart das eigentümliche platonische Streben, seine Suche nach einer Ursache für viele Wirkungen, nach der Ursache der Ursache, immer weiter hinein in die Tiefen des Denkens, bis zu dem Punkte, wo das "Hinreichende" und "letztlich Unbegründete" sich dem Denken offenbart, denn diese Philosophie Platons strebt zur Mitte. Von dem entgegengesetzten Willen getrieben, wendet sich das Denken von der Einheit zur Mannigfaltigkeit, von den Ursachen zu den Wirkungen, und bekundet so auch die Existenz des Vielfältigen, zugleich das berechtigte Dasein von beidem, denn jedes ist in dem anderen zugleich mitgedacht. Die wirkliche Denkaufgabe besteht in der sinnvollen Separation dieser beiden Grundmomente, die sich einander zu widersprechen und auszuschließen scheinen.

Platon war wohl auch der Meinung, daß Worte wie *Ich* und *Selbst*, nur Worthülsen sind, die nur die menschliche Unwissenheit ausdrücken. Das große Trachten alles menschlichen Strebens wird von ihm sicherlich "subjektübergreifend" verstanden, nämlich als Sorge um die alles durchdringende, vollkommen vollendete und unsterbliche Seele.

Es ist die Seele, das "geistige Zentrum" in allen Körpern, die der Geburt und dem Sterben entzogen ist, und die sokratische Erkenntnis, daß dieses metaphysische Prinzip, das seinem Wesen nach eins ist, im eigenen Körper und im Körper aller ist. Das ist die letztgültige Erkenntnis der sterbenden Sokrates im "Phaidon"; es ist die Einsicht eines Menschen, der die Einheit der Dinge begriffen hat.

Ferner zeigte gerade der "Phaidon", daß in Platons Vorstellungswelt die Seele eine Mehrzahl von Bestimmungen in sich vereint; sie gilt Platon als Trägerin der "Persönlichkeit", als Erkenntnisorgan des "reinen Denkens", als vorderstes Lebensprinzip und als Instanz moralischer Zuständigkeit. Platon wollte sich offenbar nicht auf einen einheitlichen Seelen-Begriff festlegen, was im Hinblick auf die Argumentation im Dialog "Phaidon" häufig Probleme aufwirft, da die Argumente des Sokrates sich auf verschiedene Seelen-Begriffe zu beziehen scheinen, die zum einen unbewiesen vorausgesetzt, zum anderen in unzulässiger Weise miteinander verknüpft werden.

Dort, wo das Denken den Menschen zur ausgezeichneten Einheit drängt, da drängen die Handlungen des Menschen ihn in entgegengesetzte Bahnen, nämlich zur Verschiedenheit. Die Kraft des menschlichen Denkens und die Macht der Natur treten als unterschiedliche Prinzipien in Erscheinung und durchziehen alle Dinge: Einheit und Mannigfaltigkeit, Intellekt und Sein, Bewegung und Ruhe, Freiheit und Notwendigkeit drängen sich dem forschenden Geist auf und verlangen nach Ausgleich. Der "Phaidon" ist durchzogen von Gegensätzen: Tod und Leben, Ding und Eidos und Körper und Seele. Doch kommt der Seele im platonischen Denken eine eigentümliche Rolle zu, sie ist gleichsam Vermittlerin und Verbindungsglied der Gegensätze. Die Seele wird von allem "Körperlichen" abgehoben und der Vernunft, der Allursache, dem Intelligiblen als "ähnlich und verwandt" zugerechnet, gleichwohl wird sie aber dadurch auch unterschieden, sie ist der "Ideenwelt" halt nur ähnlich, nimmt also einen eigenen Bereich ein, der die Verbindung von "Ideenwelt" und "Werdewelt" allererst gewährleistet.

Die Naturphilosophie entdeckte ihre eigene Theorie von Welt im wesentlichen in der physikalisch-mechanistischen Notwendigkeitserklärung, doch Platon spürte das unbehagliche Ungenügen dieser Erklärungsmodelle. Platons Beschäftigung mit den Lehren der Naturphilosophen ist Kritik an fehlenden Begriffen zur Beschreibung von Welt, fokussiert in der Beanstandung, daß sie das Gute als Zweck und Ziel nicht erkannten und zwischen eigentlicher Ursache und Mitursachen nicht zu unterscheiden vermochten.

Dem Studium der Natur, setzte er sein "kosmisches Prinzip" voran: *"Alles ist um des Guten willen da und ist der Grund des Kosmos."* Ein großes Maß an gesundem Menschenverstand, aber auch an Ehrfurcht und vor allem an Frömmigkeit durchzieht den "Phaidon" wie einen roten Faden. Die Wesensart des Menschen besteht darin, *das Ganze im Denken zu erfassen*. Erkenntnis ist möglich, weil die Dinge eines Ursprungs sind und deswegen in einer Verbindung miteinander stehen. Gleichwohl ist Platons Holismus keine systematische Konzeption, sowenig wie Platon selbst ein systematischer Denker war. Seine Theorie von Welt ist unvollständig und im Abstand der Jahrhunderte oftmals schwer verständlich. Keine Interpretation seiner Werke ist wie eine andere, zumal Platon an verschiedenen Stellen seines Werkes gar gegensätzliche Auffassungen zum Ausdruck brachte. Aber gerade diese "Unfaßbarkeit" zeichnet sein Denken vornehmlich aus, macht es durch die Zeiten interessant und wertvoll.

Im "Phaidon" stellt Platon seine Lehre von den Eide vor. Der "Phaidon" ist zweifelsohne das Fundament seiner Ontologie, die von einer grundsätzlichen Differenzierung zweier Arten von Entitäten – Eidos und Einzelseiendem – ausgeht. Zur Fundierung dieser Anschauung werden mehrere Grundsätze vor- und mitbedacht (Problematik des Gegensätzlichen, Anamnesislehre, Affinität der Seele zu den Eide, Hypothesis des Eidos, die Seelenunsterblichkeit), die die platonische Theorie der abstrakten Bestimmtheiten und ein praktisches Anwendungswissen im Sinne von Ursachenerklärungen allererst ermöglichen. Die platonische Formulierung der Eide im "Phaidon" ist somit immer schon auf Anwendbarkeit und praktischen Nutzen hin ausgerichtet, denn gerade die Methexis-Formel zeigt die unabdingbare Zusammengehörigkeit von Eidos und Ding.

Dennoch wurde auch deutlich, daß diesem Anspruch von Universalität ein fehlender Kategorienapparat entgegensteht, der eine befriedigende Interpretation oftmals schwierig, manchmal fast unmöglich macht. Platon entfaltet im "Phaidon" kein einwandfreies System zur Kennzeichnung des Eidos, weil er noch ganz in der natürlichen Sprache philosophiert, woraus sich häufig Doppeldeutigkeiten ergeben, so daß der ontologische Ansatz des "Phaidon" unterbestimmt bleiben muß. Der Zwang nach systematischer Darstellung und der Wunsch nach einer problemorientierten Dialogargumentation bilden im "Phaidon" oftmals eine widersprüchliche Einheit.

Wenn der Leser erwartet im "Phaidon" ein abgerundetes theoretisches Ganzes hinsichtlich einer Seelen- oder Ideenlehre zu finden, dann wird er nur enttäuscht werden können. Das platonische Denken zeichnet sich gerade dadurch aus, daß es ständig im Begriff ist konkrete philosophische Argumentation einer ständigen (man möchte bald meinen nie endenden!) Überprüfung zu unterziehen. Richtungweisend erscheint Philosophisches bei Platon nur als etwas Tendenzielles.

Zudem muß die Lehre von den Eide unterschiedlichen Absichten Genüge tragen: Kritik der Naturphilosophie, Kritik der Sophistik, Unsterblichkeitsnachweis der Seele, Gelassenheit und Todeszuversicht des Sokrates, um nur die wichtigsten Motive zu nennen. Vorrangig bleibt natürlich das Formulieren einer echt wissenschaftlichen Problemstellung, denn Platon beginnt erstmals über wissenschaftliche Objekte zu reflektieren, weil ihm der Gegensatz von bekannter Tatsache und dahinter stehendem, noch zu erkennendem Wesen aufgegangen ist. Platon sucht nach dem verallgemeinernden Moment, nach dem noch unbestimmten, jedoch alles bestimmenden τι. Die Eigenart der platonischen Erkenntnisobjekte liegt in ihrer Transzendenz, indem sie als Allgemeines und Wesentliches fungieren, auf das sich die Einzeldinge beziehen können, womit aber zugleich auch der Gegensatz von Erscheinungswelt und wissenschaftlichen Objekten markiert ist.

Jene Abgrenzung der wissenschaftlichen Objekte von der sichtbaren Dingwelt bedingte aber auch tiefgreifende terminologische Probleme, denn für das nur im Denken Bestimmbare, reicht die natürliche Sprache nicht aus, vielmehr muß eine neue Terminologie gefunden und in Anwendung gebracht werden. Der "Phaidon" entwickelt die Rede von der wesenhaften Wirklichkeit selbst, die als das eigentliche Sein zu erklären ist (αὐτὴ ἡ οὐσία ἧς λόγον δίδομεν τοῦ εἶναι). Der "Dialog" handelt vom "jeglichen was ist, selbst" (αὐτὸ ἕκαστον ὅ ἔστιν), vom "eingestaltig Seienden selbst für sich selbst" (μονοειδὲς ὂν αὐτὸ καθ' αὐτό) oder vom "Wesen selbst"(αὐτὸ τὸ εἶδος).

Als philosophischer Begriff bezeichnet εἶδος bei Platon das durch das wissenschaftliche Denken zu erkennende und universelle Wesen einer "Klasse" von Einzelseiendem. Eine wesentliche Aufgabe der Philosophie besteht aber laut Platon darin, "sprachliche Abbilder" vom "wahrhaften Sein" zu erzeugen, was jedoch zugleich die Frage nach der tatsächlichen Tauglichkeit der obengenannten sprachlichen Ausdrücke und die Frage nach ihrem Sinngehalt aufkommen läßt, insbesondere dann, wenn es sich bei ihnen lediglich um defizitäre "Abbilder" handelt.[472]

Für Platon war es ersichtlich eine Selbstverständlichkeit, daß sich die wissenschaftliche Tätigkeit des forschenden Menschen auf ein Ziel ausrichtet: "Wahre Erkenntnis" ist ihm stets Erkenntnis von etwas objektiv real Existierendem. Jedem Denkinhalt korrespondiert ein (objektives) Sein, welches jedoch mit dem Wahrnehmungsapparat des Menschen nicht auszuloten ist, sondern nur im "reinen Denken" aufgeht.

Bei Platon sie diese "Eide" aber keine Produkte der Abstraktion, sondern reale und autarke Wesenheiten, und das "Sein der Eide" ist das "wahre Sein", weil es das Dasein und Sosein der Dinge bestimmt, indem es das alles Einzelseiende Bestimmende, ihre Bestimmtheit repräsentiert. Platon erklärt damit die Welt nicht aus "objektiven" oder "weltimmanenten" Ursachen, sondern aus seiner ureigenen Vorstellungswelt, aus der Stimmigkeit seiner Gedanken. Die sich häufig auf Analogien gründende Beschreibung bestimmter Sachverhalte des platonischen Denkens bieten oftmals nur unzureichende diffuse Erklärungen. Allgegenwärtig deutet sich die Gefahr an, daß eine "wissenschaftliche Bestimmung", die nicht aus Abstraktion gewonnen wird, einen unüberbrückbaren Gegensatz von "Erscheinung" und "Wesen" ermöglicht.

Attraktiver als der ontologische Aspekt der Eide[473] scheint mir hingegen die Konzeption der "Anamnesis" und der damit verbundene epistemologische Gehalt der Eide. Wie ist Erkenntnis überhaupt möglich? Zur Beantwortung dieser Frage verbindet Platon seine eigenen Vorstellung mit dem orphisch-pythagoräischem Gedankengut der Palingenese, also der Un-

---

[472] Vgl. die Erörterungen zur "siebten Einteilung" in Soph. 264e-268d.
[473] Neben der ontologischen und epistemologischen Akzentuierung der Eide, besitzen dieses "transempirischen Gegenstände" noch handlungsnormative und *quasi*-religiöse Relevanz. Sie sind als "Urbilder" auch "Vorbilder" bzw. "Muster", an und nach denen sich das menschliche Handeln zu orientieren hat. Platon zeichnet die Eide nicht von ungefähr als etwas "Vollkommenes" und "Göttliches" nach.

sterblichkeitserwägung der Seele. Die Seele konstruiert eine Vermittlung zwischen dem transzendenten Sein der Eide und dem erkennenden Menschen. Die Seele trennt sich nach dem Tod (bzw. diese Trennung ist der Tod!) vom Körper und schaut im Hades die "göttlichen" Eide. Der Geburt des Menschen entspricht die neuerliche Verbindung von Seele und Körper, womit das, was die "Seele" pränatal "geschaut" hat von Geburt an im Menschen als latentes Wissen vorliegt. Kein Mensch kann aber spontan jenes latente Wissen unmittelbar reproduzieren, vielmehr muß der vergessene Inhalt erst wiedergewonnen werden. Dieses "Wiedergewinnen" geschieht durch die Anamnesis: Affiziert durch die sinnlichen Gegenstände erlangt der Mensch im Denken zu Erkenntnissen im Akt des Wiedererinnerns. Neben dem apriorischen Wesenszug der platonischen Erkenntnislehre, besteht dennoch die Notwendigkeit der Existenz von Sinneseindrücken. Es muß eine Verbindung zwischen sichtbarem Ding und unsichtbarem Eidos geben, da ansonsten jede philosophische Erörterung einem praktischen Nutzen enthoben wäre.

Alle konkreten wissenschaftlichen Probleme und alle Fragestellungen entstehen ja allererst auf dem Boden des Empirischen, nicht im "nebulös-spekulativen Ideenreich". Jede Wissenschaft geht von der Betrachtung der Wirklichkeit aus, erst später kann die Vielfalt der empirischen Sachverhalte in eine Diskussion um "transempirische Wesenheiten" überführt werden. Der philosophische Erkenntnisprozeß findet auch bei Platon eine rationalistische Komponente durch die "Zweiweltentheorie" und durch das typische Methodenbewußtsein, das sich an mathematischen Beweisverfahren zu orientieren scheint.

Im Verlauf dieser rein spekulativen Konstruktion verdoppelt sich zugleich aber auch die Redeweise von den Eide. Zum einen sind sie *substantielle Wesenheiten*, zum anderen *sprachliche Phänomene* oder *Begriffe*. Aus dieser Ambivalenz erwachsen oftmals Interpretationsprobleme, da Platon beide Ebenen nicht immer durchgängig auseinanderzuhalten vermag. Die wissenschaftliche Erkenntnis umfaßt bei Platon auch die sprachliche Erzeugung der "Abbilder der Eide" bzw. der Eide schlechthin: "Ὄνομα ἄρα διδασκαλικόν τί ἐστιν ὄργανον καὶ διακριτικὸν τῆς οὐσίας, ὥσπερ κεκρὶς ὑφάσματος."[474]

Sicherlich hat bereits Platon den vorrangigen Stellenwert der Sprache für jedes Philosophieren gesehen und begriffen, dennoch bleibt nach wie vor die nicht geringe Kernfrage bestehen, wie sich Aussagen einer Wissenschaftssprache hinsichtlich eines "transempirischen Objektbereichs" stich-

---

[474] Krat. 388b. Vgl. auch Rep. 582a-583a; Vgl. Gorg. 450aff.

haltig und einwandfrei überprüfen lassen. Im "Phaidon" verwendet Platon den "Ideenbegriff" meines Erachtens alles in allem noch recht unreflektiert. Erst in seinem Spätwerk wird diese kritiklose "objektiv-dingliche" Definition der Begriffsinhalte erweitert, indem er das begriffliche Denken in der Differenzierung von Art- und Gattungsbegriff, die Vermittlung von Begriff und Wort in Aussagesätzen und die Bestimmung des Erkenntnisziels im sprachlichen "Abbild" rigoroser thematisiert und bestimmt.

Literaturverzeichnis

1. Antike Autoren

Platon, Werke in acht Bänden, griech.-dt., hg. von G. Eigler, griech. Text nach der Ausgabe der Sammlung G. Budé, hg. Von L. Robin u.a., (3. Aufl.) Darmstadt 1990.
Platon, Sämtliche Werke, o. Nennung des Hg., 3 Bände, Heidelberg o.J. [Es handelt sich um die Ausgabe von 1940, in der der jüdische Herausgeber E. Loewenthal nicht genannt werden durfte]
Platon, Meisterdialoge. Phaidon, Symposion, Phaidros, übertr. von R. Rufener, eingel. von O. Gigon, Zürich 1958.
Platon, Phaidon, übers. von F. Schleiermacher mit einem Nachwort von A. Graeser, Stuttgart 1987.
Platon, Phaidon, übers. von R. Kassner mit einem Nachwort von K. Hielscher, Frankfurt am Main 1979.
Platon, Menon, Phaidon, Parmenides, Sophistes, übers. von O. Apelt, hg. von D. Lübke, Leipzig 1985.
Platon, Phaidon (95b-118a), übers. von H.-G. Gadamer, in: Ders. (Hg.), Philosophisches Lesebuch, Bd.1, Frankfurt am Main 1995.
Aristoteles, Über die Seele, hg. von P. Gohlke (3. Aufl.), Paderborn 1961.
Aristoteles, Metaphysik. Schriften zur Ersten Philosophie, übers. und hg. von F.F. Schwarz, Stuttgart 1984.
Der Arzt im Altertum, Griechische und lateinische Quellenstücke von Hippokrates bis Galen, griech.-dt., hg. von W. Müri mit einer Einführung von H. Grensemann, Darmstadt 1986.
Augustinus, Confessiones, lat. und dt., übers. u. erl. von J. Bernhardt, München 1955.
Die Bhagavadgita, Sanskrittext mit Einleitung und Kommentar von S. Radhakrishnan, Wiesbaden o. J..
Cicero, Gespräche in Tusculum, übers. und erl. von F. Spiro, Leipzig o.J.
Diogenes Laertius, Leben und Meinungen berühmter Philosophen, übers. von O. Apelt, hg. von K. Reich und G. Zekl (2. Aufl.), Hamburg 1967.
Griechische Atomisten [GrA], Texte und Kommentare zum materialistischen Denken in der Antike, aus dem griech. und lat. übers. und hg. von F. Jürß, R. Müller und E. G. Schmidt, 4. Aufl., Leipzig 1991.
Die Fragmente der Vorsokratiker [DK], griech. u. dt. von H. Diels, hg. von W. Kranz, Bd. 1-3, 12. Aufl., Zürich/Hildesheim 1985.

2. LITERATUR

Albert, K. (1980): Griechische Religion und Platonische Philosophie. Hamburg.
Allen, R.E. (1959/60): Anamnesis in Plato's Meno and Phaedo, in: Review of Metaphysics (13), 165-174.
Alt, K. (1982): Diesseits und Jenseits in Platons Mythen von der Seele, in: Hermes (110), 278-299.
Apelt, O. (1912): Platonische Aufsätze. Berlin.
Apolloni, D. (1989): Notes and Discussions. A Note on Auta Ta Isa at Phaedo 74, in: Journal of the History of Philosophy (27), 127-134.
Ariès, Ph. (2002): Geschichte des Todes (10. Aufl.). München.
Assmann, J. (1992): Das kulturelle Gedächtnis. Schrift, Erinnerung und politische Identität in frühen Hochkulturen. München.
Bärthlein, K. (1966): Zur Platonischen Vorgeschichte der alten Transzendentalphilosophie, in: Kant-Studien (57), 72-89.
Barth, H. (1921): Die Seele in der Philosophie Platons. Tübingen.
-. (1932): Eidos und Psyche in der Lebensphilosophie Platons. Tübingen.
Baur, J. (1978): Platos Wort zu Seele und Unsterblichkeit, in: -. Einsicht und Glaube. Aufsätze. Göttingen. 18-24.
Bedu-Addo J.T.: The Role of the Hypothetical Method in the Phaedo, in: Phronesis (24), 111-132.
-. (1991): Sense-experience and the Argument for Recollecting in Plato's Phaedo, in: Phronesis (36), 27-60.
Bluck, R.S. (1957): ὑποθέσεις in the Phaedo and Platonic Dialectic, in: Phronesis (2), 21-31.
-. (1959): Plato's Form of Equal, in: Phronesis (4), 5-11.
Bonitz, H. (1886): Platonische Studien (3. Aufl.). Berlin.
Bormann, K. (1987): Platon (2. Aufl.). Freiburg/München.
Bröcker, W. (1958): Rezension von Robinson, R., Plato's Earlier Dialectic, Oxford 1953 (2.Aufl.), in: Gnomon (30), 510-519.
-. (1990): Platos Gespräche (4. Aufl.). Frankfurt am Main.
Burkert, W. (1962): Weisheit und Wissenschaft. Studien zu Pythagoras, Philolaos und Platon. Nürnberg.
-. (1991): Antike Mysterien. Funktionen und Gehalt (2. Aufl.). München.
Derbolav, J. (1980): Von den Bedingungen gerechter Herrschaft. Studien zu Platon und Aristoteles. Stuttgart
Dörrie, H. (1984): Platons Begriff der Seele und dessen weitere Ausgestaltung im Neuplatonismus, in: Kremer, K. (Hg.): Seele. Ihre Wirklichkeit, ihr Verhältnis zum Leib und zur menschlichen Person. Leiden/Köln.
Dorter, K. (1976): Plato's Image of Immortality, in: Philosophical Quarterly (26), 295-304.
-. (1977): The Reciprocity Argument and the Structure of Plato's Phaedo, in: Journal of the History of Philosophy (15), 1-11.
Eming, K. (1993): Die Flucht ins Denken. Die Anfänge der platonischen Ideenphilosophie. Hamburg.

Erbse, H. (1969): Philologische Anmerkungen zu Platons Phaidon 102a-107a, in: Phronesis (14) 97-106.
Findlay, J.N. (1994): Plato und der Platonismus. Eine Einführung. Königstein/Ts.
Fischer, N. (1990): Philosophieren als Sein zum Tode. Zur Interpretation von Platons "Phaidon", in: Freiburger Zeitschrift für Philosophie und Theologie (37), 3-30.
Friedländer, P. (1975): Platon. Band III. Die Platonischen Schriften. Zweite und dritte Periode (3. Aufl.). Berlin/New York.
Frede, D. (1978): The Final Proof of the Immortality of the Soul in Plato's Phaedo 102a-107a, in: Phronesis (23), 27-41.
Gadamer, H.-G. (1931): Platos dialektische Ethik. Phänomenologische Interpretationen zum "Philebos". Leipzig.
-. (1973): Die Unsterblichkeitsbeweise in Platons "Phaidon", in: Wirklichkeit und Reflexion. FS Walter Schulz. Pfullingen, 145-161.
Gaiser, K. (1959): Protreptik und Paränese bei Platon. Untersuchungen zur Form des Platonischen Dialogs. Stuttgart.
Gardeya, P. (1996): Platons Phaidon. Interpretation und Bibliographie. Würzburg.
Gauss, H. (1958): Philosophischer Handkommentar zu den Dialogen Platos. Zweiter Teil. Zweite Hälfte. Die Dialoge der literarischen Meisterschaft Phädo, Symposium, Staat und Phädrus. Bern.
Gentzler, J. (1991): "συμφωνεῖν" in Plato's Phaedo, in: Phronesis (36) 265-276.
Girard, R. (1992): Das Heilige und die Gewalt. Frankfurt am Main.
Gomperz, H. (1932): ΑΣΩΜΑΤΟΣ, in: Hermes (67), 155-167.
Gooch, P.WM. (1974): The Relation Between Wisdom and Virtue in *Phaedo* 69a6-c3, in: Journal of the History of Philosophy (12) 153-159.
Graefe, S. (1988): Vom Fall der Seele bei Platon, in: prima philosophia (1), 59-81.
Graeser, A. (1969): Probleme der platonischen Seelenteilungslehre. Überlegungen zur Frage der Kontinuität im Denken Platons. München.
-. (1973): Kein unechter Zusatz in Phaidon 103c-105c, in: Museum Helveticum (30), 20-24.
-. (1975): Die platonischen Ideen als Gegenstände sprachlicher Referenz, in: Zeitschrift für philosophische Forschung (29), 218-234.
-. (1982): Über den Sinn von Sein bei Platon, In: Museum Helveticum (39), 29-42.
Guardini, R. (1987): Der Tod des Sokrates (5. Aufl.). Mainz/Paderborn.
Harrison, E.R. (1983): Kosmologie. Die Wissenschaft vom Universum. Darmstadt.
Heidegger, M. (1954): Platons Lehre von der Wahrheit (2. Aufl.). Bern.
Heidegger, M. (1993): Sein und Zeit (17. Aufl.). Tübingen.
Heitsch, E. (1979): Finden, Wiederfinden, Erfinden. Überlegungen zu Platons Phaidon 76e4-5, in: Abhandlungen der Akademie der Wissenschaften und Literatur, Mainz (14), 3-20.
-. (1992): Wege zu Platon. Beiträge zum Verständnis seines Argumentierens. Göttingen.
Hildebrandt, K. (1959): Platon. Logos und Mythos (2. Aufl.). Berlin.
Hirschberger, J. (1932): Die Phronesis in der Philosophie Platons vor dem Staate. Leipzig.
Hume, D. (1990): Eine Untersuchung über den menschlichen Verstand. Stuttgart.

Jaeger, W. (1944): Paideia, 2. Band, Berlin.
Jäger, G. (1967): "Nus" in Platons Dialogen. Göttingen.
Jünger, F.G. (1944): Die Titanen, Frankfurt am Main.
Jürß, F. (1988): Vom Mythos der alten Griechen (2. Aufl.). Leipzig.
Kant, I. (1990): Werkausgabe in 12 Bänden, hg. v. W. Weischedel. Frankfurt am Main.
Kerschensteiner, J. (1945): Platon und der Orient. Stuttgart.
Keyt, D. (1963), The Fallacies in *Phaedo* 102a-107a, in: Phronesis (8), 167-172.
Kierkegaard, S. (1991): Über den Begriff der Ironie mit ständiger Rücksicht auf Sokrates (2.Aufl.). Gütersloh.
Leider, K. (1964): Platon und seine Ideenlehre. Lübeck.
Macho, Th. H. (1987), Todesmetaphern. Zur Logik der Grenzerfahrung. Frankfurt am Main.
Marck, S. (1912): Die platonische Ideenlehre in ihren Motiven. München.
Meyer, M.F. (1994): Philosophie als Meßkunst. Bedingungen, Entwurf und Genese einer Handlungstheorie bei Platon. Münster/New York.
Montaigne, M. de (1953): Die Essais. Leipzig
Morris, M. (1985): Socrates´ Last Argument, in: Phronesis (30), 223-248.
Mühl, M. (1966): Die traditionsgeschichtlichen Grundlagen in Platons Lehre von den Dämonen (Phaidon 107d, Symposion 202e), in: Archiv für Begriffsgeschichte (10), 241-267.
Müller, G. (1969): Unechte Zusätze im Platontext, in: MusHelv (26), 179-198.
Nietzsche, F. (1983): Werke in vier Bänden, hg. und eingel. von G. Stenzel. Salzburg.
Nikolaus von Kues (2002): Philosophisch-theologische Werke, Band 4, Hamburg.
Pieper, A. (1970): Vier Wege des Wissens. Interpretation der sokratischen Ursachenforschung nach Platons Dialog "Phaidon", in: Philosophisches Jahrbuch der Görres-Gesellschaft (77), 378-397.
Popper, K. (1992): Die offene Gesellschaft und ihre Feinde. Band I: Der Zauber Platons (7.Aufl.). Tübingen.
Reale, G. (1996): Die Begründung der abendländischen Metaphysik: Phaidon und Menon, in: Kobusch, T./ Mojsisch, B. (Hg.): Platon. Seine Dialoge in der Sicht neuer Forschungen. Darmstadt.
Reeve M.D. (1975): Socrates´ Reply to Cebes in Plato´s Phaedo, in: Phronesis (20), 199-208.
Reynen, H. (1968): Phaidoninterpretationen (Zu Plat. Phaed. 62A und 69 AB), in: Hermes (96), 41-60.
Ricken, F. (1979): Die Unsterblichkeitsgewißheit in Platons "Phaidon", in: Rabanus Maurus-Akademie (Hg.): Stichwort: Tod. Eine Anfrage, Frankfurt am Main, 98-116.
Robinson, R. (1953): Plato´s Ealier Dialectic (2. Aufl.). Oxford.
Robinson, T.M. (1970): Plato´s Psychology, Toronto.
Rohs, P. (1987): Philosophie als Selbsterhellung von Vernunft, in: Philosophie und Begründung, hg. v. Forum für Philosophie Bad Homburg. Frankfurt am Main, 363-390.
Scheibe, E. (1967): Über Relativbegriffe in der Philosophie Platons, in: Phronesis (12), 28-49.

Schiller, J. (1967): Phaedo 104-105: Is the Soul a Form?, in: Phronesis (12), 50-58.
Schmitt, A. (1973): Die Bedeutung der sophistischen Logik für die mittlere Dialektik Platons (Diss.). Würzburg.
Schmitz, H. (1985): Die Ideenlehre des Aristoteles. Zweiter Band. Platon und Aristoteles. Bonn.
Steiner, P.M. (1992): Psyche bei Platon. Göttingen.
Stemmer, P. (1992): Platons Dialektik. Die frühen und mittleren Dialoge. Berlin/New York
Theodorakopoulos, J. (1972): Die Hauptprobleme der Platonischen Philosophie. Den Haag.
Thonhauser, J. (1966): Erzieherisches in Platons Phaidon, in: Wiener Studien (79), 179-186.
Topitsch, E. (1959): Seelenglaube und Selbstinterpretation, in: Archiv für Philosophie (9), 1-36.
Tumarkin, A. (1926): Der Unsterblichkeitsgedanke in Platons "Phädon", in: Rheinisches Museum für Philologie (75), 58-83.
Ulich, D. (1989): Einführung in die Psychologie. Stuttgart, Berlin, Köln.
Vlastos, G. (1969): Reasons and Causes in the Phaedo, in: Philosophical Review (78), 291-325.
Vollrath, E. (1969): Platons Anamnesislehre und Heideggers These von der Erinnerung in die Metaphysik, in: Zeitschrift für philosophische Forschung (23), 349-361.
Wagner, H. (1966): Die Eigenart der Ideenlehre in Platons Phaedo, in: Kant-Studien (57), 5-16.
Wieland, W. (1982): Platon und die Formen des Wissens. Göttingen.
Wichmann, O. (1966): Platon. Ideelle Gesamtdarstellung und Studienwerk. Darmstadt.
Wippern, J. (1970): Seele und Zahl in Platons Phaidon, in: Silvae. FS Ernst Zinn. 271-288.

3. HILFSMITTEL

Bornemann, E./ Risch, E.: Griechische Grammatik. (2. Aufl.). Frankfurt am Main 1978.
Gaar, E./ Kalinka, E./ Krause, W.: Kurzgefaßte griechische Sprachlehre. (8. Aufl.). Wien 1990.
Gigon, O./ Zimmermann, L.: Platon. Begriffslexikon. Zürich/München 1974.
Koyré, A. (1998): Vergnügen bei Platon. Berlin.
Révész, B. (1966): Geschichte des Seelenbegriffs und der Seelenlokalisation (ND Stuttgart 1917). Amsterdam.
Szlezák, T.A. (1993): Platon lesen. Stuttgart-Bad Cannstadt.

Einführungen / Introductions

David McNaughton

Moralisches Sehen
Eine Einführung in die Ethik

PRACTICAL PHILOSOPHY
Hrsg. von / Edited by
Heinrich Ganthaler • Neil Roughley
Peter Schaber • Herlinde Pauer-Studer

In den vergangenen 50 Jahren war die vorherrschende Auffassung, dass Bemerkungen über richtig und falsch möglichst nicht als der Versuch verstanden werden sollten, die Welt zu beschreiben, da es keine moralischen Fakten gibt. Statt dessen glaubte man, dass moralische Urteile andere Funktionen haben, wie etwa die Haltungen oder Vorlieben des Sprechers auszudrücken. In den letzten Jahren wurde diese non-kognitivistische Position mehr und mehr von moralischen Realisten angegriffen, die darauf beharren, dass es moralische Tatsachen gibt, die von unseren Meinungen unabhängig sind und die wir zu entdecken versuchen.
David McNaughton ist Professor der Philosophie an der Universität Keele, Großbritannien.
ISBN 3-937202-16-1
Hardcover € 30,00

Diese Einführung in die Ontologie zeigt die Geschichte der abendländischen Philosophie als einen dauernden Kampf zwischen den Riesen und Göttern von Platons *Sophistes*. Auf der einen Seite gibt es Philosophen, die die Auffassung vertreten, daß das physikalische Universum existiert und auf der anderen Seite gibt es solche Philosophen, die darauf bestehen, daß es eine weit‚ größere' Welt gibt, die auch zeitlose und nicht-räumliche Dinge enthält. Der Autor diskutiert detailliert die wichtige metaphysische Debatte, die diesem Kampf zugrunde liegt, nämlich die Auseinandersetzung zwischen Naturalisten und Ontologen.
Diese Einführung in die Ontologie dient zugleich als Einführung in die Philosophie insgesamt und zeichnet sich durch Klarheit, gute Verständlichkeit und einen lebendigen Stil aus.
ISBN 3-937202-12-9, 187 Seiten
Pb € 15,00

Reinhardt Grossmann

Die Existenz der Welt
Eine Einführung in die Ontologie

λόγος
Studien zur Logik, Sprachphilosophie & Metaphysik
Hrsg. von Volker Halbach • Alexander Hieke
Hannes Leitgeb • Holger Sturm

Herbert Hochberg

Introducing Analytic Philosophy
Its Sense and its Nonsense
1879 – 2002

λόγος
Studien zur Logik, Sprachphilosophie & Metaphysik
Hrsg. von Volker Halbach • Alexander Hieke
Hannes Leitgeb • Holger Sturm

Starting with the roots of the analytic tradition in Frege, Meinong and Bradley, this book follows its development in Russell and Wittgenstein and the writings of major philosophers of the analytic tradition and various lesser, but well known and widely discussed, contemporary figures. In dealing with basic issues that have preoccupied analytic philosophers in the past century, the author notes how analytic philosophy is sometimes transformed from its original concern with careful and precise formulations of classical issues into the dismissal of such issues. The book thus examines the change that came to dominate the analytic tradition by a shift of focus from the world, and what words are about, to a preoccupation with language itself.
Herbert Hochberg is Professor for Philosophy at the University of Texas at Austin. He "has emerged as one of the most distinctive and throroughgoing of contemporary ontologists" (Grazer Philosophische Studien).
ISBN 3-937202-21-8
280 Seiten, Pb. € 22,00

ontos verlag

Timm Lampert

Klassische Logik

Einführung mit interaktiven Übungen

Studien zur Logik, Sprachphilosophie und Metaphysik
Hrsg. von Volker Halbach • Alexander Hieke
Hannes Leitgeb • Holger Sturm

Das Buch vermittelt die Grundlagen der Aussagen- und erweiterten Prädikatenlogik in 12 Lektionen. Neben Techniken zum Überprüfen der Schlüssigkeit von Argumenten bilden die Kunst des Formalisierens wissenschaftlicher Argumente und metalogische Fragen den Inhalt des Buches. Das Buch eignet sich in Verbindung mit begleitenden interaktiven Übungseinheiten und Klausuren, die über Internet frei zugänglich sind, sowohl zum Selbststudium als auch für Einführungskurse in die Logik.

ontos verlag 2003
ISBN 3-937202-29-3
385 Seiten, Paperback € 28,00

Der vorliegende Band versammelt Beiträge zu verschiedenen aktuellen Themen der metaethischen Diskussion. Fragen nach dem Wahrheitswert moralischer Urteile oder die Realismus-Antirealismus Debatte sind ebenso Gegenstand des Bandes wie erkenntnistheoretische und ontologische Grundlagen der Ethik.
Der Band vereint Beiträge von Norbert Anwander, Paul Bloomfield, Friedrich Dudda, Kirsten Endres, Rafael Hüntelmann, Hallvard Lillehammer, Peter Schaber, Tatjana Tarkian, Erwin Tegtmeier und Thomas Zoglauer.
Jetzt als Paperback in
2. Auflage 2003
ISBN 3-937202-26-9
Pb. € 27,00

Peter Schaber
Rafael Hüntelmann (Hrsg.)

Grundlagen der Ethik

Normativität und
Objektivität

PRACTICAL PHILOSOPHY
Hrsg. von / Ed. by
Heinrich Ganthaler • Neil Roughley
Peter Schaber • Herlinde Pauer-Studer

---

ontos verlag
Postfach 61 05 16
60347 Frankfurt / Main
Tel. 069-40 894 151
Fax 069-40 894 169
info@ontos-verlag.de
www.ontos-verlag.de

Frankfurt • London

www.ingramcontent.com/pod-product-compliance
Lightning Source LLC
Chambersburg PA
CBHW032058300426
44116CB00007B/801